チョン・ソヒ

ひとりで
できる

韓国語

中上級

駿河台出版社
SURUGADAI SHUPPANSHA

音声について

本書の音声は、下記サイトより無料でダウンロード、
およびストリーミングでお聴きいただけます。

https://stream.e-surugadai.com/books/isbn978-4-411-03163-1/

＊ご注意

・PC からでも、iPhone や Android のスマートフォンからでも音声を再生いただけます。
・音声は何度でもダウンロード・再生いただくことができます。
・当音声ファイルのデータにかかる著作権・その他の権利は駿河台出版社に帰属します。
　無断での複製・公衆送信・転載は禁止されています。

装丁・本文デザイン：小熊未央
本文イラスト：Ju Yoo

は じ め に

『ひとりでできる韓国語　中上級』に、ようこそ！

　　最近、中・上級へのレベルアップを求める学習者の声が多くなる一方、それに応えられるテキストは少ない方だと思います。本書は学習者の要望に応えたく、長年にわたって中級や上級クラスを担当していた著者のノウハウと研究成果などを活かし出版の運びとなりました。

　　本書は『ひとりでできる韓国語初中級』の続きで、韓国語の初級・中級の学習が終わって上級を目指す学習者や上級の学び直しの方のために下記の特長を盛り込んで作りました。

①本文には、「気になる韓国の文化・社会」に関連する内容を取り入れ、韓国で実際使われるリアルな場面を想定して作りました。
　また、本文の下段の「SNS」では、カジュアルな韓国語での会話を楽しめるようにしました。
②各課の文法には、リアルな用例と活用の見本を載せ、文法を文脈や活用例から理解し、練習問題を通じて文法が身につくようにしました。
③各課の読物「気になる韓国の社会・文化」では、言葉の背景をなす韓国の社会や文化が分かるようにしました。
④「한국어 마당」の当課に関連する単語のコロケーション、または「気になる韓国の社会・文化」にまつわる表現などから韓国語・韓国文化の「姿」が窺えます。
⑤本書は、15課の構成で各課ごとに、相互関連のある4項目の文法を入れ、難しく思われがちな中上級の文法を無理なく身につけられるようにしました。
⑥各課の最後の「まとめ練習問題」は、教室での会話練習に活用できるように作成しましたので、ひとりではもちろん、教室でも楽しく勉強することができると思います。

　　本書を通じて、皆様の韓国語の文法力・会話力・読解力、更に「文化力」がレベルアップされることを切に願います。

　　最後に本書ができるまで、たくさんのご協力を頂きました武井美佳子さん、加藤邦子さん、草ケ谷公美さん、竹越宏枝さん、津村知子さんの諸氏に心からお礼申し上げます。

チョン・ソヒ（錢昭熹 전소희）

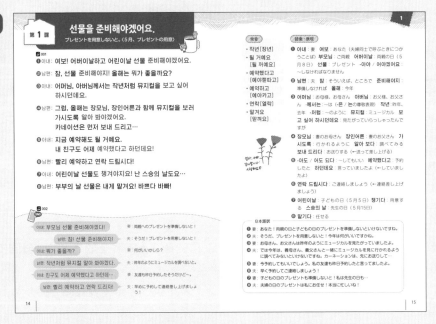

各課の１ページ目には、実際にあるリアルな表現の本文を、右のページには「発音」と「語彙・表現」や「日本語訳」を載せ、本文を理解しやすくしました。さらに本文の下段は、SNS の形でアレンジしましたので、親しみのあるカジュアルな会話をぜひ楽しんでみましょう。

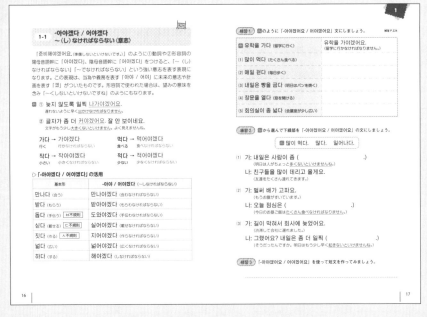

文法は、左右見開きのページに１つの文型を扱っています。左のページにには、当該の文法の説明とそれに適したリアルな用例を載せ、文法の理解をサポートします。また、多様な単語の活用の見本を表でまとめましたので、文型のドリルにお使いください。右のページには当該の文法が段階的に慣れていくように工夫した練習問題を出しましたので、問題が終わったら、応用編として是非、短い作文をチャレンジしてみましょ！

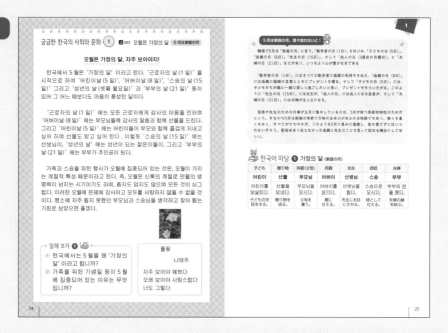

韓国の社会と文化が垣間見える「気になる韓国の社会・文化」では、韓国の社会・文化の理解はもちろん、韓国語の講読の上達にも繋がるようにしました。
「한국어 마당」では、社会と文化にまつわる基本的な単語と表現をコロケーション形式などで載せましたのでどんどん活用し楽しんで見ましょう！

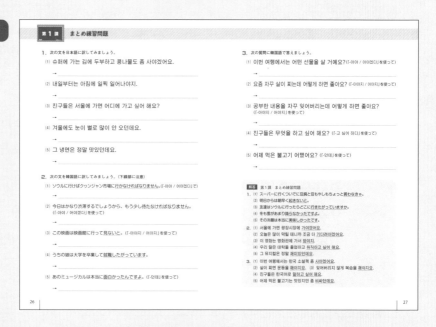

「まとめ練習問題」は、本文と文法項目で取り上げた内容をひととおり復習や確認ができるように１．日本語訳、２．韓国語訳、３．自由会話ができる問題を出しておきました。この練習問題を通して復習を兼ねて学習の成果を確かめてみましょう！

目　次

家族・名節

第1課
家族関連記念日 ……………………………………………… 14
선물을 준비해야겠어요.
プレゼントを用意しないと。〈5月、プレゼントの用意〉

第2課
韓国の名節 ……………………………………………………… 28
명절 준비를 하느라고 눈코 뜰 새 없어요.
「名節」の準備で目が回るほど忙しいです。〈「名節」の話〉

社　会

文 化

선물을 준비해야겠어요.

プレゼントを用意しないと。〈5月、プレゼントの用意〉

🎵 001

❶ 아내: 여보! 어버이날하고 어린이날 선물 준비해야겠어요.

❷ 남편: 참, 선물 준비해야지! 올해는 뭐가 좋을까요?

❸ 아내: 어머님, 아버님께서는 작년처럼 뮤지컬을 보고 싶어 하시던데요.

❹ 남편: 그럼, 올해는 장모님, 장인어른과 함께 뮤지컬을 보러 가시도록 알아 봐야겠어요.
카네이션은 먼저 보내 드리고…

❺ 아내: 지금 예약해도 될 거예요.
내 친구도 어제 예약했다고 하던데요!

❻ 남편: 빨리 예약하고 연락 드립시다!

❼ 아내: 어린이날 선물도 챙겨야지요! 난 스승의 날도…

❽ 남편: 부부의 날 선물은 내게 맡겨요! 바쁘다 바빠!

🎵 002
SNS

아내: 부모님 선물 준비해야겠다!	妻：両親へのプレゼントを準備しないと！
남편: 참! 선물 준비해야지!	夫：そうだ！プレゼントを用意しないと！
아내: 뭐가 좋을까?	妻：何がいいかしら？
남편: 작년처럼 뮤지컬 알아 봐야겠다.	夫：昨年のようにミュージカルを調べないと。
아내: 친구도 어제 예약했다고 하던데…	妻：友達も昨日予約したそうだけど〜。
남편: 빨리 예약하고 연락 드리자!	夫：早めに予約して連絡差し上げましょう！

発音

- 작년[장년]
- 될 거예요
 [될 꺼예요]
- 예약했다고
 [예야캗따고]
- 예약하고
 [예야카고]
- 연락[열락]
- 맡겨요
 [맏껴요]

엄마, 아빠
감사합니다!
사랑해요♡

語彙・表現

❶ **아내**：妻　**여보**：あなた（夫婦同士で呼ぶときにつかうことば）**부모님**：ご両親　**어버이날**：両親の日（5月8日）**선물**：プレゼント　**-아야 / 어야겠어요**：〜しなければなりません

❷ **남편**：夫　**참**：そういえば、ところで　**준비해야지**：準備しなければ　**올해**：今年

❸ **어머님**：お母様、お母さん　**아버님**：お父様、お父さん　**-께서는**：〜は（-은 / 는の尊敬表現）**작년**：昨年、去年　**-처럼**：〜のように　**뮤지컬**：ミュージカル　**보고 싶어 하시던데요**：見たがっていらっしゃったんですが

❹ **장모님**：妻のお母さん　**장인어른**：妻のお父さん　**가시도록**：行かれるように　**알아 보다**：調べてみる　**보내 드리다**：お送りする（←送って差し上げる）

❺ **-아도 / 어도 되다**：〜してもいい　**예약했다고**：予約したと　**하던데요**：言っていましたよ（←していましたよ）

❻ **연락 드립시다**：ご連絡しましょう（←連絡差し上げましょう）

❼ **어린이날**：子どもの日（5月5日）**챙기다**：用意する　**스승의 날**：先生の日（5月15日）

❽ **맡기다**：任せる

日本語訳

❶ 妻：あなた！両親の日と子どもの日のプレゼントを準備しないといけないですね。

❷ 夫：そうだ、プレゼントを用意しないと！今年は何がいいですかね。

❸ 妻：お母さん、お父さんは昨年のようにミュージカルを見たがっていましたよ。

❹ 夫：では今年は、義母さん、義父さんと一緒にミュージカルを見に行かれるように調べてみないといけないですね。カーネーションは、先にお送りして…

❺ 妻：今予約してもいいでしょう。私の友達も昨日予約したと言ってましたよ。

❻ 夫：早く予約してご連絡しましょう！

❼ 妻：子どもの日のプレゼントも準備しないと！私は先生の日も…

❽ 夫：夫婦の日のプレゼントは私にお任せ！本当に忙しいね！

1-1 -아야겠다 / 어야겠다
～（し）なければならない〈意志〉

「준비해야겠어요.(準備しないといけないです。)」のように①動詞や②形容詞の陽母音語幹に「아야겠다」、陰母音語幹に「어야겠다」をつけると、「～（し）なければならない」「～でなければならない」という強い意志を表す表現になります。この表現は、当為や義務を表す「아야 / 어야」に未来の意志や計画を表す「겠」がついたものです。形容詞で使われた場合は、望みの意味を含み「～くしないといけないですね」のようにもなります。

例 ① 늦지 않도록 일찍 <u>나가야겠어요</u>.
　　　遅れないように早く<u>出かけなければなりません</u>。

② 글자가 좀 더 <u>커야겠어요</u>. 잘 안 보이네요.
　　　文字がもう少し<u>大きくないといけません</u>。よく見えませんね。

가다 → 가야겠다
行く　　　行かなければならない

먹다 → 먹어야겠다
食べる　　食べなければならない

작다 → 작아야겠다
小さい　　小さくなければならない

적다 → 적어야겠다
少ない　　少なくなければならない

▷「-아야겠다 / 어야겠다」の活用

基本形	-아야 / 어야겠다 （～しなければならない）
만나다 (会う)	만나야겠다 (会わなければならない)
받다 (もらう)	받아야겠다 (もらわなければならない)
돕다 (手伝う) ㅂ不規則	도와야겠다 (手伝わなければならない)
싣다 (載せる) ㄷ不規則	실어야겠다 (載せなければならない)
짓다 (作る) ㅅ不規則	지어야겠다 (作らなければならない)
넓다 (広い)	넓어야겠다 (広くなければならない)
하다 (する)	해야겠다 (しなければならない)

解答 P.224

練習1 例のように「-아야겠어요 / 어야겠어요」文にしましょう。

例 유학을 가다 (留学に行く)	유학을 가야겠어요. (留学に行かなければなりません。)
(1) 많이 먹다 (たくさん食べる)	
(2) 매일 걷다 (毎日歩く)	
(3) 내일은 빵을 굽다 (明日はパンを焼く)	
(4) 창문을 열다 (窓を開ける)	
(5) 회의실이 좀 넓다 (会議室が少し広い)	

練習2 例から選んで下線部を「-아야겠어요 / 어야겠어요」の文にしましょう。

例 많이 먹다.　많다.　일어나다.

⑴ 가: 내일은 사람이 좀 (　　　　　　　　　　.)
　　(明日は人がちょっと<u>多くないといけませんね</u>。)

　　나: 친구들을 많이 데리고 올게요.
　　(友達をたくさん連れてきます。)

⑵ 가: 벌써 배가 고파요.
　　(もうお腹がすいています。)

　　나: 오늘 점심은 (　　　　　　　　　　.)
　　(今日のお昼ご飯は<u>たくさん食べなければなりません</u>。)

⑶ 가: 길이 막혀서 회사에 늦었어요.
　　(渋滞して会社に遅れました。)

　　나: 그랬어요? 내일은 좀 더 일찍 (　　　　　　　　　.)
　　(そうだったんですか。明日はもう少し早く<u>起きないといけませんね</u>。)

練習3 「-아야겠어요 / 어야겠어요」を使って短文を作ってみましょう。

1-2　-아야지 / 어야지
〜（し）ないと〜（し）なきゃ〈決意・勧誘〉

「준비해야지（用意しないと）」のように動詞や形容詞の陽母音語幹に「아야지」、陰母音語幹に「어야지」をつけると、「〜（し）ないと、〜（し）なきゃ」という意味になります。この表現は①話し手が自分の決意を述べたり、②聞き手にある行動を勧めたり同意を求めたりするときに使います。また、③否定の表現は語幹に「지 말아야지」をつけます。

例 ① 새해에는 한국어 공부를 열심히 <u>해야지</u>!
　　　新年には韓国語の勉強を<u>頑張らなきゃ</u>。

　② 시간이 벌써 이렇게 됐네! 밥 <u>먹어야지</u>!(?)
　　　時間がもうこんなになったね！ご飯を<u>食べないと</u>。

　③ 다이어트를 하려면 단 음식을 <u>먹지 말아야지</u>!
　　　ダイエットをするなら甘い物を<u>食べてはいけない</u>。

먹다 → 먹어야지
食べる　食べないと

좋다 → 좋아야지
良い　良くないと

▷「-아야지 / 어야지」の活用

基本形	-아야지 / 어야지 （〜ないと）
가다 (行く)	가야지 (行かないと)
밝다 (明るい)	밝아야지 (明るくないと)
살다 (暮らす)	살아야지 (暮らさないと)
지키다 (守る)	지켜야지 (守らないと)
걷다 (歩く) ㄷ不規則	걸어야지 (歩かないと)
짓다 (建てる) ㅅ不規則	지어야지 (建てないと)
줍다 (拾う) ㅂ不規則	주워야지 (拾わないと)

練習1 例のように「-아야지 / 어야지」文にしましょう。　　　　　解答 P.224

例 내일 친구를 만나다 （明日、友達に会う）	내일 친구를 만나야지. （明日、友達に会わないと。）
(1) 질도 좋고 값도 싸다 (質も良く値段も安い)	
(2) 꼭 살을 빼다 (きっとやせる)	
(3) 문제가 쉽다 (問題が易しい)	
(4) 방문을 닫다 (部屋のドアを閉める)	
(5) 먼저 사과하다 (先に謝る)	

練習2 例から選んで下線部を「-아야지 / 어야지」の文にしましょう。

例 푹 쉬다.　보다.　꼭 끊다

(1) 가: 좀 피곤해 보이네.
（ちょっと疲れているようだね。）

　　나: 응! 피곤해. 내일은 집에서 (　　　　　　　　　　.)
（うん、疲れている。明日は家でゆっくり休まないと。）

(2) 가: 담배는 건강에 굉장히 안 좋대.
（タバコは健康にすごく良くないそうよ。）

　　나: 올해는 담배를 (　　　　　　　　　.)
（今年はタバコを必ず止めないと。）

(3) 가: 이 드라마 너무 재미있어.
（このドラマとても面白いですよ。）

　　나: 그래? 나도 빨리 (　　　　　　　　　.)
（そう？ 私も早く見ないと。）

練習3 「-아야지 / 어야지」を使って短文を作ってみましょう。

1-3 　-고 싶어 하다 ～(し)たがる〈他者の願望〉

　「보고 싶어 하다(見たがっている。)」のように動詞の語幹に「고 싶어 하다」
をつけると、「～（し）たがる」という意味になります。この表現は①第３
者の願望を表すとき使いますが、②"저는 젊을 때 미국에 유학 가고 싶어 했
어요.(私は若いとき、アメリカに留学に行きたがっていました。)"のように過去において
の話し手の願望や"우리는 모두 친구를 만나고 싶어 해요.(我々はみな友だちに会
いたがっています。)"のように話し手が含まれる複数が主語の場合にも用いられ
ます。

例　① 아이들은 모두 <u>놀고 싶어 해요</u>.
　　　　子どもは皆遊びたがっています。

過去の自分を第３者
のように顧みるんで
すね！

　　② 저도 어릴 땐 <u>놀고 싶어 했어요</u>.
　　　　私も小さいときは、遊びたがっていました。

가다 → 가고 싶어 하다
行く　　　行きたがる

먹다 → 먹고 싶어 하다
食べる　　食べたがる

▷「-고 싶어하다」の活用

基本形	-고 싶어 하다（～したがる）
보다 (見る)	보고 싶어 하다 (見たがる)
쉬다 (休む)	쉬고 싶어 하다 (休みたがる)
타다 (乗る)	타고 싶어 하다 (乗りたがる)
읽다 (読む)	읽고 싶어 하다 (読みたがる)
짓다 (建てる)	짓고 싶어 하다 (建てたがる)
만들다 (作る)	만들고 싶어 하다 (作りたがる)
산책하다 (散歩する)	산책하고 싶어 하다 (散歩したがる)

練習1 　例のように「-고 싶어 해요」文にしましょう。 　　　　　解答 P.224

例 룸메이트는 일찍 자다 （ルームメイトは早く寝る）	룸메이트는 일찍 자고 싶어 해요. （ルームメイトは早く寝たがっています。）
(1) 아이들은 선물을 받다 （子どもはプレゼントをもらう）	
(2) 후배들은 커피를 마시다 （後輩たちはコーヒーを飲む）	
(3) 친구는 떡볶이를 만들다 （友達はトッポッキを作る）	
(4) 언니는 음악을 듣다 （姉は音楽を聴く）	
(5) 동생은 공부를 잘하다 （弟は勉強がよくできる）	

練習2 　例から選んで下線部を「-고 싶어 해요」の文にしましょう。

例 부르다.　받다.　읽다.

(1) 가: 그 사람은 주로 어떤 노래를 불러요?
　　（あの人は主にどんな歌を歌いますか。）

　　나: 주로 한국 노래를 (　　　　　　　　　　　.)
　　（主に韓国の歌を歌いたがっています。）

(2) 가: 아이 생일 선물은 뭐가 좋을까요?
　　（子どもの誕生日プレゼントは何がいいでしょうか。）

　　나: 아이들은 게임기를 (　　　　　　　　　　　.)
　　（子どもはゲーム機をもらいたがっています。）

(3) 가: 어떤 소설을 추천하면 좋을까요?
　　（どんな小説を推薦すればいいでしょうか。）

　　니: 동생은 한국 소설을 (　　　　　　　　　　　.)
　　（弟は韓国小説を読みたがっています。）

練習3 　「-고 싶어 해요」を使って短文を作ってみましょう。

1-4 -던데 ～（し）たよ、～かったよ、 ～（し）ていたんだけど〈回想〉

「보고 싶어 하시던데요.（見たがっていらっしゃいましたが。）」のように 動詞や形容詞の語幹に「던데」をつけると、「～（し）たんだけど」「～かったんだけど」という過去の様子を回想しながら述べるときに使えます。文中でも文末でも使えるが、動詞の場合自分のことには使えません。

例 ① 지연 씨, 유타 씨가 <u>찾던데</u> 연락해 보세요!
　　ユウタさんが<u>探していましたが</u>連絡してみてください。

② 지연 씨, 아까 유타 씨가 <u>찾던데요</u>…
　　チヨンさん、さっきユウタさんが<u>探していましたよ。</u>

③ 소개해 준 그 드라마, <u>재미있던데요.</u>
　　紹介してくれたあのドラマ、<u>面白かったですよ。</u>

먹다 → 먹던데
食べる　　食べたんだけど

좋다 → 좋던데
よい　　　よかったんだけど

▷「-던데」の活用

基本形	-던데　～したんだけど
가다 (行く)	가던데 (行ってたんだけど)
팔다 (売る)	팔던데 (売っていたんだけど)
바쁘다 (忙しい)	바쁘던데 (忙しそうだったけど)
늦다 (遅い)	늦던데 (遅かったんだけど)
괜찮다 (大丈夫だ)	괜찮던데 (大丈夫だったけど)
조용하다 (静かだ)	조용하던데 (静かだったけど)
친구이다 (友達だ)	친구이던데 (友達だったけど)

練習1 例のように「-던데요」文にしましょう。

解答 P.225

例 친구는 드라마를 보다 （友達はドラマを見る）	친구는 드라마를 보던데요. （友達はドラマを見ていましたよ。）
(1) 시험이 어렵다 (試験が難しい)	
(2) 아이는 밖에서 놀다 (子どもは外で遊ぶ)	
(3) 방이 깨끗하다 (部屋がきれいだ)	
(4) 어젯밤 달이 무척 밝다 （昨夜月がとても明るい）	
(5) 그 집 음식 꽤 맛있다 （あの店の料理はとても美味しい）	

練習2 例から選んで下線部を「-던데요」の文にしましょう。

> 例 도서관에서 공부하다.　점심을 먹다.　아직 젊다

(1) 가: 다로 씨 못 봤어요?
　　（太郎さん見ていませんか。）

　　나: 아까 (　　　　　　　　　　　　　　　　.)
　　（さっき、図書館で勉強していましたよ。）

(2) 가: 유리 씨는 어디 있죠?
　　（ユリさんはどこにいますかね。）

　　나: 친구들하고 식당에서 (　　　　　　　　　　.)
　　（友達と食堂で昼ご飯を食べていましたよ。）

(3) 가: 그 배우는 몇 살쯤 되었을까요?
　　（あの俳優さんおいくつくらいでしょうか。）

　　나: 잘은 모르겠지만 (　　　　　　　　　　.)
　　（よくはわかりませんが、まだ若かったですよ。）

練習3 「-던데요」を使って短文を作ってみましょう。

오월은 가정의 달, 자주 보아야지!

한국에서 5월은 '가정의 달'이라고 한다. '근로자의 날(1일)'을 시작으로 하여 '어린이날(5일)', '어버이날(8일)', '스승의 날(15일)' 그리고 '성년의 날(셋째 월요일)'과 '부부의 날(21일)' 등이 있어 그 어느 때보다도 마음이 풍성한 달이다.

'근로자의 날(1일)'에는 모든 근로자에게 감사의 마음을 전하며 '어버이날(8일)'에는 부모님들께 감사의 말씀과 함께 선물을 드린다. 그리고 '어린이날(5일)'에는 어린이들이 부모와 함께 즐겁게 지내고 싶어 하며 선물도 받고 싶어 한다. 이렇듯 '스승의 날(15일)'에는 선생님이, '성년의 날'에는 성년이 되는 젊은이들이, 그리고 '부부의 날(21일)'에는 부부가 주인공이 된다.

가족과 스승을 위한 행사가 오월에 집중되어 있는 것은, 오월이 가지는 계절적 특성 때문이라고 한다. 즉, 오월은 신록의 계절로 만물의 생명력이 넘치는 시기이기도 하며, 춥지도 덥지도 않으며 모든 것이 싱그럽다. 이러한 오월에 은혜에 감사하고 모두를 사랑하지 않을 수 없을 것이다. 평소에 자주 뵙지 못했던 부모님과 스승님을 생각하고 찾아 뵙는 기회로 삼았으면 좋겠다.

• 말해 보자 ①

(1) 한국에서는 5월을 왜 '가정의 달'이라고 합니까?
(2) 가족을 위한 기념일 등이 5월에 집중되어 있는 이유는 무엇입니까?

풀꽃

나태주

자주 보아야 예쁘다
오래 보아야 사랑스럽다
너도 그렇다

5月は家庭の月、度々会わないと！

　韓国で5月は「家庭の月」と言う。「勤労者の日（1日）」をはじめ、「子どもの日（5日）」、「両親の日（8日）」「先生の日（15日）」、そして「成人の日（3週目の月曜日）」と「夫婦の日（21日）」などがあり、いつもより心が豊かな月である

　「勤労者の日（1日）」にはすべての勤労者に感謝の気持ちを伝え、「両親の日（8日）」には両親に感謝の言葉とともにプレゼントを贈る。そして「子どもの日（5日）」には、子どもたちが親と一緒に楽しく過ごしたいと思い、プレゼントももらいたがる。このように「先生の日（15日）」には先生が、「成人の日」には成人になる若者が、そして「夫婦の日（21日）」には夫婦が主人公になる。

　家族や先生のための行事が五月に集中しているのは、5月が持つ季節的特性のためだという。すなわち5月は新緑の季節で万物の生命力があふれる時期でもあり、寒くも暑くもなく、すべてがさわやかだ。このような5月に恵みに感謝し、皆を愛さずにはいられないだろう。普段あまり会えなかった両親と先生のことを思って訪ねる機会にしてほしい。

 ## 한국어 마당 ❶ 가정의 달 (家庭の月)

子ども	贈り物	両親(父母)	両親	先生	師匠	夫婦
어린이	**선물**	**부모님**	**어버이**	**선생님**	**스승**	**부부**
어린이를 보살피다.	선물을 보내다.	부모님을 모시다.	어버이를 섬기다.	선생님을 뵙다.	스승으로 모시다.	부부의 연을 맺다.
子どもの世話をする。	贈り物を送る。	父母を養う。	親に仕える。	先生にお目にかかる。	師として仕える。	夫婦の縁を結ぶ。

1. 次の文を日本語に訳してみましょう。

(1) 슈퍼에 가는 김에 두부하고 콩나물도 좀 사야겠어요.

　　→ _____

(2) 내일부터는 아침에 일찍 일어나야지.

　　→ _____

(3) 친구들은 서울에 가면 어디에 가고 싶어 해요?

　　→ _____

(4) 겨울에도 눈이 별로 많이 안 오던데요.

　　→ _____

(5) 그 냉면은 정말 맛있던데요.

　　→ _____

2. 次の文を韓国語に訳してみましょう。（下線部に注意）

(1) ソウルに行けばクヮンジャン市場に行かなければなりません。（「-아야 / 어야겠다」で）

　　→ _____

(2) 今日はかなり渋滞するでしょうから、もう少し待たなければなりません。
　　（「-아야 / 어야겠다」を使って）

　　→ _____

(3) この映画は映画館に行って見ないと。（「-아야지 / 어야지」を使って）

　　→ _____

(4) うちの娘は大学を卒業して就職したがっています。

　　→ _____

(5) あのミュージカルは本当に面白かったんですよ。（「-던데」を使って）

　　→ _____

3. 次の質問に韓国語で答えましょう。

(1) 이번 여행에서는 어떤 선물을 살 거예요?(「-아야 / 아야겠다」を使って)

　　→ _____

(2) 요즘 자꾸 살이 찌는데 어떻게 하면 좋아요? (「-아야지 / 어야지」を使って)

　　→ _____

(3) 공부한 내용을 자꾸 잊어버리는데 어떻게 하면 좋아요?
（「-아야지 / 어야지」を使って)

　　→ _____

(4) 친구들은 무엇을 하고 싶어 해요? (「-고 싶어 하다」を使って)

　　→ _____

(5) 어제 먹은 불고기 어땠어요? (「-던데」を使って)

　　→ _____

解答 　第1課　まとめ練習問題

1. (1) スーパーに行くついでに豆腐と豆もやしもちょっと<u>買わなきゃ</u>。
　(2) 明日からは朝早く<u>起きないと</u>。
　(3) 友達はソウルに行ったらどこに<u>行きたがっています</u>か。
　(4) 冬も雪があまり<u>降らなかった</u>ですよ。
　(5) その冷麺は本当に<u>美味しかった</u>です。

2. (1) 서울에 가면 광장시장에 <u>가야겠어요</u>.
　(2) 오늘은 많이 막힐 테니까 조금 더 <u>기다려야겠어요</u>.
　(3) 이 영화는 영화관에 가서 <u>봐야지</u>.
　(4) 우리 딸은 대학을 졸업하고 <u>취직하고 싶어 해요</u>.
　(5) 그 뮤지컬은 정말 <u>재미있던데요</u>.

3. (1) 이번 여행에서는 한국 소설책 좀 <u>사야겠어요</u>.
　(2) 살이 찌면 운동을 <u>해야지요</u>.　(3) 잊어버리지 않게 복습을 <u>해야지요</u>.
　(4) 친구들은 한국어로 말하고 싶어 해요.
　(5) 어제 먹은 불고기는 맛있지만 좀 <u>비싸던데요</u>.

第 2 課 명절 준비를 하느라고 눈코 뜰 새 없어요.

「名節」の準備で目が回るほど忙しいです。〈「名節」の話〉

🎵 004

❶ 유타: 곧 설이네요. 명절 준비로 바쁘겠어요.

❷ 지연: 네, 명절 준비하느라고 눈코 뜰 새 없어요.

❸ 유타: 고양이 손도 빌리고 싶겠네요.

❹ 지연: 네? 고양이 손도 빌린다고요?

❺ 유타: 네, 일본 속담이에요.
너무 바빠서 눈이 돌 정도라고 하기도 하고요.

❻ 지연: 나는 눈이 도는데 남자들은 마시고 먹기만 해요.

❼ 유타: 정말 정신이 없겠네요. 그런데 떡국 만들기 어려워요?

❽ 지연: 하기에 따라 다르지만 그리 어렵지 않아요.

🎵 005

SNS

유리: 지연아! 잘 지냈어? 설 준비로 바쁘지?

ユリ：チヨンちゃん！元気だった？お正月の準備で忙しいでしょう？

지연: ㅇㅇ! 고양이 손이라도 빌리고 싶어 ^^

チヨン：うんうん！猫の手でも借りたい ^^

유리: 나도~. 눈코 뜰 새 없네.

ユリ：私も～。目が回るほどだよ。

지연: 눈코 뜰 새 없다고? 왜?

チヨン：目が回るほどだって？何で？

유리: 떡국 좀 끓여 보려고~ ^^.
근데~, 떡국 끓이기 어렵지?

ユリ：ちょっとトックを作ってみようと～ ^^.
ところで～、トックを作るのは難しいでしょ？

지영: ㄴㄴ! 만들기에 따라 다르지만 ^^

チヨン：No No! 作り方にもよるけど ^^

28

- 바쁘겠어요
  [바쁘게써요]
- 싶겠네요
  [십껜네요]
- 먹기만
  [먹끼만]
- 없겠네요
  [업껜네요]
- 떡국 [떡꾹]

🍪약과（薬菓）　🍽차례상

❶ 설：ソル（韓国の正月、설날とも言う）

　명절：名節　　바쁘겠어요：忙しいでしょう

❷ 준비하느라고：準備するため

　눈코 뜰 새 없다：目が回るほど忙しい

　（←直目と鼻を開ける暇がない）

❸ 빌리다：借りる

❹ 빌린다고요?：借りるということですか

❺ 눈이 돌 정도：目が回るほど

❻ 먹기만 하다：食べてばかりいる

❼ 정신이 없다：バタバタしている（←精神がない）

　떡국：韓国の正月の伝統料理（日本のお雑煮）

❽ 하기에 따라 다르다：仕方によって異なる、

　作り方による

日本語訳

❶ ユウタ：もうすぐソルラルですね。祝日の準備で忙しいでしょう。

❷ チヨン：はい、祝日の準備で目が回るほど忙しいです。

❸ ユウタ：猫の手も借りたいんでしょうね。

❹ チヨン：はい？　猫の手も借りたいということですか。

❺ ユウタ：はい、日本のことわざです。忙しすぎて目が回るほどだとも言います。

❻ チヨン：私は目が回るのに男性は飲んで食べるだけです。

❼ ユウタ：本当にバタバタしますね。ところで、お雑煮を作るのは難しいですか。

❽ チヨン：作り方によって異なりますが、それほど難しくありません。

2-1 -느라고 ～（する）ため、～（する）せいで、 ～（し）ていたため〈理由・原因〉

「준비하느라고(準備するために)」のように動詞の語幹に①「느라고」をつけると、「～（する）ため、～（する）せいで、～（する）のに、～（し）ていたため」という意味になります。②「느라고」は「고」を省略し、「느라」の形でも使われます。＊「느라고」の前後の文の主語は同じです。つまり、「느라고」の動作主が主語となる。

例 ① 어제는 책을 <u>읽느라고</u> 밤을 새웠어요.
　　昨日は本を<u>読む</u>ために徹夜しました。

② 먼 길 <u>오시느라</u> 고생하셨습니다.
　　遠くまで<u>おいでになって</u>お疲れ様でした。

가다 → 가느라고　　**먹다 → 먹느라고**
行く　　行くために　　　食べる　　食べるために

▷「-느라고」の活用

基本形	-느라고 （～するために、～するせいで）
읽다 （読む）	읽느라고 （読むために、読むせいで）
쓰다 （書く）	쓰느라고 （書くために、書くせいで）
입다 （着る）	입느라고 （着るために、着るせいで）
만들다 （作る） ㄹ語幹	만드느라고 （作るために、作るせいで）
가르치다 （教える）	가르치느라고 （教えるために、教えるせいで）
닦다 （磨く）	닦느라고 （磨くために、磨くせいで）
생각하다 （考える）	생각하느라고 （考えるために、考えるせいで）

練習1　例のように「-느라고」文にしましょう。

解答 P.225

例 시험 공부를 하다 （試験の勉強をする）	시험 공부를 하느라고 （試験の勉強をするため）
(1) 영화를 보다 （映画を見る）	
(2) 음악을 듣다 （音楽を聴く）	
(3) 빵을 굽다 （パンを焼く）	
(4) 떡볶이를 만들다 （トッポッキを作る）	
(5) 집안 청소를 하다 （家の掃除をする）	

練習2　例から選んで下線部を「-느라고」の文にしましょう。

例 드라마를 보다.　놀다.　일하다.

(1) 가: 저녁 먹었어요?
　　（夕ご飯食べましたか。）

　　나: (　　　　　　　　　) 점심도 못 먹었어요.
　　<u>（仕事をしていて</u>昼ご飯も食べていません。）

(2) 가: 벌써 시간이 이렇게 되었네요.
　　（もうこんな時間になりましたね。）

　　나: (　　　　　　　　) 시간 가는 것도 몰랐네요.
　　<u>（ドラマを見ていて</u>時間が経つのも知りませんでした。）

(3) 가: 아이들은 뭐해요? 방에서 나오지도 않네요.
　　（子どもたちは何をしていますか。部屋から出てきもしませんね。）

　　나: 게임하며 (　　　　　　　　) 정신이 없어요.
　　（ゲームしながら<u>遊ぶのに</u>無我夢中です。）

練習3　「-느라고」を使って短文を作ってみましょう。

2-2　-(ㄴ / 는)다고?　～(する)んだって?〈反問・叙述・伝聞〉

「**빌린다고요?**(借りるということですか。)」のように 動詞の語幹に「(ㄴ / 는)다고?」をつけると、「～(する)んだって?」という意味で、①話し手が自分の言葉を強調したり、相手の言葉に反問したり、②「-ㄴ / 는다고」は、話し手の考えなどを述べるし、③「～(する)と言って」、「～(する)と言いながら」という意味で、他人から聞いたことを間接的に伝えたりするとき使います。形容詞や存在詞「**있다、없다**」などは、「**좋다고?**(良いんだって?)」「**있다고?**(ある・いるんだって?)」のように、語幹に「**다고?**」をつけます。

例 ① 유타 씨를 이번 주도 <u>만난다고요</u>?

ユウタさんに今週も<u>会う</u>んだって。

② 저는 이게 더 <u>좋다고</u> 생각해요.

私は、これがもっと<u>良い</u>と思います。

③ 동생은 도서관에 <u>간다고</u> 방금 나갔어요.

弟は図書館に<u>行く</u>と言って先ほど出かけました。

> 形容詞や存在詞は、基本形に「**고**」だけをつけてもいいですね！

먹다 → 먹는다고?
食べる　　食べるんだって?

좋다 → 좋다고?
いい　　いいんだって?

가다 → 간다고
行く　　行くと(言って)

싫다 → 싫다고
いやだ　　いやだと(言いながら)

▷ 「-(ㄴ / 는)다고(?)」の活用

動詞	-ㄴ / 는다고(?)　～(する)んだって(?)
낫다 (治る)	낫는다고(?) 治るんだって(?)
놓다 (置く)	놓는다고(?) 置くんだって(?)
돌다 (回る) ㄹ語幹	돈다고(?) 回るんだって(?)
形容詞・いる / ある	-다고(?)　～んだって(?)
짜다 (しょっぱい)	짜다고(?) しょっぱいんだって(?)
맛있다 (美味しい)	맛있다고(?) 美味しいんだって(?)

練習1 例のように「-(ㄴ / 는) 다고요?」文にしましょう。　　　解答 P.225

例 친구를 만나다 (友達に会う)	친구를 만난다고요? (友達に会うんですって？)
(1) 살을 빼다 (やせる)	
(2) 먼저 사과하다 (先に謝る)	
(3) 문을 닫다 (ドアを閉める)	
(4) 값이 싸다 (値段が安い)	
(5) 문제가 쉽다 (問題が易しい)	

練習2 例から選んで下線部を「-(ㄴ / 는) 다고」の文にしましょう。

例 불리하다.　비가 오다.　안 좋다.

(1) 가: 일기예보에서 내일 비가 온다고 하던데요.
　　　(天気予報で、明日雨が降るそうでした。)

　　나: 내일도 (　　　　　　　　　　　?)
　　　(明日も雨が降るんですって？)

(2) 가: 오늘도 술을 많이 마셨네요.
　　　(今日も飲み過ぎましたね。)

　　나: 과음은 건강에 (　　　　　　　　　.)
　　　(飲み過ぎは、健康に良くないそうです。)

(3) 가: 길이 막혀서 회사에 또 늦었어요.
　　　(道が渋滞して会社にまた遅れました。)

　　나: 자꾸 지각하면 인사 평가에 (　　　　　　　) 생각해요.
　　　(しょっちゅう遅刻すると、人事評価に不利だと思います。)

練習3 「-ㄴ다고 / 는다고」を使って短文を作ってみましょう。

_____

2-3 -기만 하다
〜（する）ばかりだ、〜ことだけする〈行動・状態の継続〉

「먹기만 하다（食べるばかりだ）」のように動詞や形容詞の語幹に「기만 하다」
をつけると、①動詞の場合は「〜（する）ばかりだ、〜ことだけする」、②
形容詞の場合は、「とても〜だ」、「〜ばかりだ」という意味になります。

例 ① 아무 말도 없이 웃기만 했어요.
何も言わずに笑ってばかりでした。

② 맛이 없다고 하더니 맛있기만 하네요.
美味しくないと言ったのにとても美味しいんじゃないですか。

①보다 → 보기만 하다　　　먹다 → 먹기만 하다
　見る　　見るばかりだ　　　食べる　　食べるばかりだ

②짜다 → 짜기만 하다　　　맵다 → 맵기만 하다
　しょっぱいしょっぱいだけだ　辛い　　　辛いばかりだ

▷「-기만 하다」の活用

基本形	-기만 하다 〜（する）ばかりだ・だけだ
웃다 (笑う)	웃기만 하다 (笑うばかりだ)
듣다 (聞く)	듣기만 하다 (聞くばかりだ)
놀다 (遊ぶ)	놀기만 하다 (遊ぶばかりだ)
짜다 (しょっぱい)	짜기만 하다 (しょっぱいばかりだ)
춥다 (寒い)	춥기만 하다 (寒いだけだ)
튼튼하다 (丈夫だ)	튼튼하기만 하다 (とても丈夫だ)
부탁하다 (頼む)	부탁하기만 하다 (頼むばかりだ)

練習1 例のように「-기만 해요」文にしましょう。 解答 P.226

例 매일 놀다 (毎日遊ぶ)	매일 놀기만 해요. (毎日遊んでばかりいます。)
(1) 그냥 오다 (手ぶらで来る)	
(2) 늘 받다 (いつももらう)	
(3) 그냥 앉아 있다 (ただ座っている)	
(4) 아이가 울다 (子どもが泣く)	
(5) 이야기를 듣다 (話を聞く)	

練習2 例から選んで下線部を「-기만 하다」の文にしましょう。

例 그냥 오다. 받다. 듣다

(1) 가: 뭐 좀 사 갈까요?
(何か買って行きましょうか。)

나: 아니요. (.)
(いいえ、ただ来てください。)

(2) 가: 생일 선물이에요. 받으세요!
(誕生日のプレゼントです。受け取ってください。)

나: 늘 ( ) 어떡하죠?
(いつももらってばかりで、どうしましょう。)

(3) 가: 듣기 연습은 어떻게 하세요?
(聞き取り練習はどのようにしていますか？)

나: 처음에는 쓰지 않고 (.)
(最初は書かずに聞くことだけします。)

練習3 「-기만 하다」を使って短文を作ってみましょう。

2-4　-(기)에 따라
仕方によって〜、〜次第で〈物事の様子〉

「하기에 따라 **다르지만.**(仕方によって異なりますが。)」のように動詞の語幹に「기에 따라서」を、名詞には「에 따라서」をつけると「〜仕方によって、〜次第で」という意味になります。「기에 따라서」は「**서**」を省略し、「기에 따라」の形で使われることもあります。この表現は先行節の物事によって結果が変わり得ることを表します。

例 ① 생각하기에 따라서는 좋은 일이 될 수도 있지요.
　　 考え方によってはいいことになることもあります。

② 김치 맛은 각 가정에 따라 달라요.
　　 キムチの味は各家庭によって違います。

듣다 → 듣기에 따라서 聞く　　　聞くことによって	**생각하다 → 생각하기에 따라서** 考える　　　　考え方によって
보다 → 보기에 따라서 見る　　　見方によって	**생각 → 생각에 따라서** 考え　　　考えによって

▷「-(기)에 따라서」の活用

基本形	-(기)에 따라서 （〜し方によって）
보다 (見る)	보기에 따라서 (見方によって)
믿다 (信じる)	믿기에 따라서 (信じ方によって)
만들다 (作る)	만들기에 따라서 (作り方によって)
읽다 (読む)	읽기에 따라서 (読み方次第で)
앉다 (座る)	앉기에 따라서 (座り方によって)
자리 (席)	자리에 따라서 (席次第で)
성격 (性格)	성격에 따라서 (性格次第で)

練習1 例のように「-(기)에 따라서」文にしましょう。　　　　　　解答 P.226

例 드라마는, 보다 (ドラマは、見る)	드라마는 보기에 따라서 (ドラマは見方によっては)
(1) 돈은, 쓰다 (お金は、使う)	
(2) 조언은, 듣다 (助言は、聞く)	
(3) 건물은, 짓다 (建物は、建てる)	
(4) 회사 (会社)	
(5) 요일 (曜日)	

練習2 例から選んで下線部を「-(기)에 따라서」の文にしましょう。

例 좌석.　　듣다.　　손질하다.

(1) 가: 산 지 얼마 안 된 옷이 왜 이렇지?
（買ったばかりの服がどうしてこうなんだろう。）

　　나: 옷은 (　　　　　　　　　　　) 새 옷도 헌 옷도 될 수 있어요.
（服は、手入れの仕方によって新しい服にも古い服にもなります。）

(2) 가: 조언 좀 해 주세요.
（ちょっとアドバイスをお願いします。）

　　나: 조언은 (　　　　　　　　　　) 기분이 상할 수도 있는데요.
（アドバイスは聞き方によっては気分を害することもありますが。）

(3) 가: 콘서트 입장료는 얼마나 할까요?
（コンサートの入場料はいくらくらいでしょうか。）

　　나: 자세히는 모르지만 (　　　　　　　　　　) 다르겠지요?
（詳しくは分かりませんが座席によって違うでしょう。）

練習3 「-(기)에 따라서」を使って短文を作ってみましょう。

명절 쇠기

한국의 대표적인 명절로 '설'과 '추석(秋夕)'을 꼽을 수 있다. 이는 각각 일본의 「お正月」와 「お盆」에 해당하나, 옛 관습대로 음력으로 지내며 이때 지내는 제사(祭祀)를 '차례(茶禮)'라고 한다.

음력 1월 1일 '설날'에는 '차례상' 앞에서 조상을 위한 제사를 지내고, 웃어른께 신년 인사로 건강 등을 기원하며 절을 하는데 이를 '세배(歲拜)'라고 한다. 세배를 받은 어른은 세뱃돈을 주며 '덕담(德談)'을 한다. 이 관습이 오늘날 일상 생활에까지 이어져 '늘 건강하세요', '기쁜 일만 가득하길 빕니다' 등과 같은 덕담을 주고받기도 한다. 또한 설날에는 떡국을 먹는데 예전에는 떡국을 먹으면 나이를 한 살 더 먹는다고 생각했었다.

따라서 새해가 되면 한 살 더 먹는 '한국식 나이'는 일상생활에서, 일본과 같은 '만(滿) 나이'는 공공문서 등에 사용하며 입대나 진학 등에는 '연(年) 나이(今年○○才)'를 사용하기도 한다.

'추석 (음력8월 15일)'에는 평소에 떨어져 지내는 가족들이 모두 모여 햇곡식으로 만든 음식 특히 햅쌀과 햇것으로 빚은 떡인 송편(松餠)과 햇과일 등으로 자연과 조상을 위한 차례를 지낸다. '천고마비'의 계절이라고 하는 가을에 맞이하는 '추석'은 온갖 곡식이 무르익는 계절인만큼 모든 것이 풍성해서 '더도 말고 덜도 말고 꼭 한가위만 같아라'라는 말이 있을 정도이다.

예전에는 오랜만에 만난 가족이 둘러앉아 송편을 빚었는데 요즘은 떡집에서 사다 쓰기도 하며, 연휴를 이용하여 국내외로 여행을 가는 가정도 늘고 있다.

말해 보자 ②

⑴ 한국 사람들은 설날에 떡국을 먹으면 어떻게 된다고 생각했습니까?

⑵ 지난 설달은 어떻게 지냈습니까?

떡국

송편

名節を過ごす

　韓国の代表的な祝日として「ソルナル」と「チュソク（秋夕）」が挙げられる。これはそれぞれ日本の「お正月」と「お盆」に当たるが、昔の慣習通り旧暦で行われ、この時に行う祭祀を「茶礼」という。

　旧暦1月1日の「ソルナル」には「チャレサン（祭祀膳）」の前で先祖のための祭祀を行って、目上の人に新年の挨拶として健康などを祈りながらお辞儀をするが、これを「歳拝」という。「歳拝」を受けた大人はお年玉をあげて、「徳談」をする。この慣習が今日の日常生活にまで続き「いつも元気でいてください」、「嬉しいことだけが満ちることを祈ります」などのような励ましの言葉を交わしたりもする。また、「ソルナル」にはトッククを食べるが、以前はトッククを食べると年を一つ取ると思っていた。
　したがって、新年になると1歳年を取る「韓国式年齢（数え年）」は日常生活で、日本のような「満年齢」は公共文書などに使い入隊や進学などの際には「今年〇〇才」を使うこともある。

　「秋夕（旧暦8月15日）」には、普段離れて過ごす家族たちが皆集まって新穀で作った食べ物、特に新米と初物で作った餅の「ソンピョン（松餅）」と旬の果物などで自然と先祖のための祭祀を行う。「天高く馬肥ゆる」の季節という秋に迎える「チュソク」は、あらゆる穀物が実る季節であるだけに、すべてが豊かで「それ以上でも、それ以下でもなく、ひとえに秋夕のようであれ」という言葉があるほどだ。

　以前は久しぶりに会った家族が輪になって座り「ソンピョン」を作ったが、最近は餅屋で買って使ったり、連休を使って国内外に旅行に行く家庭も増えている。

 한국어 마당 **2** **명절** (名節)

お正月	トック	茶礼 (名節の祭祀)	茶礼膳	お年玉	秋夕 (お盆)	松餅
설	**떡국**	**차례**	**차례상**	**세뱃돈**	**추석**	**송편**
설을 쇠다.	떡국을 끓이다.	차례를 지내다.	차례상을 차리다.	세뱃돈을 받다.	추석을 쇠다.	송편을 빚다.
お正月を 過ごす。	トックを 作る。	祭祀を 行う。	茶礼膳を 備える。	お年玉を もらう。	秋夕を 過ごす。	松餅を 作る。

1. 次の文を日本語に訳してみましょう。

(1) 어제는 시험 공부를 하느라고 늦게 잤어요.

→ _____

(2) 오후에 비가 온다고 하니까 우산을 가지고 나가세요.

→ _____

(3) 이게 맛이 없다고요?

→ _____

(4) 공부는 안 하고 놀기만 하더니 성적이 형편없네요. (형편없다：よくない)

→ _____

(5) 지역에 따라서 눈이 내리는 곳도 있겠습니다.

→ _____

2. 次の文を韓国語に訳してみましょう。（下線部に注意）

(1) トッポッキを作るためにコチュジャンを全部使いました。(-느라고を使って)

→ _____

(2) 連休なので渋滞するそうだから、早めに出発しましょう。(-(ㄴ／는)다고を使って)
(連休：연휴、渋滞する：길이 막히다, 차가 밀리다)

→ _____

(3) 歩くだけでもかなり運動になります。(-기만 하다を使って)

→ _____

(4) 韓国語ができないと言っていたのにとても上手ですね。(-기만 하다を使って)

→ _____

(5) 解釈の仕方によって違うように見えることもあります。(解釈する：해석하다)

→ _____

3. 次の質問に韓国語で答えましょう。

(1) 주말에 뭐 했어요? (-느라고를使って)

→ _____

(2) 내일도 눈이 내릴까요? (-(ㄴ / 는)다고를使って)

→ _____

(3) 친구는 한국어 공부를 재미있어 해요? (-(ㄴ / 는)다고를使って)

→ _____

(4) 한국 드라마가 공부에 도움이 돼요? (-기만 하다를使って)

→ _____

(5) 불고기 맛이 도쿄에서 먹은 것과 좀 다르네요. (-에 따라를使って)

→ _____

解答 第2課 まとめ練習問題

1. (1) 昨日は試験勉強をしていたため遅く寝ました。
   (2) 午後、雨が降るそうなので傘を持って出かけてください。
   (3) これがまずいんですって？
   (4) 勉強はしないで遊んでばかりいたから成績が悪いですね。
   (5) 地域によって、雪が降るところもあります。

2. (1) 떡볶이를 만드느라고 고추장을 다 썼어요.
   (2) 연휴라 길이 막힌다고 하니 일찍 출발합시다.
   (3) 걷기만 해도 꽤 운동이 돼요.
   (4) 한국말을 못한다고 하더니 잘하기만 하네요.
   (5) 해석하기에 따라 다르게 보일 수 있지요.

3. (1) 청소하느라고 바빴어요. (2) 네, 내일도 눈이 내린다고 해요.
   (3) 좀 어렵지만 재미있다고 해요.
   (4) 네, 드라마를 보기만 해도 많은 도움이 돼요.
   (5) 그렇죠? 지역과 가정에 따라 양념 맛이 다르니까요.

이모님이 알바생을 구하신다면서요?

店長がアルバイトを募集しているんですって。〈バイト募集の話〉

 007

❶ 지연: 유타 씨, 요즘 바쁘다면서요?

❷ 유타: 네, 가게에 손님이 많아서 바쁜데 점장님이 편하게 해 주세요.

❸ 지연: 참, 거기 이모님이 알바생 구하신다면서요?

❹ 유타: 이모님이요? 이모님 안 계신데요?

❺ 지연: 아~네, 점장님이요. 한국에서는 친척이 아니어도 가족처럼 생각해서 그렇게 부르기도 해요.

❻ 유타: 그렇군요. 이모님이 알바 구하신답니다. 누님!

❼ 지연: 대단해요! 서당개 삼 년이면 풍월을 읊는다지요?

❽ 유타: 그건 또 무슨 소리예요? 개가 풍월을 읊는다고요? 아무튼 성실한 알바생을 구하신다니까 소개해 주세요.

008

SNS

지연: 유리야~ 요즘 바쁘다며?

유리: ㅇㅇ! 참, 이모님이 알바생 구하신다면서?

지연: ㅇㅇ. 성실한 알바생 구하신다니까 한번 가 봐!

유리: 그래. 서당개 삼 년이면 풍월을 읊는다지? 이제 나도 잘해. ㅋㅋ

지연: 그치? ^^.

チヨン：ユリ〜最近忙しいって？

ユリ：うんうん！あ、おばさんがアルバイト社員を募集しているんだって？

チヨン：うんうん。真面目なバイト探してるそうだから一度行ってみて！

ユリ：オッケー！門前の小僧習わぬ経を読む（←書堂の犬３年なら風月を詠む）んだって。もう私も上手だよ。フフ

チヨン：そのとおり ^^。

・구하신답니다
　[구하신담니다]

・읊는다지요
　[음는다지요]

・그렇군요
　[그러쿤뇨]

語彙・表現

❶ **바쁘다면서요?**：忙しいそうですね。

❷ **점장**：店長　**편하게**：楽に

❸ **이모님**：店のママ（←母方の叔母さん）　**알바생**：アルバイト社員　**구하신다면서요?**：募集しているんですって。

❹ **계시다**：いらっしゃる（「いる」の尊敬語）

❺ **친척**：親戚　**부르다**：呼ぶ

❻ **구하신답니다**：募集しているそうです。

❼ **서당개 삼 년이면 풍월을 읊는다**：門前の小僧習わぬ経を読む（←書堂の犬３年にして風月を詠む）

　읊다 [음따]：詠む、朗誦する

❽ **아무튼**：とにかく

日本語訳
---

❶ チヨン：ユウタさん、最近忙しいそうですね。

❷ ユウタ：はい、お店にお客様が多くて忙しいけど店長が楽にさせてくれます。

❸ チヨン：あ、そこ、店長がアルバイト社員を募集しているんですって。

❹ ユウタ：おばさんですか？おばさんはいないんですけど。

❺ チヨン：あ〜はい、店長ですね。韓国では親戚じゃなくても家族のように思ってそう呼んだりもします。

❻ ユウタ：そうなんですね。おばさんがバイト社員を探してるそうです。お姉さん！

❼ チヨン：すごいです！門前の小僧習わぬ経を読むっていうでしょう？

❽ ユウタ：それはまた何ですか。犬が風月を詠むんですって？
　　　　　とにかく誠実なアルバイト社員を探しているそうなので紹介してください。

3-1　-(ㄴ / 는) 답니다. ～（する）そうです〈伝聞〉

「구하신답니다.（募集しているそうです。）」のように①動詞の語幹に「-ㄴ / 는답니다」をつけると「～（する）そうです、～（し）ているそうです」の意味で「-ㄴ / 는다고 합니다」の短縮形になります。②過去形は「-았답니다 / 었답니다」です。この表現は聞いた話などを引用して伝えるとき用いる間接話法で、「해요」体「-ㄴ / 는다고 해요」の短縮形は「-ㄴ / 는대요」となります。また、③形容詞や④存在詞「있다, 없다」の語幹には「답니다」をつけ、「좋답니다, 있답니다」のようになり、⑤体言は「어제랍니다, 오늘이랍니다」のように、パッチムがないと「랍니다」、あると「이랍니다」をつけます。

例 ① 유타 씨는 책을 많이 <u>읽는답니다.</u> ユウタさんは本をたくさん<u>読む</u>そうです。

② 유타 씨는 3 년 전에 <u>왔답니다.</u> ユウタさんは 3 年前に<u>来た</u>そうです。

③ 유타 씨는 요즘 <u>바쁘답니다.</u> ユウタさんは最近<u>忙しい</u>そうです。

④ 유타 씨는 형제가 많이 <u>있답니다.</u> ユウタさんは兄弟がたくさん<u>いる</u>そうです。

⑤ 오늘이 유타 씨 <u>생일이랍니다.</u> 今日は、ユウタさんの<u>誕生日だ</u>そうです。

가다 → **간답니다**	**먹다** → **먹는답니다**
行く　　行くそうです	食べる　　食べるそうです

바쁘다 → **바쁘답니다**	**좋다** → **좋답니다**
忙しい　　忙しいそうです	良い　　良いそうです

▷「-(ㄴ / 는) 답니다」の活用

品詞	語幹	基本形	-(ㄴ / 는)답니다 （～するそうです）
動詞	母音	만나다 (会う)	만난답니다 (会うそうです)
		쉬다 (休む)	쉰답니다 (休むそうです)
	子音	짓다 (建てる)	짓는답니다 (建てるそうです)
		살다 (住む) ㄹ語幹	산답니다 (住むそうです)
形容詞		이르다 (早い)	이르답니다 (早いそうです)
		늦다 (遅い)	늦답니다 (遅いそうです)
名詞		생일 (誕生日)	생일이랍니다 (誕生日だそうです)

解答 P.226

練習1 例のように「-(ㄴ / 는)답니다」文にしましょう。

例 친구를 만나다 (友達に会う)	친구를 만난답니다. (友達に会うそうです。)
(1) 한국어를 배우다 (韓国語を学ぶ)	
(2) 김치를 매일 먹다 (キムチを毎日食べる)	
(3) 내일은 춥다 (明日は寒い)	
(4) 잡채를 자주 만들다 (チャプチェをよく作る)	
(5) 어제 연락했다 (昨日連絡した)	

練習2 例から選んで下線部を「-(ㄴ / 는)답니다」の文にしましょう。

例 있다. 바쁘다. 팔다.

(1) 가: 지연 씨가 요즘 안 보이네요?
(ジヨンさんが最近、見えないですね。)

나: 요즘, 골프 배우느라고 (.)
(最近、ゴルフを習うのに忙しいそうです。)

(2) 가: 주말에 같이 쇼핑 가요!
(週末に一緒にショッピングに行きましょう。)

나: 좋아요! 참, 긴자에서 한국 물건을 (.)
(いいですよ！ あ、銀座で韓国のものを売っているそうです。)

(3) 가: 내일 모임에 유타 씨는 못 온다지요?
(明日の集まりにユウタさんは来られないんですって？)

나: 네, 선약이 (.)
(はい、先約があるそうです。)

練習3 「-ㄴ / 는답니다」を使って短文を作ってみましょう。

45

3-2　-(ㄴ / 는) 다면서(?)　～ (する) んだって・～すると言って〈伝聞の確認①〉

「바쁘다면서요?(忙しいんですって?)」のように形容詞や存在詞の語幹に「다면서」を、動詞の語幹に「-ㄴ / 는다면서」をつけると「～ (する) んだって」という意味になり、①他人から聞いたことを確認するとき用います。②また、「-ㄴ / 는다면서」には「～ (する) と言って、～ (する) と言いながら」という意味もあり、あることについて触れながらまた、別の行為や発言をするとき用います。③過去のことには「았다면서 / 었다면서」を用います。

例　① 유타 씨! 요즘 바쁘다면서요?
　　ウタさん、最近忙しいんですって?

　　　먹는다고 하면서

② 유타 씨! 점심을 먹는다면서 도서관에는 왜 가요?
　　ユウタさん、昼ごはんを食べると言ったのに図書館にはどうして行きますか。

③ 유타 씨는 약속을 잊었다면서 아까 도서관에 갔어요.
　　ユウタさんは約束を忘れたと言って、先ほど図書館へ行きました。

가다 → 간다면서?	먹다 → 먹는다면서?
行く　　行くんだって?	食べる　　食べるんだって?

좋다 → 좋다면서?	맛있다 → 맛있다면서?
いい　　いいんだって?	美味しい　　美味しいんだって?

▷「-(ㄴ / 는) 다면서」の活用

品詞	語幹	基本形	-(ㄴ / 는)다면서(?) ～するんだって (?)
動詞	母音	하다 (する)	한다면서 (?) するんだって (?)
	子音	걷다 (歩く)	걷는다면서 (?) 歩くんだって (?)
		낫다 (治る)	낫는다면서 (?) 治るんだって (?)
		놓다 (置く)	놓는다면서 (?) 置くんだって (?)
		알다 (わかる) ㄹ語幹	안다면서 (?) わかるんだって (?)
形容詞		아프다 (痛い)	아프다면서 (?) 痛いんだって (?)
		맛있다 (美味しい)	맛있다면서 (?) 美味しいんだって (?)
		맛없다 (美味しくない)	맛없다면서 (?) 美味しくないんだって (?)

練習1 例のように「-(ㄴ/는)다면서」文にしましょう。　　　解答 P.227

例 유학을 가다 (留学に行く)	유학을 간다면서 (留学に行くんだって)
(1) 운동을 하다 (運動をする)	
(2) 감기가 낫다 (風邪が治る)	
(3) 갈비를 만들다 (カルビを作る)	
(4) 배가 아프다 (お腹が痛い)	
(5) 시간이 없다 (時間がない)	

練習2 例から選んで下線部を「-(ㄴ/는)다면서(?)」の文にしましょう。

> 例 밥을 먹다.　만들다.　아프다.

(1) 가: 벌써 배고파요.
　　　(もうお腹すいています。)

　　나: 아까 (　　　　　　　　　　?)
　　　(さっき、ご飯を食べたんでしょ？)

(2) 가: 유리 씨, (　　　　　　　　　　?)
　　　(ユリさん、具合が悪いんですって？)

　　나: 네, 감기에 걸렸어요.
　　　(はい、風邪を引きました。)

(3) 가: 우리 딸 어디 있어요?
　　　(うちの娘はどこにいますか。)

　　나: 떡볶이를 (　　　　　　　　　　) 방금 재료 사러 나갔어요.
　　　(トッポッキを作ると言ってついさっき材料を買いに出かけました。)

練習3 「-ㄴ/는다면서」を使って短文を作ってみましょう。

3-3　(-ㄴ / 는) 다지? ～(する)んだって？〈伝聞の確認②〉

「풍월을 읊는다지요?（風月を詠むそうですね。）」のように①動詞の語幹に「-ㄴ / 는다지?」を、②形容詞や存在詞の「있다·없다」に「다지?」をつけると「～（する）んだって？、～（する）だろう、～ですよね？」という意味になり、話し手が聞いた事を確認したり、尋ねたりするときに使います。③名詞につく指定詞「이다, 아니다」の場合は、「(이) 라지? / 아니라지」となり、④過去のことには、動詞・形容詞の語幹に「았다지? / 었다지?」をつけます。

例　① 유타 씨는 책을 많이 <u>읽는다지요?</u>
　　　ユウタさんは本をたくさん<u>読む</u>そうですね。

　　② 유타 씨는 요즘 <u>바쁘다지요?</u>
　　　ユウタさんは最近<u>忙</u>しいそうですよね。

　　③ 유타 씨는 유학<u>생이라지요?</u>
　　　ユウタさんは留学生だそうですね。

　　④ 유타 씨는 3년 전에 <u>왔다지요?</u>
　　　ユウタさんは3年前に来たそうですよね。

먹다 → 먹는다지?　　　**좋다 → 좋다지?**
食べる　　食べるんだって？　　いい　　いいんだって？

경찰이다 → 경찰이라지?　**경찰이 아니다 → 경찰이 아니라지?**
警察だ　　　警察だって？　　警察ではない　　警察ではないんだって？

▷「-ㄴ / 는다지?」の活用

品詞	基本形	-(ㄴ / 는)다지? (～ (ん) だって？)
動詞	만나다 (会う)	만난다지? (会うんだって？)
	쉬다 (休む)	쉰다지? (休むんだって？)
	놓다 (置く)	놓는다지? (置くんだって？)
	불다 (吹く) ㄹ語幹	분다지? (吹くんだって？)
形容詞	바쁘다 (忙しい)	바쁘다지? (忙しいんだって？)
	맛있다 (美味しい)	맛있다지? (美味しいんだって？)
指定詞	학생이다 (学生)	학생이라지? (学生だって？)
	학생이 아니다 (学生ではない)	학생이 아니라지? (学生でないんだって？)

練習1 例のように「-ㄴ / 는다지요?」文にしましょう。　　　　　解答 P.227

例 친구를 만나다 (友達に会う)	친구를 만난다지요? (友達に会うそうですね。)
(1) 교통비가 싸다 (交通費が安い)	
(2) 김치를 잘 먹다 (キムチをよく食べる)	
(3) 문제가 어렵다 (問題が難しい)	
(4) 가게 문을 열다 (店を開く)	
(5) 후배가 연락했다 (後輩が連絡した)	

練習2 例から選んで下線部を「-ㄴ / 는다지요? -다지요?」の文にしましょう。

例 불다.　놓다.　있다.

(1) 가: 벌써 연말이네요! 참 빠르지요?
　　(もう年末ですね！ とても早いですね。)

　　나: 그러네요! 회사 앞에 크리스마스 트리를
　　（　　　　　　　　　　　?)
　　(そうですね！会社の前にクリスマスツリーを置くんですって？)

(2) 가: 회사에서 연말에 제주도로 여행 간답니다.
　　(会社から年末に済州島へ旅行に行くそうです。)

　　나: 좋겠네요! 제주도는 바람이 많이 （　　　　　　　　　?)
　　(いいですね！ 済州島は風がたくさん吹くそうですね。)

(3) 가: 요즘은 모두 모여 식사하기도 어렵네요.
　　(最近はみんな集まって食事するのも難しいですね。)

　　나: 참, 다음 주에 팀 회식이 （　　　　　　　　?)
　　(あ、来週、チームの会食があるそうですね。)

練習3 「-ㄴ / 는다지요?」を使って短文を作ってみましょう。

49

3-4 -(ㄴ / 는)다니까
～(する)と言うから、～(だ)そうだから〈伝聞・理由・根拠〉

「구하신다니까 (探しているそうなので)」のように①動詞の語幹に「-ㄴ / 는다니까」をつけると「～(する)と言うから、～(する)そうだから、～(だ)そうだから」という意味になり、「-ㄴ / 는다고(말)하니까」の短縮形で、聞いていたり知っていた事実を理由や根拠として引用するときの間接話法の表現です。②過去のことは「았다니까 / 었다니까」をつけ、③形容詞や④存在詞「있다, 없다」などの語幹に「다니까」を、⑤名詞には「(이)라니니까」をつけます。

例 ① 유타 씨는 책을 많이 <u>읽는다니까</u> 책을 선물해요!
　　ユウタさんは本をたくさん<u>読むそうなので</u>、本をプレゼントしましょう。

② 유타 씨는 3년 전에 한국에 <u>왔다니까</u> 한국말을 잘하겠지요?
　　ユウタさんは3年前に<u>来たそうなので</u>韓国語が上手でしょう。

③ 유타 씨가 요즘 <u>바쁘다니까</u> 다음에 만나죠!
　　ユウタさんは最近<u>忙しいそうなので</u>、今度会いましょう。

④ 유타 씨는 형제가 많이 <u>있다니까</u> 음식을 많이 해야겠어요.
　　ユウタさんは兄弟がたくさん<u>いるそうなので</u>、たくさん料理をしないといけませんね。

⑤ 오늘이 유타 씨 <u>생일이라니까</u> 이따 모여요!
　　今日は、ユウタさんの<u>誕生日だそうなので</u>、後で集まりましょう。

▷「-(ㄴ / 는)다니까」の活用

品詞	語幹	基本形	-(ㄴ / 는)다니까 ～(する)そうだから
動詞	母音	쉬다 (休む)	쉰다니까 (休むそうだから)
	子音	만들다 (作る) ㄹ語幹	만든다니까 (作るそうだから)
		낫다 (治る)	낫는다니까 (治るそうだから)
形容詞		좁다 (狭い)	좁다니까 (狭いそうだから)
		없다 (ない)	없다니까 (ないそうだから)
名詞		생일 (誕生日)	생일이라니까 (誕生日だそうだから)

練習 1 例のように「-(ㄴ / 는)다니까」文にてましょう。 解答 P.227

例 영화를 보다 (映画を見る)	영화를 본다니까 (映画を見るそうだから)
(1) 집에서 쉬다 (家で休む)	
(2) 노래를 듣다 (歌を聴く)	
(3) 전화를 걸다 (電話をかける)	
(4) 시험이 어렵다 (試験が難しい)	
(5) 아직 군인이다 (まだ、軍人だ)	

練習 2 例から選んで下線部を「-(ㄴ / 는)다니까」の文にしましょう。

例 맛있다. 쉬다. 춥다.

(1) 가: 여보, 아들하고 영화라도 볼까?
　　　(あなた、息子と映画でも観ようか？)

　　나: 오래간만에 (　　　　　　　　　　　　　) 그냥 둬!
　　　(久しぶりに休むと言うから放っておいてあげて。)

(2) 가: 도서관에 갔다 올게요.
　　　(図書館に行ってきます。)

　　나: (　　　　　　　　　　　) 따뜻하게 하고 나가세요!
　　　(寒いそうだから暖かくして出かけてください。)

(3) 가: 자, 밥 먹으러 갑시다!
　　　(さあ、ご飯を食べにいきましょう！)

　　나: 지난 번에 본 그 집 음식이 (　　　　　　) 그리로 갑시다!
　　　(この前に見たあの店の料理が美味しいそうなので、あちらに行きましょう。)

練習 3 「-ㄴ / 는다니까」を使って短文を作ってみましょう。

모두 가족!?

　　외국인이 한국 드라마나 영화를 보면 가족이 참 많다는 생각이 들 수도 있을 것도 같다. 일례로 드라마 '밥 잘 사 주는 예쁜 누나'에서 '누나'는 가족이 아니다. 남자 주인공이 자신의 누나의 친구를 '누나!'라고 부르고 있는 것이다. 또한 드라마 '그해 우리는'에서도 여자 주인공은 학교의 여자 선배를 '언니'라 부르고, 남자 주인공의 남자 후배는 남자 주인공을 '형', 여자 선배를 '누나' 등으로 친숙하게 부른다.

　　자막 없이 보면 순간적으로 '가족인가?' 하고 생각할 수도 있을 것이다. 그러나 이들은 실제 가족이 아니다.

　　이처럼 실제 가족이 아닌, 사회적 관계에서도 오랫동안 관계를 이어가며 가족처럼 친근해졌을 경우에는 자연스럽게 가족 호칭을 사용하기도 한다. 아이돌 그룹 중에서도 가장 나이가 어린 '동생'을 '막내', 가장 나이가 많은 '형'을 '맏형'이라 부르기도 한다.

　　한편 가족과 같은 친밀도가 없는 식당 등의 가게에서도 가족 호칭을 사용하는 경우가 있는데 식당에서 서빙해 주는 사람을 부를 때 '이모님!', '아주머니', '어머님!' 등으로 호칭하는 경우도 있다. 이러한 경우, 가족 호칭에 익숙하지 않다면 '여기요!'라고 하면 무난하다.

　　이와 같이 사회적 관계에서도 가족 호칭을 사용하는 것은, 예부터 이웃을 가족처럼 생각하는 마음에서 비롯된 것으로 그 범위가 점차 확대되어 간 것으로 여겨진다. 이렇듯 언어적 습관에서도 한국 특유의 '정(情)의 문화'를 엿볼 수 있다고 하겠다.

　　가는 정이 있어야 오는 정도 있다고 한다.

　　● 말해 보자 ③
  (1) 한국인은 왜 타인에게 가족의 호칭을
　　　 사용합니까?
  (2) 한국인은 식당 등 가게에서 직원을 부를
　　　 때 어떻게 부릅니까?

みんな家族!?

外国人が韓国ドラマや映画を見たら、家族がとても多いと思うかもしれない。一例として、ドラマ「よくおごってくれる綺麗なお姉さん」での「お姉さん」は家族ではない。男性主人公が自分のお姉さんの友達を「お姉さん！」と呼んでいるものだ。また、ドラマ「あの年、私たちは」でも女性主人公は学校の女性先輩を「お姉さん」と呼んで、男性主人公の男性後輩は男性主人公を「お兄さん」、学校の先輩を「お姉さん」などで親しげに呼んでいる。

字幕無しで見ると一瞬「家族なのか」と思うかもしれない。しかし、彼らは実際の家族ではない。このように、実際の家族ではない社会的関係においても、長い間関係を保ちながら家族のように親しくなった場合は、自然に「家族」の呼称を使うこともある。「兄弟」の中でも最年少の人を「末っ子」、最年長の人を「長兄」と呼ぶこともある。

一方、家族のような親密度のない食堂などの店でも家族呼称を用いる場合があるが、食堂でサービスしてくれる従業員を呼ぶ時、「おばさん！」、「おばさん！」、「お母さん！」などと呼ぶ場合もある。こうした場合、家族呼称に慣れていなければ「ここです！」と言えば無難だ。日本で人を呼んだりする時に使う「すみません」とは言わない。

このように社会的関係でも家族呼称を用いるのは、古くから隣人を家族のように思う気持ちから来ているもので、その範囲が次第に拡大していったと考えられる。このように言語的習わしからも韓国特有の「情の文化」が垣間見えると言える。

한국어 마당 ③ 가족 호칭·지칭① (家族の呼称・指称)

母方の 祖母・祖父	母の姉妹 とその夫	母の兄・弟 とその妻	父の既婚の 兄とその妻	父の既婚の 弟とその妻	父の姉妹 とその夫	妹の姉と その夫
외할머니 외할아버지	이모 이모부	외삼촌 외숙모	큰아버지 큰어머니	작은아버지 작은어머니	고모 고모부	언니 형부

1. 次の文を日本語に訳してみましょう。

(1) 다음 주에 서울로 여행 간다면서요?

→ _____

(2) 동생은 책을 읽는다면서 조금 전에 방으로 들어갔어요.

→ _____

(3) 한국은 크리스마스 날이 휴일이라지요?

→ _____

(4) 올겨울에는 눈이 많이 내린답니다.

→ _____

(5) 김치는 몸에 좋다니까 자주 먹으려고 해요.

→ _____

2. 次の文を韓国語に訳してみましょう。(下線部に注意)

(1) 毎朝散歩を<u>するんですって</u>？（(-ㄴ / 는)다면서を使って）

→ _____

(2) 後輩は体調が<u>悪いといって</u>早退しました。（(-ㄴ / 는)다면서を使って）

→ _____

(3) ソウルに<u>引っ越すそうですね</u>？（(-ㄴ / 는)다지요? を使って）

→ _____

(4) 今日の会食の時もサムギョプサルを<u>食べるんですって</u>？（(-ㄴ / 는)다지요?を使って）

→ _____

(5) 試験が<u>難しいそうだから</u>頑張りましょう！（(-ㄴ / 는)다니까を使って）

→ _____

3. 次の質問に韓国語で答えましょう。

⑴ 친구는 왜 선물을 많이 샀어요? ((-ㄴ / 는)다면서를 使って)

→ _____

⑵ 건강에 좋은 음식 정보를 전해 주세요. (-ㄴ / 는)다지요? を使って)

→ _____

⑶ 추천하고 싶은 관광지 정보를 전해 주세요. (-ㄴ / 는 답니다를 使って)

→ _____

⑷ 친구에게 여행을 같이 가자고 말해 보세요. (-ㄴ / 는다니까를 使って)

→ _____

⑸ 친구에게 여행 계획을 말해 보세요. (-ㄴ / 는다니까를 使って)

→ _____

解答 第3課 まとめ練習問題

1. ⑴ 来週ソウルに旅行に行くんですって？
　　⑵ 弟は / 妹は本を読むと言いながら少し前に部屋に入りました。
　　⑶ 韓国はクリスマスの日が休みだそうですね。
　　⑷ 今年の冬には雪がたくさん降るそうです。
　　⑸ キムチは体にいいそうだからよく食べようと思います。

2. ⑴ 매일 아침에 산책을 한다면서요?　⑵ 후배는 몸이 안 좋다면서 조퇴했어요.
　　⑶ 서울로 이사를 간다지요?　⑷ 오늘 회식 때도 삼겹살을 먹는다지요?
　　⑸ 시험이 어렵다니까 열심히 합시다!

3. ⑴ 반 친구들 모두에게 준다면서 많이 샀어요.
　　⑵ 김치가 건강에 매우 좋다지요?　⑶ 인사동에는 전통적인 것이 많이 있답니다.
　　⑷ 요즘은 비행기 탑승료가 싸다니까 같이 제주도에 가요!
　　⑸ 제주도는 음식도 맛있고 산책하기도 좋다니까 많이 먹고 많이 걸어요!

부산 사나이로 불리는 우리 남편.

「釜山男」と呼ばれるうちの夫。〈携帯物語〉

 010

❶ 아내: **내 휴대폰 못 봤어요?**
　　　　조금 전까지 식탁 위에 놓여 있었는데 안 보이네…

❷ 남편: **그래? 전화 한 번 울려 볼게요.**
　　　　~~~ 아무 소리도 안 들리네!

❸ 아내: **아, 여기 있어요.**
　　　　어? 근데 안 켜지네?

❹ 남편: **잠겨 있어?**
　　　　안 열리면 내가 해 줄게!

❺ 아내: **듬직하다! 부산 사나이로 불리는 우리 남편!**

❻ 남편: **칭찬 받으니까 기분 좋네! 해고 당하지 않으려면…**

011

SNS

아내: 식탁 위에 놓여 있던 게 안 보이네 ㅠㅠ	妻：食卓の上に置いてあったのが見えないねㅠㅠ
남편: 울려 볼게. ~~~ 아무 소리도 안 들려?	夫：鳴らしてみるよ。~~~ 何の音も聞こえない？
아내: 여기 있다. 어? 근데 안 켜지네?	妻：ここにあった。あれ？でも点かないね。
남편: 잠겼어? 안 열리면 내가해 줄게	夫：ロックされている？ 開かなかったら私がやってあげる。
아내: ㄱㅅ! 부산 사나이로 불리는 우리 남편 최고!	妻：感謝！「釜山の男」と呼ばれる夫最高！
남편: 칭찬 받으니까 기분 좋네. ㅎㅎ 해고 당하면 안 되지. ㅋㅋㅋ	夫：褒められて気持ちいいね フフ クビになったらダメだからね。www

- 놓여 있었는데[노여 이썬는데]
- 듬직하다[듬지카다]
- 좋네[존네]

❶ **휴대폰**：携帯電話　**식탁**：食卓
놓여 있다：置いてある、置かれている

❷ **울리다**：鳴らす、泣かす
들리다：聞こえる

❸ **아**：あ　**근데**：でも、しかし、ところで
켜지다：点く

❹ **잠기다**：鍵がかかる
열리다：開く

❺ **사나이**：男　**불리다**：呼ばれる
듬직하다：頼もしい

❻ **칭찬 받다**：褒められる
해고 당하다：解雇される

日本語訳

❶ 妻：私の携帯電話、見ていませんか。さっきまで食卓の上に置いてあったのに見えないな…。

❷ 夫：そう？一度電話を鳴らしてみますよ。〜〜〜何の音も聞こえないね。

❸ 妻：あ、ここにありました。あれ？でも点かないね。

❹ 夫：ロックされているの？開かなかったら、私がやってあげる！

❺ 妻：頼もしい！釜山の男と呼ばれる夫！

❻ 夫：褒められて気持ちいいね！クビにならないためには…

4-1 -아 있다 / 어 있다
～（られ）ている〈行為の結果状態〉

　「-아 있다 / 어 있다」は、「～ている、～（られ）ている」という意味で、あることが行なわれていた状態のまま続いていることを表します。「놓여 있었는데 (置いてあったが)」は、「놓이다 (置かれる)」の語幹に「어 있다」をつけた形「놓여 있다 (置いてある)」の過去の状況説明の表現です。この「-아 있다 / 어 있다」の表現は「앉다 (座る)、가다 (行く)、오다 (来る)」、「놓이다 (置かれる)、열리다 (開く)、닫히다 (閉まる)」などのように自動詞や受身形といっしょに使われます。

*〈動作の結果状態〉「아 / 어 있어요」（『ひとりでできる韓国語初中級』5-5）参照

例 ① 문 옆에 <u>놓여 있는</u> 건 뭐예요?
　　　ドアの横に<u>置かれている</u>ものは何ですか。

　② 교실 문이 <u>잠겨 있어서</u> 못 들어갔어요.
　　　教室のドアが<u>閉まっていた</u>ので入れませんでした。

열리다 → 열려 있다
開く　　　　開いている

잠기다 → 잠겨 있다
閉まる　　　閉まっている

▷ 「-아 있다 / 어 있다」の活用

基本形	-아 있다 / 어 있다 ～（られ）ている
앉다 (座る)	앉아 있다 (座っている)
가다 (行く)	가 있다 (行っている)
놓이다 (置かれる)	놓여 있다 (置いてある)
쌓이다 (積る、たまる)	쌓여 있다 (積もっている、たまっている)
열리다 (開く)	열려 있다 (開いている)
걸리다 (掛かる)	걸려 있다 (掛かっている)
닫히다 (閉まる)	닫혀 있다 (閉まっている)

解答 P.228

練習1 例のように「-아 있어요 / 어 있어요」文にしましょう。

例 형은 한국에 가다 (兄は韓国に行く)	형은 한국에 가 있어요. (兄は韓国に行っています。)
(1) 모두 벌써 오다 (もうみんな来る)	
(2) 동생은 엄마 옆에 앉다 (妹・弟は母のそばに座る)	
(3) 열쇠는 책상 위에 놓이다 (鍵は机のうえに置いてある)	
(4) 창문이 열리다 (窓が開く)	
(5) 가게가 닫히다 (店が閉まる)	

練習2 例から選んで下線部を「-아 있어요 / 어 있어요」の文にしましょう。

例 닫히다. 쌓이다. 꺼지다. 걸리다

(1) 가: 왜 이렇게 덥죠?
(どうしてこんなに暑いんですかね。)

나: 어? 에어컨이 (.)
(あれ？ エアコンが消えていました。)

(2) 가: 빨래가 잔뜩 (.)
(洗濯物がいっぱいたまってますね。)

나: 계속 바빠서 못 해서 그래요.
(ずっと忙しくてできなかったからです。)

(3) 가: 가게 문이 (.)
(店が閉まっていますね。)

나: 그러네요. '정기휴일' 팻말도 (.)
(そうですね。定休日の札もかかっています。)

練習3 「-아 있어요 / 어 있어요」を使って短文を作ってみましょう。

4-2　-이 / 히 / 리 / 기 〜(ら)れる〈受身表現 ①被動詞〉

「-안 보이네 見えないね」は、「보다 見る」の被動詞「보이다 見える」からの表現です。このような「受身」を韓国では「被動」と言います。「受身」や「被動」の文字からも分かるように、受身表現は、ある行為が他のものによって行なわれることを表します。日本語の受身形は、ほとんどの動詞に「(ら)れる」をつけますが、韓国語の被動形は一部の他動詞に被動接辞「이 / 히 / 리 / 기」をつけます。4-1での「놓이다 (置かれる)、닫히다 (閉まる)、열리다 (開く)、잠기다 (閉ざされる)」などが被動詞で自動詞としても使われます。

例 ① 콘서트를 열다. (コンサートを開く。)

　被 콘서트가 열리다. (コンサートが開かれる。)

② 책상 위에 책을 놓다. (机の上に本を置く。)

　被 책상 위에 책이 놓이다. (机の上に本が置かれる。)

助詞「를 / 을」が「가 / 이」に変わるね。

열다 → 열리다
開く　　開かれる

놓다 → 놓이다
置く　　置かれる

▷〈被動詞〉動詞語幹＋「이 / 히 / 리 / 기」

이	히	리	기
놓다-놓이다 (置かれる)	닫다-닫히다 (閉まる)	걸다-걸리다 (かかる)	감다-감기다 (巻かれる)
보다-보이다 (見える)	막다-막히다 (塞がれる)	물다-물리다 (噛まれる)	안다-안기다 (抱かれる)
쌓다-쌓이다 (積る)	먹다-먹히다 (食べられる)	열다-열리다 (開かれる)	끊다-끊기다 (切られる)
쓰다 -쓰이다 (書かれる)	밟다-밟히다 (踏まれる)	팔다-팔리다 (売られる)	빼앗다-빼앗기다 (奪われる)
담다-담기다 (盛られる)	업다-업히다 (背負わされる)	흔들다-흔들리다 (揺れる)	쫓다-쫓기다 (追われる)
잠그다-잠기다 (閉ざされる)	잡다-잡히다 (取られる)	듣다-들리다 (聞こえる)	찢다-찢기다 (裂かれる)

練習 1 例のように「이 / 히 / 리 / 기」の被動文にしてみましょう。　解答 P.228

例 문을 <u>열다</u>. （戸を開ける。）	문이 <u>열리다</u>. （戸が開く。）
(1) 화분을 놓다. (植木鉢を置く。)	
(2) 문을 닫다. (ドアを閉める。)	
(3) 전화를 걸다. (電話をかける)	
(4) 소리를 듣다. (音を聞く。)	
(5) 아기를 안다. (赤ちゃんを抱く。)	

練習 2 例から選んで下線部を「이 / 히 / 리 / 기」の被動文にしましょう。

例 팔다.　보다.　닫다

(1) 가: 뒷자리인데 자막 보여요?
（後ろの席なのに字幕見えますか。）

　　나: 네, 글씨가 커서 잘 (　　　　　　　　　　.)
（はい、字が大きくてよく<u>見えますね</u>。）

(2) 가: 요즘 잘 팔리는 게 어떤 거예요?
（最近よく売れるのは何ですか。）

　　나: 이거 신상품인데 잘 (　　　　　　　　.)
（これ新商品ですがよく<u>売れています</u>。）

(3) 가: 일부러 문을 닫았어요?
（わざとドアを閉めましたか。）

　　나: 아뇨, 바람 때문에 저절로 (　　　　　　　　　.)
（いいえ、風のせいで自然に<u>閉まったようです</u>。）

練習 3 「이 / 히 / 리 / 기」を使って短文を作ってみましょう。

___

4-3　-아지다 / 어지다〈受身表現②ある状態になる〉

　「-아지다 / 어지다（～られる）」は、「**켜다**（点ける）**켜지다**（点く）」のように、他動詞について受身表現を作り、他の影響を受けてある状態になることを表します。一部の動詞につく受身接辞「**이 / 히 / 리 / 기**」より広く用いられます。陽母音（ㅏ, ㅗ）語幹には「**아지다**」を、陰母音（ㅏ, ㅗ以外）語幹には「**어지다**」を、「**-하다**」動詞は「**-해지다**」をつけます。また、過去形は「**-아 / 어졌다**」「**-해졌다**」となります。

*形容詞の〈状態の変化〉「아져요 / 어져요 ～くなります」（初中級12-6）参照

例 ① 텔레비전이 자동으로 <u>켜지네요</u>! (켜다 点ける -켜지다)
　　 テレビが自動で<u>点きます</u>ね！

② 2 년 전에 <u>세워진</u> 건물이에요! (세우다 建てる -세워지다)
　　 2 年前に<u>建てられた</u>建物です！

③ 회의 장소가 <u>정해졌어요</u>. (정하다 決める -정해지다)
　　 会議の場所が<u>決まりました</u>。

닫다 → 닫아지다　　**먹다 → 먹어지다**　　**하다 → 해지다**
閉める　　閉まる　　　食べる　　食べられる　　する　　される、できる

▷〈受身表現〉「-아지다 / 어지다」の活用

基本形	ヘヨ体	-아지다 / 어지다
켜다 (点ける)	켜요	켜지다 (点けられる・点く)
깨다 (割る)	깨요	깨지다 (割れる)
떨다 (落とす)	떨어요	떨어지다 (落とされる・落ちる)
쓰다 (書く)	써요	써지다 (書かれる・書ける)
지우다 (消す)	지워요	지워지다 (消される・消える)
짓다 (建てる)	지어요	지어지다 (建てられる)
만들다 (作る)	만들어요	만들어지다 (作られる)
정하다 (決める)	정해요	정해지다 (決められる・決まる)

「**해요**」体の「**요**」の代わりに「**지다**」をつければいいですね。

練習 1 例のように「-아지다 / 어지다」の文にしましょう。

解答 P.228

例 불을 켜다 (明かりを点ける)	불이 <u>켜지다</u>. (明かりが点く。)
(1) 라디오를 끄다 (ラジオを消す)	
(2) 물을 쏟다 (水を注ぐ)	
(3) 떡볶이를 만들었다 (トッポッキを作った)	
(4) 종이를 찢다 (紙を破る)	
(5) 규칙을 정했다 (規則を定めた)	

練習 2 例から選んで下線部を「-아지다 / 어지다」の被動文にしましょう。

> 一部の動詞の受身形は、可能の意味を表したりします。
> また、「잘(よく)」などの副詞とともによく使われます。

例 쓰다. 찢다. 쏟다.

(1) 가: 어제 새로 산 펜 어때요?
　　(昨日新しく買ったペンどうですか。)

　　나: 부드럽게 잘 (　　　　　　　　　　　.)
　　(スムーズに良く<u>書けます</u>。)

(2) 가: 바닥에 물이 왜 이리 많아요?
　　(床に水がどうしてこんなに多いんですか。)

　　나: 병에 담아 놓은 물이 (　　　　　　　　.)
　　(瓶に入れておいた水が<u>こぼれました</u>。)

(3) 가: 어머, 책이 왜 이래요?
　　(あら、本がどうしたんですか。)

　　나: 비를 맞아서 (　　　　　　　　　　.)
　　(雨に降られて<u>破れました</u>。)

練習 3 「-아지다 / 어지다」を使って被動の短文を作ってみましょう。

4-4　-받다, -당하다, -되다
～（さ）れる〈受身表現③語彙的な接尾辞〉

　「해고 당하지 않으려면（首にならないためには・直解雇されないためには。）」は、「해고하다（解雇する）」の受身表現「해고당하다（解雇される）」を用いた表現です。このように体言に「하다」がついてできた〈하다動詞〉の場合、「하다」の代わりに「받다（受ける）、되다（なる）、당하다（される）」をつけると受身表現となります。

例　① 할아버지께 칭찬받았다.　おじいさんに褒められた。

　　② 나는 오늘로 해고되었다.　私は今日で解雇された。
　　　　나는 오늘로 해고당했다.　私は今日で解雇された。

> 「되다」「당하다」両方使える場合もあります。

　　③ 접수가 오늘로 마감되었습니다.　受付が今日で締め切られました。

칭찬하다 → 칭찬받다
褒める　　　　　褒められる

거부하다 → 거부당하다
拒否する　　　　拒否される

▷〈受身表現〉「-받다, -되다, -당하다」
① 「받다」:「受ける」という意味合いの時、用いられますが否定的な意味にも使えます。
② 「되다」:「成り行きでそうなる」という意味で、自動詞になるものもあります。
② 「당하다」:「해고당하다解雇される」のように、否定的な意味合いの時用いられます。

-하다	-받다	-되다	-당하다
소개하다 紹介する	소개받다 紹介される	소개되다 紹介される	－
인정하다 認める	인정받다 認られる	인정되다 認られる	－
대접하다 もてなす	대접받다 もてなされる	－	－
주목하다 注目する	주목받다 注目される	주목되다 注目される	주목당하다 注目される
간섭하다 干渉する	간섭받다 干渉される	－	간섭당하다 干渉される
의심하다 疑う	의심받다 疑われる	의심되다 疑われる	의심당하다 疑われる
존경하다 尊敬する	존경받다 尊敬される	－	－
사랑하다 愛する	사랑받다 愛される	－	－

> 「받다」、「되다」、「당하다」が全部使える場合もあります。

練習 1 例のように「-받다, -되다, -당하다」をつけ受身文にしましょう。　　解答 P.229

例 엄마가 아이를 칭찬했다. (お母さんが子どもを褒めた。)	아이가 엄마에게 칭찬받았다. (子どもが母親に褒められた。)
(1) 주인이 알바생을 해고했다. (オーナーがアルバイト生を首にした。)	
(2) 접수를 마감했다. (受付を締め切った。)	
(3) 선배가 우리를 초대했다. (先輩が私たちを招待した。)	
(4) 출입을 금지한다. (立ち入りを禁止する。)	
(5) 모두 그를 존경했다. (みんな彼を尊敬した。)	

練習 2 例から選んで下線部を「받다, 되다, 당하다」の受身文にしましょう。(2つも可能)

例 해고하다.　안내하다.　부상.

(1) 가: 어디를 안내할까요?
　　(どこに案内しましょうか。)

　　나: 맛집을 (　　　　　　　　　　　　　) 싶어요.
　　(美味しい店に案内してもらいたいです。)

(2) 가: 민수 씨는 요즘 안 보이네요?
　　(ミンスさんは最近見えないですね。)

　　나: 지각을 많아 해서 (　　　　　　　　.)
　　(遅刻が多くてクビになりました。)

(3) 가: 깁스를 했네요?
　　(ギプスをはめていますね。)

　　나: 경기 중에 (　　　　　　　　　.)
　　(試合中に怪我をしました・負傷されました。)

練習 3 「받다, 되다, 당하다」を使って短文を作ってみましょう。

우리 남편? 우리 아내?

　한국인들의 입에 붙은 말 중 하나로 '우리'를 꼽을 수 있다.

　일본어의 'わたしたち(私達)'처럼 말하는 사람이 자신을 포함한 여러 사람을 가리키는 말로 '우리들', '우리나라' 등과 같이 복수적 의미로 사용된다.

　또한 '우리 엄마', '우리 아빠' 등으로 부르거나 불리기도 하며, '우리 집'이라고도 말한다. 이는 형제가 많았던 시대의 언어 습관이 지금도 이어지고 있기 때문이다. 즉, 나만의 엄마나 아빠가 아닌 형제들의 엄마나 아빠이며 가족의 집이었기 때문이다. 또 '우리 남편, 우리 아내'라 부르거나 칭하기도 하는데 이때는 'うちの夫、うちの家内'에 해당한다.

　'우리(うちの)'와 같은 언어 습관이 지금의 '동료(同僚·仲間)' 의식으로까지 연결된 경우도 있다. 가령, 공식적인 자리에서도 '우리 김태리 씨!, 우리 박보검 씨!' 등으로 소개하거나 이야기를 이끌어가는 것을 어렵지 않게 볼 수 있다. 이는 소개되는 사람이 주최 측의 '동료(同僚)'라는 의미, 또는 소개받는 관객까지 포함한 참석자 전체를 '우리'라고 여기는 입장으로 이해할 수 있을 것이다.

　호칭과 지칭에서 '우리'를 많이 사용하는 것에서도 '함께 하고 싶어 하는' 한국 사람들의 정이 엿보인다.'

　'같이의 가치'라는 표현에서도 '같이'의 가치와 소중함이 느껴진다.

　'우리 같이 갑시다!'

▸ 말해 보자 ④ 🐌

(1) 한국에서는 왜 '우리 아내, 우리 남편' 이라고 합니까?

(2) 한국에서는 왜 '우리 집'이라고 합니까?

わたしたちの夫？わたしたちの妻？

韓国人の口に馴染んだ言葉の一つとして「우리（ウリ）」が挙げられる。

日本語の「わたくしたち（私達）」のように、話し手が自分を含む多くの人を指す言葉で、「우리들（我々）'，'우리나라（我が国）」などのように複数的意味で使われる。

また、「うち・私達の母」、「うち・私達の父」などと呼んだり呼ばれたりもし、「私達の家」とも言う。これは兄弟が多かった時代の言語習慣が今も続いているためだ。つまり、私だけの母親や父親ではなく、兄弟の母親や父親であり、家族の家だったからだ。

また、「私達の夫、私達の妻」と呼ばれたりもするが、この場合は「うちの夫、うちの妻」に該当する。

「うちの」のような言語習慣が今の「仲間」意識にまでつながった場合もある。例えば、公式的な席でも「私たちのキム・テリさん！、私たちのパク・ボゴムさん！」等で紹介したり話を導いていくことを容易に見ることができる。これは紹介される人が主催側の「仲間」という意味、または紹介される観客まで含めた参加者全体を「仲間」と考える立場として理解できるだろう。

呼称と指称で「ウリ」を多く使うことからも「共にしたがる」韓国人の情がうかがえる。

「カチ（一緒）のカチ（価値）」という表現でも「カチ（一緒に）」の価値と大切さが感じられる。

「私達一緒に行きましょう！」

 ## 한국어 마당 ④ 가족 호칭·지칭② (家族の呼称・指称)

妻の父に対する呼称・指称	妻の母に対する呼称・指称	夫婦が互いを呼ぶ語	夫婦の間で敬って言う語	兄嫁(弟から)／弟の嫁(兄から)	妻の妹／夫の姉妹	姉とその夫(妹から)
장인* [丈人]	장모* [丈母]	여보 あなた	당신 あなた	형수(兄嫂)／ 제수(弟嫂)	처제 (妻弟)／ 시누이	언니 형부

＊最近は「장인、장모」も自分の両親と同じく「아버님, 어머님」と呼ぶことが多いが、他人に言う時など、理解のため区別が必要な場合は「장인어른、장모님」ともします。

우리 같이 가가!

1. 次の文を日本語に訳してみましょう。

(1) 교문이 잠겨 있어서 들어갈 수 없었습니다.

→ _____

(2) 큰아들은 한국에 유학가 있어요.

→ _____

(3) 무슨 소리 안 들리세요?

→ _____

(4) 이 펜은 부드럽게 잘 써지네요.

→ _____

(5) 아이들은 칭찬받으며 성장한대요.

→ _____

2. 次の文を韓国語に訳してみましょう。（下線部に注意）

(1) 窓が開いています。（「-아 있다 / 어 있다」を使って）

→ _____

(2) 地震で建物が揺れています。（「-이 / 히 / 리 / 기」を使って）

→ _____

(3) 蚊に刺されました。（「-이 / 히 / 리 / 기」を使って）

→ _____

(4) 旅行の日にちは決まりましたか。（「-아지다 / 어지다」を使って）

→ _____

(5) 受付は、今日で締め切られました。（「-되다, -당하다, -맞다」を使って）

→ _____

3. 次の質問に韓国語で答えましょう。

(1) 아까 그 책은 어디에 있어요? (놓다, 「-아 있다 / 어 있다」를 使って)

→ 그 책은 _____

(2) 식당으로 가는 중인데 지금 어디에 계세요?
(오다, 「-아 있다 / 어 있다」를 使って)

→ 저는 식당에 _____

(3) 할 일이 많아요? (쌓다, 「-이 / 히 / 리 / 기」를 使って)

→ 네, _____

(4) 이 펜으로 쓰면 지울 수 있어요? (지우다, 「-아지다 / 어지다」를 使って)

→ 네, _____

(5) 어제가 수강 신청 마감일이었어요? (마감, 「-받다, -되다, -당하다」를 使って)

→ 네, _____

解答　第 4 課　まとめ練習問題

1. (1) 正門（校門）が<u>ロックされていて</u>入ることができませんでした
(2) 長男は韓国に留学に<u>行っています</u>。　(3) 何か音が<u>聞こえません</u>か。
(4) このペンは滑らかによく<u>書けます</u>ね。
(5) 子どもたちは<u>褒められながら</u>成長するそうです。

2. (1) 창문이 <u>열려 있습니다</u>. (2) 지진으로 건물이 <u>흔들리고 있어요</u>.
(3) 모기한테 <u>물렸어요</u>. (4) 여행 날짜는 <u>정해졌어요</u>?
(5) 접수는 오늘로 <u>마감되었습니다</u>.

3. (1) 책상 위에 <u>놓여 있어요</u>. (2) <u>와 있어요</u>. (3) 일이 많이 <u>쌓였어요</u>.
(4) <u>지워지는</u> 펜이에요. (5) 어제 <u>마감되었어요</u>.

종종 사투리를 쓰곤 해요.

時々方言を使ったりもします。〈インタビュー〉

🎵 013

❶ 리포터: 안녕하세요? 2년 만에 뵙는데도 여전하시군요. 제대 기념 콘서트는 언제 열리나요?

❷ 박지수: 네, 다음 달에 열립니다.

❸ 리포터: 금방이네요. 복무 기간 동안 친구도 많아졌겠네요.

❹ 박지수: 네, 정말 좋은 친구들을 많이 만날 수 있었습니다. 각자의 고향말로 고향을 소개하기도 하고 좋았습니다.

❺ 리포터: 박지수 씨는 아이돌인데도 사투리를 쓰나요?

❻ 박지수: 물론입니다. 고향말이 그립고 해서 종종 사투리를 쓰곤 합니다.

❼ 리포터: 그러시군요. 바쁘신데도 이렇게 인터뷰에 응해 주셔서 대단히 감사합니다. 응원하겠습니다.

🎵 014
SNS

지연: 오랜만에 보는데도 여전하네! ㅎㅎ 콘서트는 언제 열려?

チヨン : 久しぶりに会ったのに相変わらずだねフフ
コンサートはいつ開かれるの？

지수: 다음 달에 열리지예~ ㅎㅎ

チス : 来月開かれるんだよ〜　フフ

지연: 아이돌인데도 사투리를 쓰나?

チヨン : アイドルなのに方言を使うの？

지수: 고향말이 그립고 해서 가끔 쓰곤 해.

チス : 故郷の言葉が恋しくてたまに使ったりする。

지연: 바쁜데도 모임에 나와 줘서 고마워.

チヨン : 忙しいのに集まりに来てくれてありがとう。

発音

- 뵙는데도 [뵘는데도]
- 여전하시군요 [여전하시군뇨/ 여저나시군뇨]
- 복무[봉무]
- 많아졌겠네요 [마나졀껜네요/ 마나져껜네요]
- 그립고 [그립꼬]

語彙・表現

❶ **뵙다**：お会いする、お目にかかる　**여전 [如前] 하다**：相変わらずだ　**제대**：除隊　**열리나요?**：開かれますか

❸ **금방**：すぐ　**많아지다**：多くなる、増える

❹ **각자 [各自]**：それぞれ　**고향말**：故郷の言葉

❺ **사투리**：方言　**쓰나요?**：使うんですか

❻ **그립고 해서**：懐かしいこともあって（**그립다**：懐かしい）**종종**：時々　**쓰곤 하다**：使ったりする

❼ **인터뷰**：インタビュー　**응하다**：応じる　**대단히**：大変、非常に　**응원하다**：応援する

日本語訳

❶ リポーター：こんにちは。２年ぶりにお会いするのに相変わらずですね。除隊記念コンサートはいつ開かれますか。

❷ パクチス：はい、来月開かれます。

❸ リポーター：すぐですね。服務期間中に友達も増えたでしょうね。

❹ パクチス：はい、本当に良い友達にたくさん会えました。それぞれの故郷の言葉で故郷を紹介したりして、良かったです。

❺ リポーター：パクチスさんはアイドルなのに方言を使うんですか。

❻ パクチス：もちろんです。故郷の言葉が懐かしいこともあって、時々方言を使ったりもします。

❼ リポーター：そうなんですね。お忙しいのにこのようにインタビューに応じてくださって大変ありがとうございました。応援します。

5-1　-곤 하다 ～ (し)たりする、しばしば～する〈繰り返し〉

　「**사투리를 쓰곤 해요.**(方言を使ったりもします。)」のように動詞の語幹に「-곤
하다」をつけると「～（し）たりする、しばしば～する」という意味になり
ます。この表現はある動作が何回も繰り返されていることを表す「-고는 하
다」の縮約形です。

例　① 지금도 비가 오는 날에는 부침개를 부쳐 <u>먹곤 해요</u>.
　　　今でも雨の日はチヂミを焼いて<u>食べたりします</u>。

　　② 졸업 후에도 친구들을 가끔 <u>만나곤 했어요</u>.
　　　卒業後もたまに友達に<u>会ったりしました</u>。

> 韓国では、一般的に
> チヂミ（**지짐이**）を
> 「**부침개, 전（煎）**」
> と言います。

가다 → 가곤 하다　　　　먹다 → 먹곤 하다
行く　　　行ったりする　　食べる　　食べたりする

▷「**-곤 하다**」の活用

基本形	-곤 하다 ～ (し)たりする、しばしば～する
쓰다 (書く)	쓰곤 하다 (書いたりする)
읽다 (読む)	읽곤 하다 (読んだりする)
듣다 (聴く)	듣곤 하다 (聴いたりする)
만들다 (作る)	만들곤 하다 (作ったりする)
기다리다 (待つ)	기다리곤 하다 (待ったりする)
붓다 (腫れる)	붓곤 하다 (腫れたりする)
청소하다 (掃除する)	청소하곤 하다 (掃除したりする)

> "비도 오는데 부침개라도 부쳐 먹어야겠다!"
> 韓国人は、雨が降ったら無性にチヂミが食べたくなるんです。
> マッコリと合いますね！

(練習1) 例のように「-곤 해요 / 했어요」文にしましょう。　　　　解答 P.229

例 유학을 가다 (留学に行く)	유학을 가곤 해요. (留学に行ったりもします。)
(1) 시를 읽다 (詩を読む)	
(2) 노래를 듣다 (歌を聴く)	
(3) 빵을 굽다 (パンを焼く)	
(4) 한국 음식을 만들었다 (韓国料理を作った)	
(5) 이야기를 했다 (話をした)	

(練習2) 例 から選んで下線部を「-곤 하다」の文にしましょう。

例 쓰다.　걷다.　붓다.

(1) 가: 어머! 손편지를 보내세요? 받는 사람은 좋겠어요.
　　　(あら！手紙を送りますか。受け取る人はいいですね。)

　　나: 네, 메일도 하지만 가끔 손편지를 (　　　　　　　　.)
　　　(はい、メールもしますが、たまに手紙を書いたりします。)

(2) 가: 어디가 불편하세요?
　　　(どうしたんですか。)

　　나: 가끔 다리가 (　　　　　　　.) 그래서 진찰을 받아 보려고요.
　　　(時々足が腫れたりします。それで診察を受けてみようと思いまして。)

(3) 가: 건강 관리는 어떻게 하세요?
　　　(健康管理はどのようにしていますか。)

　　나: 별 거 안 해요. 그냥 주변을 (　　　　　　　.)
　　　(大したことしません。ただ周りを歩いたりします。)

(練習3) 「-곤 하다」を使って短文を作ってみましょう。

_____

5-2 -나(요)?
〜するの(です)か、〜なの(です)か〈疑問〉

「열리나요?(開かれるんですか。)」のように動詞や形容詞などの語幹に「-나 (요)?」をつけると「〜するの(です)か」、「〜なの(です)か」という意味になり、インタビューなど初めて尋ねる時によく用います。「요」を取った「-나?」だけの表現は友人や親しい間柄で、また独り言のように言う時にもよく使います。

　過去の表現は「갔나요?(行ったのですか)、먹었나요?(食べたのですか)」のように、語幹に「았나요? / 었나요?」をつけます。

例 ① 내일도 회사에 일찍 <u>가나요?</u>
　　明日も早く会社に<u>行くんですか。</u>

　② 서울에도 눈이 많이 <u>왔나요?</u>
　　ソウルにも雪がたくさん<u>降ったんですか。</u>

먹다 → 먹나요?　　　　**좋다 → 좋나요?**
食べる　食べるんですか　　　いい　いいんですか

▷「-나요?」の活用

基本形	-나요? (〜するのですか・〜するんですか)
받다 (もらう)	받나요? (もらうんですか)
쉬다 (休む)	쉬나요? (休むんですか)
입다 (着る)	입나요? (着るんですか)
길다 (長い) ㄹ語幹	기나요? (長いんですか)
다르다 (異なる)	다르나요? (異なるのですか)
맛있다 (美味しい)	맛있나요? (美味しいんですか)
조용하다 (静かだ)	조용하나요? (静かなのですか)

(練習1) 例のように「-나요?」文にしましょう。

解答 P.229

例 또 친구를 만나다 (また、友達に会う)	또 친구를 만나나요? (また、友達に会うんですか。)
(1) 언제 쉬다 (いつ休む)	
(2) 자주 걷다 (よく歩く)	
(3) 문제가 쉬웠다 (問題が易しかった)	
(4) 어디에 살다 (どこに住む)	
(5) 음식은 맛있다 (食べ物は美味しい)	

(練習2) 例から選んで下線部を「-나요?」の文にしましょう。

例 푹 쉬다.　먹다.　피곤하다

(1) 가: 아침 일찍부터 경기가 있었는데 (　　　　　　　　?)

(朝早くから競技があったんですが、疲れていませんか。)

나: 어제, 충분히 잤기 때문에 괜찮아요.

(昨日、十分寝たので大丈夫です。)

(2) 가: 밥은 제대로 (　　　　　　　　?)

(ご飯はちゃんと食べたんですか。)

나: 그럼요. 금강산도 식후경이라고, 잘 챙겨 먹었습니다.

(もちろんです。「花より団子（金剛山も食後の見物）」と言うことでちゃんと食べました。)

(3) 가: 그동안 피곤했을 텐데 어제는 (　　　　　　　　?)

(その間疲れただろうに昨日はゆっくり休みましたか。)

나: 네, 일도 잘 끝나서 푹 쉬었습니다.

(はい、仕事も無事に終わってゆっくり休みました。)

(練習3) 「-나요?」を使って短文を作ってみましょう。

5-3　-는데도、-(으)ㄴ데도
～（する）のに、～なのに〈逆接〉

「뵙는데도（お会いするのに）」のように①動詞や「**있다, 없다**」の語幹に「**는데도**」を、②形容詞の語幹に「**(으)ㄴ데도**」つけると「〜（する）のに、なのに」という意味になります。③名詞には「**인데도**」をつけます。この表現は、先行節の状態や行為に関係なく、後続節で動作や状況が起こることを表します。

例 ① 밥을 많이 <u>먹는데도</u> 살이 찌지 않아요.
ご飯をたくさん<u>食べるのに</u>太りません。

② 날씨가 <u>더운데도</u> 모두 열심히 일했어요.
天気が<u>暑いのに</u>みな一生懸命に働きました。

> 後続節が先行節に関わらないことを強調する時は、「-는/(으)ㄴ데도 불구하고」とも言います。

③ 3월<u>인데도</u> 아직 추워요.
3月<u>なのに</u>まだ寒いです。

가다 → 가는데도
行く　　　行くのに

먹다 → 먹는데도
食べる　　食べるのに

바쁘다 → 바쁜데도
忙しい　　　忙しいのに

좋다 → 좋은데도
よい　　　よいのに

▷ 「-는데도」の活用

動詞	-는데도　〜するのに、〜なのに
배우다 (学ぶ)	배우는데도 (学ぶのに)
닫다 (閉める)	닫는데도 (閉めるのに)
열다 (開ける) ㄹ語幹	여는데도 (開けるのに)
재미있다 (面白い) 있다用言	재미있는데도 (面白いのに)
形容詞	-(으)ㄴ데도　〜のに
아프다 (痛い)	아픈데도 (痛いのに)
작다 (小さい)	작은데도 (小さいのに)
달다 (甘い) ㄹ語幹	단데도 (甘いのに)
맵다 (辛い) ㅂ変則	매운데도 (辛いのに)
名詞	-인데도　〜なのに
시험 (試験)	시험인데도 (試験なのに)

練習 1 例のように「-는데도」でつないだ文にしましょう。

解答 P.230

例 일찍 자다＋늦게 일어나다 (早く寝る＋遅く起きる)	일찍 자는데도 늦게 일어나요. (早く寝るのに遅く起きます。)
(1) 일찍 일어나다＋지각하다 (早く起きる＋遅刻する)	
(2) 조금 먹다＋살이 찌다 (少し食べる＋太る)	
(3) 몸이 아프다＋학교에 갔다 (体調不良だ＋学校へいった)	
(4) 커피를 마셨다＋잘 자다 (コーヒーを飲んだ＋よく寝る)	
(5) 휴일이다＋일했다 (休みだ＋働いた)	

練習 2 例から選んで下線部を「-는데도」の文にしましょう。

例 켜다.　생일이다.　내리다.

(1) 가: 비가 (　　　　　　　　　　) 운동을 하고 있네요.
　　　(雨が降っているのに運動をしていますね。)

　　나: 며칠 후에 시합이 있대요.
　　　(数日後に試合があるそうですよ。)

(2) 가: 모레가 아이 (　　　　　　　　　　) 선물을 아직 못 샀네요.
　　　(明後日が子どもの誕生日なのに、まだプレゼントを買えていません。)

　　나: 오늘내일 준비하면 되겠네요.
　　　(今日、明日に準備すればいいですね。)

(3) 가: 왜 이리 덥죠?
　　　(どうしてこんなに暑いんですかね。)

　　니: 에어컨을 (　　　　　　　　　　) 시원하지 않네요.
　　　(エアコンをつけたのに涼しくないですね。)

練習 3 「-는데도」を使って短文を作ってみましょう。

5-4 -고 해서 ～こともあって、～(し)たりして〈理由〉

　「그립고 해서(懐かしいこともあって)」のように動詞や形容詞の語幹に「고 해서」をつけると「～こともあって、～(し)たりして、～かったので」という意味になります。話し言葉でよく使われ、先行節の内容が後続節の内容を行う理由の一つであることを表します。また、名詞には「이고 해서」をつけ、「～ということもあって」などの意味になります。

例 ① 비도 많이 오고 해서 안 나가려고 해요.
　　雨もたくさん降っているので出かけないつもりです。

> 「비도 오고 해서」のように、よく「-도 (～も)」と一緒に使われます。

② 이 김치는 맵고 해서 못 먹어요.
　　このキムチは辛いこともあって食べられません。

③ 연휴이고 해서 서울에 좀 다녀오려고요.
　　連休ということもあって、ちょっとソウルに行って来ようと思います。

먹다 → 먹고 해서　　　**좋다 → 좋고 해서**
食べる　　食べたりして　　　　よい　　　よかったりして

▷「-고 해서」の活用

基本形	-고 해서 ～ (し) たりして、～こともあって
듣다 (聞く)	듣고 해서 (聞いたりして)
읽다 (読む)	읽고 해서 (読んだりして)
쓰다 (書く)	쓰고 해서 (書いたりして)
말하다 (話す)	말하고 해서 (話したりして)
춥다 (寒い)	춥고 해서 (寒かったりして)
빠르다 (速い)	빠르고 해서 (速かったりして)
학생 (学生)	학생이고 해서 (学生ということもあって)

解答 P.230

練習1 例のように「-고 해서」文にしましょう。

例 동창도 만나다 (同窓生にも会う)	동창도 만나고 해서 (同窓生にも会ったりして)
(1) CD도 듣다 (CDも聞く)	
(2) 학교가 멀다 (学校が遠い)	
(3) 집이 좁다 (家が狭い)	
(4) 소문도 있다 (うわさもある)	
(5) 혼자 (ひとり)	

練習2 例から選んで下線部を「-고 해서」の文にしましょう。

例 바쁘다.　먹다.　초보

(1) 가: 피자 시켜 먹을까요?
　　(ピザ頼んで食べましょうか。)

　　나: 글쎄요. 점심도 방금 (　　　　　　　　) 별로 생각이 없는데요.
　　(そうですね。ついさっき昼食も食べたのであまり食欲がないんですが。)

(2) 가: 요즘도 여행 자주 가요?
　　(最近も旅行によく行きますか。)

　　나: 아니요. 요즘은 (　　　　　　　　) 잘 못 가요.
　　(いいえ、最近は忙しくてあまり行けません。)

(3) 가: 일은 어때요?
　　(仕事はどうですか。)

　　나: 아직 (　　　　　　　　) 배우면서 해요.
　　(まだ初心者でもあるので、習いながらやっています。)

練習3 「-고 해서」を使って短文を作ってみましょう。

이것 좀 보이소! 좋은데이! 사이소!

K-POP 그룹 BTS 는 그들의 노래 '팔도강산(八道江山)'에서 각 지역의 사투리로 재미와 흥미를 더해 가며 랩과 노래를 한다.

"머라카노 (What are you saying)"라는 경상도 사투리 등 전국 팔도의 사투리를 맛깔스럽게 엮어 나가다가 "결국 같은 한국말들 ~, 올려다 봐, 이렇게 마주한 같은 하늘"이라고 매듭짓는다.

역시 방탄소년단은 '머라캐도(何と言っても)' 한국을 대표하고 '마주한 같은 하늘' 아래의 세계 젊은이들을 대변한다고 해도 손색이 없다.

경상도 사투리는 음의 높낮이가 있으며 어미 '요'를 '예'나 '데이'로 한다. 전라도의 경우는 음의 장단이 있고 말끝에 '-잉'을 사용하는 특색이 있는데, BTS 의 노래 가사 중 "아따 겁나게 이뻐잉"도 그 한 예이다. 또한 충청도의 경우는 어미 '요'를 천천히 '유'로 발음하며, 말의 속도가 대체로 느린 편이어서 '충청도 양반'이라 부르기도 한다.

'이것 좀 보세요! 좋아요. 사세요!'를 각 지방 사투리로 한다면,
경상도 사투리로는 '이것 좀 보이소! 좋은데이! 사이소!'
전라도 사투리로는 '이것 좀 보시라구잉! 좋지잉! 사이소~'
충청도 사투리로는 '이것 좀 보슈! 좋아유! 사슈'와 같이 된다.
얼마나 정겨운가요! 정이 많은데이! 정도 많지잉? 정두 많어유!…
끊임없이 떠들고 싶어진다. 지면이 없어져 가는데도…
사투리가 주는 정겨움과 푸근함과 매력 때문에…

─● 말해 보자 ❺ 🐷 ●─

⑴ 무슨 의미인지 말해 봅시다
　왔데이 - 먼데이? - 버스데이! - 축하한데이!

⑵ 고향의 언어나 알고 있는 사투리로 인사해 봅시다.

왔데이!
먼데이!

버스데이!

해피버스데이 투유~

ちょっとこれ見てください！いいです！買ってください！

　K-POP グループ BTS は、彼らの歌「八道江山」で、各地域の方言で面白さと興味を加えながらラップと歌を歌う。「モラカノ（What are you saying）」という慶尚道方言など全国八道の方言を面白く編んでいき、「結局、同じ韓国語〜、見上げて、このように向き合っている同じ空」と締めくくる。

　さすが、BTS は「何と言っても」韓国を代表し、「向き合っている同じ空」の下の世界の若者を代弁すると言っても遜色はない。

　慶尚道の方言は音の高低があり、語尾「ヨ」を「イェ」や「デー」にする。全羅道の場合は音の長短があり、言葉の最後に「イン」を使う特徴がある。BTS の歌の歌詞の中で「わあ、すごくきれいだな」もその一例だ。また、忠清道の場合は、語尾「ヨ」をゆっくりと「ユ」と発音し、言葉の速度がだいたい遅い方なので「忠清道両班」と呼んだりもする。

　「ちょっと、これ見てください！いいですよ！買ってください！」を各地方の方言にすると慶尚道の方言では「イゴッチョムポイソ！チョウンデイ！サイソ！」となる。

　全羅道の方言では「イゴッチョムポシラグイン！チョチイン！サイソ！」になって

　忠清道の方言では「イゴッチョムポシュ！チョアユ！サシュ」のようになる。

　「どれだけ情が多いのか、情が深いんです！情も深いよね？とても情が深いです！」ずっと話していたくなる。紙面がなくなるのに……

　方言がくれる温かさと魅力のせいで…

 ## 한국어 마당 5 지역 방언 (地域の方言)

서울	안녕하세요 こんにちは	어서 오세요 ようこそいらっしゃいませ	괜찮습니다 大丈夫です
충청도(忠淸道)	안녕하셔유 (안녕하슈)	어서　오셔유 (오슈)	됐슈
경상도(慶尙道)	안녕하신교	어서 오이소	아니라예
전라도(全羅道)	안녕하셨지라	어서 오이쇼잉	되써라
제주도(濟州島)	안녕하수꽈	혼저 옵서예	괜찮쑤다

1. 次の文を日本語に訳してみましょう。

(1) 비가 오는 날에는 부침개를 부쳐 먹곤 했어요.

　　→ _____

(2) 주말에도 회사에 가나요?

　　→ _____

(3) 김밥은 어떻게 만드나요?

　　→ _____

(4) 겨울인데도 별로 안 추워요.

　　→ _____

(5) 어제는 일도 많고 해서 늦게 잤어요.

　　→ _____

2. 次の文を韓国語に訳してみましょう。（下線部に注意）

(1) 卒業したあともたまに友達に会ったりしました。（「-곤 하다」を使って）

　　→ _____

(2) 今もソウルに住んでいますか。（「-나요?」を使って）

　　→ _____

(3) ご飯をたくさん食べているのに太りません。（「-는데도」を使って）

　　→ _____

(4) 寒いのに薄着をしていて風邪を引きました。（「-(으)ㄴ데도」を使って）

　　→ _____

(5) 先ほど、ご飯も食べたのであまり食べたくありません。（「-고 해서」を使って）

　　→ _____

3. 次の質問に韓国語で答えましょう。

(1) 여행을 가면 주로 어떤 선물을 사나요? (「-곤 하다」を使って)

→ _____

(2) 어렸을 때는 무슨 놀이를 했나요? (「-곤 하다」を使って)

→ _____

(3) 한국어 공부는 잘 돼나요? (「-는데도」を使って)

→ _____

(4) 한국에 가면 무엇을 하고 싶나요? (「-고 해서」を使って)

→ _____

(5) 주말에는 뭘 했나요? (「-고 해서」を使って)

→ _____

解答 第5課 まとめ練習問題

1. (1) 雨の日にはチヂミを焼いて食べたりしました。 (2) 週末にも会社に行きますか。
(3) キンパプはどうやって作るんですか。 (4) 冬なのにあまり寒くないです。
(5) 昨日は仕事も多くて遅く寝ました。

2. (1) 졸업 후에도 친구들을 가끔 만나곤 했어요. (2) 지금도 서울에 살고 있나요?
(3) 밥을 많이 먹는데도 살이 찌지 않아요.
(4) 추운데도 옷을 얇게 입어서 감기에 걸렸어요.
(5) 아까 밥도 먹고 해서 별로 먹고 싶지 않아요.

3. (1) 여행을 가면 수로 사 (お茶) 를 시곤 해요.
(2) 어렸을 때는 '공기놀이' 를 하곤 했어요.
(3) 공부를 오래 했는데도 발음은 여전히 어려워요.
(4) 너무 오랜만에 가고 해서 아직 잘 모르겠어요.
(5) 밀린 집안일도 많고 해서 집에서 지냈어요.

밥은 제대로 먹고 다니는지…

ご飯をちゃんと食べているのか。〈食事物語〉

🎵 016

❶ 아내: 지연이가 밥은 제대로 먹고 다니는지 모르겠네.

❷ 남편: 그러게~. 참, 유타하고 식사해야지?
유타가 뭘 잘 먹는지 알아요?

❸ 아내: 글쎄~. 지연이랑 같이 밖에서 만나서 냉면 먹을까?
참, 평양냉면하고 함흥냉면이 어떻게 다른지 알아요?

❹ 남편: 면발 차이 아닌가? 평양냉면은 주로 메밀로 만들고,
함흥냉면은 주로 감자 전분으로 만들고…

❺ 아내: 대단한데! 그리고, 평양냉면은 물냉면만 있대.

❻ 남편: 식사 얘기하다가 삼천포로 빠졌네…
유타랑 지연이가 좋다면 함흥냉면 집으로 갑시다.

❼ 아내: 함흥냉면 좋지. 당장 갈 수 있다면 좋겠다!
좀 맵더라도 난 비빔냉면!

🎵 017

SNS

엄마: 유타가 뭘 좋아하는지 알아?	母：ユウタが何が好きなのか知ってる？
딸: ○○냉면!	娘：ウンウン、冷麺！
엄마: '물냉'? '비냉'?	妻：水冷麺？ビビム冷麺？
딸: '비냉'!	娘：ビビム冷麺！
엄마: 평양냉면은 '비냉'이 없으니까 함흥냉면 집으로 가야겠다.	妻：平壌冷麺はビビム冷麺がないから、咸興冷麺の店に行かないとね。
딸: ○크, 함흥냉면이요 ^^	娘：オッケー、咸興冷麺です。^^

発音

- 먹고[먹꼬]
- 먹는지 [멍는지]
- 물냉면 [물랭면]
- 면발[면빨]
- 좋다면 [조타면]
- 있다면[읻따 면/이따면]
- 맵더라도 [맵떠라도]

평양냉면

語彙・表現

❶ **제대로**：しっかり、ちゃんと　**다니다**：通う、あちこちに行き来する　**먹고 다니는지**：食べているのか（←直食べて歩き回るのか）

❸ **평양**（平壌）：北朝鮮の首都　**냉면**：冷麺　**함흥**（咸興）：北朝鮮の地名　**다르다**：違う、異なる　**다른지**：違うのか

❹ **면발**：麺のこし　**주로**：主に　**메밀**：そば　**전분**（澱粉）：でんぷん

❺ **물냉면**：水冷麺　**있대**：あるそう

❻ **얘기하다가**：話をしていて、話の途中で　**삼천포로 빠지다**：話が脱線する（←直三千浦へ抜ける）、物事の途中で思いもよらない方向へ向かってしまうこと　**좋다면**：良ければ

❼ **당장**：すぐに　**갈 수 있다면**：行けたら（←行けると言うと）　**맵더라도**：辛くても　**비빔냉면**：ビビム冷麺

日本語訳

❶ 妻：チヨンが、ご飯をちゃんと食べているのか分からないね。

❷ 夫：そうだよね。あ、ユウタ君と食事しないと。ユウタ君が何をよく食べるのか知っていますか。

❸ 妻：どうでしょう〜。チヨンと一緒に外で会って冷麺食べようか。そういえば、ピョンヤン（平壌）冷麺と咸興冷麺はどう違うか知っていますか。

❹ 夫：麺の違いじゃない？平壌冷麺は主にそば粉で作って、ハムフン（咸興）冷麺は主にでんぷんで作るし。

❺ 妻：すごいね。そして、平壌冷麺には水冷麺しかないんですって。

❻ 夫：食事の話をしていて話が脱線したな…ユウタ君とチヨンが良ければ、ハムフン（咸興）冷麺の店に行きましょう。

❼ 妻：ハムフン冷麺いいよね！すぐに行けたらいいな。ちょっと辛くても、私はビビム冷麺！

6-1 -는지 ~(する)のか〈漠然とした疑問〉

「다니는지（圖通うのか）」のように動詞の語幹や存在詞「있다, 없다」の語幹に「-는지」が、形容詞の語幹に「-ㄴ／은지」が、指定詞の語幹に「인지」がついて「～（する）のか」という意味になります。後には「알다, 모르다」がよく用いられます。過去形は「-았는지／었는지」、未来や推量については「-(으)ㄹ지」となります。

＊「-(으)ㄹ지도 모르겠어요~かも知れません〈不確実な推測・情報〉」は、『ひとりでできる韓国語初中級』10-4を参照。

例 ① 혼자서 잘 지내는지 모르겠어요.　　　　　この文では、前節の内容について、
（一人で元気に過ごしているのかわかりません。）　　気掛かりの意を表します。

② 지연 씨는 얼마나 바쁜지 통 볼 수가 없네요.
（チヨンさんは、どれだけ忙しいのか全く見かけないですね。）

③ 학교에서 뭘 먹었는지 맞혀 보세요.
（学校で何を食べたのか当ててみてください。）

가다 → 가는지　　　　　**먹다 → 먹는지**
行く　　　行くのか　　　　　食べる　　食べるのか

맛있다 → 맛있는지　　　**좋다 → 좋은지**
美味しい　　美味しいのか　　いい　　いいのか

▷「-는지／-(으)ㄴ지」の活用

動詞	-는지 ～（する）のか
되다 (なる)	되는지 (なるのか)
돕다 (手伝う)	돕는지 (手伝うのか)
살다 (住む) ㄹ語幹	사는지 (住むのか)
재미있다 (面白い) 있다用言	재미있는지 (面白いのか)
形容詞	-(으)ㄴ지 ～のか
바쁘다 (忙しい)	바쁜지 (忙しいのか)
짧다 (短い)	짧은지 (短いのか)
멀다 (遠い) ㄹ語幹	먼지 (遠いのか)
쉽다 (簡単だ) ㅂ変則	쉬운지 (簡単なのか)

解答 P.230

練習1 　例のように「-는지 / -(으)ㄴ지」文にしましょう。

例 언제 가다 (いつ行く) ＋知っていますか。	언제 가는지 알아요? (いつ行くのか知っていますか。)
⑴ 어떻게 먹다 (どう食べる) ＋分かりません。	
⑵ 몇 개 있다 (何個ある) ＋知っていますか。	
⑶ 어디에 살다 (どこに住む) ＋分かりません。	
⑷ 무엇을 좋아하다 (何が好きだ) ＋知っています。	
⑸ 며칠 걸리다 (何日かかる) ＋知っていますか。	

練習2 　例から選んで下線部を「-는지 / -(으)ㄴ지」の文にしましょう。

例 받다.　맛있다.　바쁘다.

⑴ 가: 작년에는 상을 누가 (　　　　　　　　　　) 아세요?
　　(昨年は賞を誰が<u>もらったのか</u>知っていますか。)

　　나: 글쎄요. 누가 (　　　　　　　　　.)
　　(そうですね。誰が<u>もらったのか</u>わかりませんね。)

⑵ 가: 어머, 직접 만드셨어요?
　　(あら、ご自分で作りましたか。)

　　나: 처음 만들어 보았는데 (　　　　　　　　) 모르겠네요.
　　(初めて作ってみましたが、<u>美味しいか</u>分からないですね。)

⑶ 가: 요즘 얼굴 보기 힘드네요.
　　(最近、なかなか会えませんね。)

　　나: 그러게요. 왜 이리 (　　　　　　　　) 모르겠어요.
　　(そうですね。何でこんなに<u>忙しいのか</u>わかりません。)

練習3 　「-는지 / -(으)ㄴ지」を使って短文を作ってみましょう。

6-2　-다가 ～(し)ていて、～(し)ている途中で、～(し)たところ〈途中、行動転換〉

「**식사 얘기하다가**（食事の話をしている途中で）」のように動詞の語幹に「**다가**」を付けると、ある行為や状態が中断され、他の行為や状態に移ることを表します。また、「**공부하다 졸려서**」のように「**가**」を省略して言ったりもします。

例　① **공부하다가** 졸려서 커피를 마시고 있어요.
　　　勉強していて、眠たくてコーヒーを飲んでいます。

　　② 밥을 **먹다가** 전화를 받았어요.
　　　ご飯を食べている途中で、電話に出ました。

가다 → 가다가
行く　　　行く途中で

먹다 → 먹다가
食べる　　食べていたところ

▷「**-다가**」の活用

基本形	-다가　～していて、～している途中で
타다 （乗る）	타다가 （乗っている途中で）
내리다 （降りる）	내리다가 （降りている途中で）
읽다 （読む）	읽다가 （読んでいる途中で）
걷다 （歩く）	걷다가 （歩いている途中で）
만들다 （作る）	만들다가 （作っている途中で）
달리다 （走る）	달리다가 （走っている途中で）
숙제를 하다 （宿題をする）	숙제를 하다가 （宿題をしている途中で）

練習 1 例のように「-다가 –았어요 / 었어요」文にしましょう。　　　　解答 P.231

例 밥을 <u>먹다</u> (ご飯を食る) ＋나가다 (出かける)	밥을 먹다가 나갔어요 (ご飯を食べている途中で、出かけました)
(1) 비가 <u>내리다</u> (雨が降る) ＋그치다 (止む)	
(2) <u>자다</u> (寝る) ＋깨다 (目を覚ます)	
(3) <u>늘다</u> (増える) ＋줄다 (減る)	
(4) <u>놀다</u> (遊ぶ) ＋다치다 (怪我する)	
(5) <u>말하다</u> (話す) ＋말다 (止める)	

練習 2 例から選んで下線部を「-다가」の文にしましょう。

> 例 지내다.　　사귀다.　　걸어오다.

(1) 가: 어머! 옷이 흠뻑 젖었네요.
　　(あら！ 服がびしょ濡れですね。)

　　나: 네, 운동 삼아 (　　　　　　　　　　) 소나기를 만났어요.
　　(はい、運動のつもりで<u>歩いて来る途中で</u>、夕立に遭いました。)

(2) 가: 이사를 가게 됐어요.
　　(引っ越すことになりました。)

　　나: 네, 들었어요. 좋은 이웃으로 (　　　　　　　　) 이사 가
　　신다니 서운하네요.
　　(はい、聞きました。良い隣人として<u>過ごしていたところに</u>、引っ越しされるなんて寂しいですね。)

(3) 가: 요즘, 남자친구하고는 어때요?
　　(最近、彼氏とはどうですか。)

　　나: 얼마 전까지 (　　　　　　　　　　) 헤어졌어요.
　　(この前まで<u>付き合っていたが</u>別れました。)

練習 3 「-다가」を使って短文を作ってみましょう。

6-3　-(ㄴ／는)다면　もし～（する）なら・～というなら・～したら〈仮定・条件〉

「좋다면 (好きなら)」のように、形容詞や存在詞「**있다, 없다**」の語幹に「**-다면**」を、動詞の語幹に「**-ㄴ/는다면**」をつけると「～とするなら・いうなら、～としたら」という意味になります。これは「**-ㄴ/는다고 하면**」から「**-고、하-**」が縮約された形で、「**-(으) 면**（～と、～ば、～たら）」より仮定・条件性が強い表現です。

例 ① 공부를 열심히 <u>한다면</u> 합격할 수 있어요.
　　勉強を一生懸命<u>するとしたら</u>合格できます。

> 名詞には「-(이)라면」を付けます。
> **나라면 어땠을까?**
> 私ならどうだっただろう？

② 신발이 <u>작다면</u> 바꾸어 드릴게요.
　　靴が<u>小さい（という）なら</u>交換させていただきます。

가다 → 간다면　　　먹다 → 먹는다면
行く　　行くとしたら　　食べる　　食べるとしたら

좋다 → 좋다면　　　맛있다 → 맛있다면
良い　　良いとしたら　　美味しい　　美味しいとしたら

▷「-(ㄴ／는)다면」の活用

基本形 動詞	-ㄴ／는다면 　～とするなら
만나다 (会う)	만난다면 (会うとするなら)
쉬다 (休む)	쉰다면 (休むとするなら)
줍다 (拾う)	줍는다면 (拾うとするなら)
믿다 (信じる)	믿는다면 (信じるとするなら)
알다 (知る) ㄹ語幹	안다면 (知っているなら)
基本形 形容詞	-다면 　～なら
시다 (すっぱい)	시다면 (すっぱいなら)
밝다 (明るい)	밝다면 (明るいなら)
길다 (長い)	길다면 (長いなら)
어둡다 (暗い)	어둡다면 (暗いなら)
없다 (ない) 存在詞	없다면 (なければ)

練習1 例のように「-(ㄴ / 는)다면」文にしましょう。 解答 P.231

例 여행을 가다 (旅行に行く)	여행을 간다면 (旅行に行くとしたら)
(1) 선물을 받다 (プレゼントをもらう)	
(2) 음료수를 마시다 (飲み物を飲む)	
(3) 잡채를 만들다 (チャプチェを作る)	
(4) 음악을 듣다 (音楽を聴く)	
(5) 시간이 있다 (時間がある)	

練習2 例から選んで下線部を「-(ㄴ / 는)다면」の文にしましょう。

例 살다. 받다. 갈 수 있다.

(1) 가: 지금 선물을 (　　　　　　　　　　) 뭘 받고 싶어요?
（今、プレゼントを<u>もらうとしたら</u>何がほしいですか。）

나: 지금 선물을 (　　　　　　　　　　) 시간을 받고 싶어요.
（今、プレゼントを<u>もらうとしたら</u>時間がほしいです。）

(2) 가: 여행을 (　　　　　　　　　) 어디에 가고 싶어요?
（旅行に<u>行けたら</u>どこへ行きたいですか。）

나: 여행을 (　　　　　　　　　) 서울에 가고 싶어요.
（旅行に<u>行けたら</u>ソウルに行きたいです。）

(3) 가: 한국에 (　　　　　　　　　) 어디에 살고 싶어요?
（韓国に<u>住むとしたら</u>どこに住みたいですか？）

나: 한국에 (　　　　　　　　　) 제주도에 살고 싶어요.
（韓国に<u>住むとし</u>たら済州島に住みたいです。）

練習3 「-(ㄴ / 는)다면」を使って短文を作ってみましょう。

6-4　-더라도 ～たとしても、～くても〈仮定・譲歩〉

「맵더라도 (辛くても)」のように形容詞や動詞の語幹に「더라도」をつけると、「(仮に)～たとしても、～するにしても、～くても」という意味になります。また、「-아도 / 어도 ～ (く) ても」に置き換えられますが、「-아도 / 어도」より、仮定の意味が強い表現で「～たとしても、～だとしても」などで訳されます。

例 ① 만약 돌아가더라도 꼭 연락 주세요!
　　もし、帰っても（帰るにしても）ぜひ連絡ください！

　② 비싸더라도 맛있으면 돼요.
　　高くても（高いとしても）美味しかったらいいんです。

가다 → 가더라도	먹다 → 먹더라도
行く　　行くとしても	食べる　　食べるとしても

좋다 → 좋더라도	맛있다 → 맛있더라도
いい　　いいとしても	美味しい　　美味しくても

▷「-더라도」の活用

基本形	-더라도 ～ (する) としても、～たとしても
쉬다 (休む)	쉬더라도 (休むとしても)
읽다 (読む)	읽더라도 (読むとしても)
짓다 (建てる)	짓더라도 (建てるとしても)
길다 (長い)	길더라도 (長いとしても)
크다 (大きい)	크더라도 (大きいとしても)
늦다 (遅い)	늦더라도 (遅れたとしても)
후회하다 (後悔する)	후회하더라도 (後悔したとしても)

練習 1 例のように「-더라도」文にしましょう。

解答 P.231

例 잠깐 보다 （ちょっと見る・会う）	잠깐 보더라도 （ちょっと見たとしても・会ったとしても）
(1) 조금 먹다 (少し食べる)	
(2) 놀다 (遊ぶ)	
(3) 피곤하다 (疲れている)	
(4) 날씨가 춥다 (天気が寒い)	
(5) 요리가 맛있다 (料理が美味しい)	

練習 2 例から選んで下線部を「-더라도」の文にしましょう。

例 맵다.　후회하다.　바쁘다

(1) 가: 오늘은 바빠서 점심도 못 먹었네요.
（今日は忙しくてお昼も食べられませんでした。）

　　나: 아무리 (　　　　　　　　　　) 끼니 거르면 안 돼요!
（いくら忙しくても食事を抜いたらダメですよ！）

(2) 가: 어려운 결정했네요.
（難しい決定をしましたね。）

　　나: (　　　　　　　　　　) 해 보고 싶어서요.
（後悔したとしてもやってみたかったので。）

(3) 가: 그 집 음식은 좀 매워요…
（あの店の料理はちょっと辛いですよ…）

　　나: 음식은 (　　　　　　　　　) 괜찮아요! 만나는 자체가 즐
거우니까요.
（食べ物は辛くても大丈夫です！ 会うこと自体が楽しいですから。）

練習 3 「-더라도」を使って短文を作ってみましょう。

_____

우리 같이 밥 한번 먹어요!

"밥 먹었어요?", "식사하셨어요?"

한국 드라마나 방송에서 한두 번쯤 들어 보았을 것이다. 그런데 이렇게 인사를 받는다면 어떻게 대답해야 할까? 더구나 밥이 아닌 빵이나 라면 등을 먹었다면? 또는 안 먹었다면?

'네, 먹었어요', '아직 못 먹었어요', '이제 먹으려고요' 등으로

대답하면 실례되는 일은 없을 것이다. 그런데, 한국 사람들은 왜 남의 식사를 챙길까?

'삼시세끼'라는 예능 프로그램이 있다. '삼시세끼'는 '三食ご飯'을 의미하는 것으로 여기에서 '삼시'는 시간을 가리키는 '세시'가 아닌 '하루 중 세 번의 끼니 또는 그 끼니 때'를 일컫는다. 한국에서는 '밥이 보약이다'라는 말이 있는데 여기에서도 '밥'은 '삼시 세끼'를 이른다. 즉 '세끼'를 제대로 챙겨먹어야 한다는 이야기다. 드라마 등을 보면 아무리 괴로운 일이 있더라도 '먹어야 살지…'하며 먹을 것을 서로 권한다. 그러한 연유로 남의 식사까지 챙기는 인사를 하게 된 것이다.

혹시 "다음에 밥 한번 같이 먹어요." 라고 인사를 받는다면 어떻게 할 것인가 ? 한국 사람들은 친해지고 싶을 때 밥을 먹자고 한다. 그렇다고 너무 기대는 하지 말고 '네, 그래요' 정도로 답한다면 무리가 없을 것 같다. 각자가 바쁘게 살다가 보니 "우리 같이 밥 한번 먹어요." 라는 말이 예전과 달리 의례적 인사처럼 된 점도 있다. 이렇듯 인사말에는 그 나라의 문화가 반영되어 있으므로 잘 알아 두면 좋을 것 같다.

━● 말해 보자 6 🐷 ●━
(1) 한국에서는 "밥 먹었어요?" 라는 인사를 받았을 때는 어떻게 대답하나?
(2) '삼시 세끼'란 무엇입니까?

한국인의 밥상

一緒にご飯食べましょう！

「ご飯は食べましたか？」「食事はされましたか？」

　韓国ドラマや放送で一度や二度は聞いたことがあるだろう。ところで、このように挨拶されたらどう答えるべきか？しかもご飯ではなくパンやラーメンなどを食べたとしたら？または、食べてないとしたら？

「はい、食べました。」、「まだ食べてません。」、「今食べようとしています。」

　などで答えれば失礼になることはないだろう。

　ところで、韓国人はなぜ他人の食事を気にするのか。

　「三時三食」というバラエティ番組がある。「三時三食」は「三食ご飯」を意味するもので、ここでの「三時」は時間を指す「3時」ではなく「一日中の3回の食事、または、その食事の時」を指す。韓国では‘ご飯が補薬だ’という言葉があるが、ここでも「ご飯」は「三食ごはん」を指す。すなわち「三食」をきちんと食べなければならないという話だ。ドラマなどを見るとどんなにつらいことがあっても「食べなければ生きられない…」と言いながら食べることをお互いに勧める。そのような理由から、他人の食事まで気にする挨拶をするようになったのだ。

　もし「今度一緒にご飯食べましょう」と挨拶されたらどうするのか？　韓国人は親しくなりたい時にご飯に誘う。だからといってあまり期待はせずに「はい、そうですね」程度で答えるならば無理はないと思う。各自が忙しく暮らしているうちに「一緒にご飯食べましょう」という言葉が以前とは違って儀礼的な挨拶のようになった点もある。このように挨拶には、その国の文化が反映されているので、よく知っておくといいと思う。

 한국어 마당 ⑥ 밥상 (食膳)

ご飯	雑穀ご飯	汁	豆もやし	牛肉	塩加減	食膳
밥	**잡곡밥**	**국**	**콩나물**	**소고기**	**간**	**밥상**
밥을 안치다.	잡곡밥을 짓다.	국을 끓이다.	콩나물을 무치다.	소고기를 재우다.	간을 맞추다.	밥상을 차리다.
お米を炊飯器に入れる。	雑穀ご飯を炊く。	汁を煮る。	豆もやしをあえる。	牛肉を寝かす。	塩加減をととのえる。	食膳を整える。

1. 次の文を日本語に訳してみましょう。

(1) 어떻게 하는지 모르면 물어 보세요.

→ _____

(2) 학생들이 여행지에 잘 도착했는지 모르겠네요.

→ _____

(3) 책을 읽다가 잠이 들었어요.

→ _____

(4) 뭐든지 열심히 한다면 후회는 없을 것 같아요. (후회：後悔)

→ _____

(5) 요리가 아무리 맛있더라도 지나치게 비싸다면 못 먹죠.

→ _____

2. 次の文を韓国語に訳してみましょう。(下線部に注意)

(1) その友達がどこに住んでいるか知っていますか。(「-는지」を使って)

→ _____

(2) 通帳をどこに置いたのかさっぱり思い出せません。(「-는지」を使って)

→ _____

(3) 運動中に骨折しました。(「-다가」を使って)

→ _____

(4) もし、登録するなら何が必要ですか。(「-ㄴ / 는다면」を使って)

→ _____

(5) 量が少なくても美味しいものを食べたいです。(「-더라도」を使って)

→ _____

3. 次の質問に韓国語で答えましょう。

(1) 한국 여행비는 대강 얼마나 들까요? (「-는지」を使って)

→ 글쎄요…＿＿＿＿＿＿＿＿＿＿＿＿＿＿＿＿＿＿＿＿＿

(2) 단풍 구경하기에 어디가 좋아요? (「-(으)ㄴ지」を使って)

→ 글쎄요…＿＿＿＿＿＿＿＿＿＿＿＿＿＿＿＿＿＿＿＿＿

(3) 오늘 저녁은 몇 시쯤에 먹을까요 ? (「-다가」を使って)

→ 글쎄요…＿＿＿＿＿＿＿＿＿＿＿＿＿＿＿＿＿＿＿＿＿

(4) 좋아하는 아이돌을 만난다면 무슨 말을 하고 싶어요?
(「-ㄴ / 는다면」を使って)

→ ＿＿＿＿＿＿＿＿＿＿＿＿＿＿＿＿＿＿＿＿＿＿＿＿＿

(5) 주말 아침에는 보통 몇 시에 일어나요? (「-더라도」を使って)

→ ＿＿＿＿＿＿＿＿＿＿＿＿＿＿＿＿＿＿＿＿＿＿＿＿＿

解答　第 6 課　まとめ練習問題

1. (1) どうするのか分からなかったら聞いてみてください。
　　(2) 学生たちが旅行先にちゃんと到着したのか分かりませんね。
　　(3) 本を読んでいましたが寝てしまいました。
　　(4) 何でも熱心にすれば後悔はなさそうです。
　　(5) 料理がいくら美味しくても高すぎると食べられませんね。

2. (1) 그 친구가 어디에 사는지 알아요?
　　(2) 통장을 어디에 두었는지 통 생각이 안나요.
　　(3) 운동하다가 골절상을 입었어요.　(4) 만약 등록한다면 뭐가 필요하죠?
　　(5) 양이 적더라도 맛있는 것을 믹고 싶어요.

3. (1) 여행비가 얼마나 드는지 잘 모르겠어요.　(2) 어디가 좋은지 모르겠네요.
　　(3) 일을 좀 더 하다가 먹죠.
　　(4) 좋아하는 아이돌을 만난다면 언제나 응원하고 있다고 말하고 싶어요.
　　(5) 주말 아침에는 늦더라도 보통 9시에는 일어나요.

어디 먹을 만한 데 알아요?

どこか美味しいお店を知っていますか。〈外食物語〉

♫ 019

❶ 남편: 내일 지연이하고 냉면 먹기로 했지?
어디 먹을 만한 데 알아요?

❷ 아내: 아차! 예약하는 걸 잊었네. 백화점 푸드코트로 갈까?

❸ 남편: 사람 많은 백화점까지 가느니 차라리 동네 냉면집이

낫지 않을까?

❹ 아내: 그래요!

그런데 주말이니 거기도 사람이 많을 수 있겠네.

❺ 남편: 그렇겠구나! 방심하다가는 거기서도 못 먹을 듯하니
내가 예약해 놓을게요.

❻ 아내: 부탁해요! 유타도 냉면을 좋아한다니까 다행이네!

❼ 남편: 그러게! 좋은 자리가 될 듯하네!

♫ 020
SNS

아내: 냉면 먹을 만한 집 알아?	妻：冷麺が美味しい店を知っている？
남편: 있기는 한데 줄을 서야 할텐데…	夫：あるんだけど、並ばないと…
아내: 줄을 서느니 차라리 동네에서 먹자!	妻：並ぶよりむしろ近所で食べよう！
남편: 그러지 뭐.	夫：そうだね。
아내: 참, 휴일인데 이러고 있다가는 거기도…	妻：あ、そうだ！休日だから、こうしていたらあそこも…
남편: ㅇㅋ, 어서 나가자!	夫：オッケー、早く出よう！

- 먹을 만한
  [머글 만한/
  머글 마난]

- 잊었네
  [이전네]

- 있겠네
  [읻껜네/
  이껜네]

- 그렇겠구나
  [그러케꾸나]

- 먹을 듯하니
  [먹글뜨타니]

- 예약해
  [예야캐]

- 될 듯하네
  [될뜨타네]

語彙・表現

❶ **먹을 만한 데**：美味しいお店
  （←直 食べる価値のある所）

❷ **아차**：しまった！ **푸드코트**：フードコート

❸ **가느니**：行くより **차라리**：むしろ
  동네：町 **낫다**：ましだ

❹ **주말이니**：週末なので（←**주말이니까**）

❺ **방심** [放心] **하다**：油断する
  듯하다：〜のようだ
  먹을 듯하다：食べるようだ

❻ **다행** [多幸] **이다**：よかった（←幸いだ）

❼ **그러게**：そうだね **될 듯하다**：なりそうだ

日本語訳

❶ 夫：明日、チヨンと冷麺を食べることにしたよね。どこか美味しいお店を知っていますか。

❷ 妻：しまった！予約するのを忘れたね。デパートのフードコートに行こうか。

❸ 夫：人の多いデパートまで行くよりむしろ町の冷麺屋がましじゃないか。

❹ 妻：そうしましょう！だけど週末だからあそこも人が多いかもしれないわ。

❺ 夫：そうだな。油断していたらそこでも食べられなさそうだから、私が予約しておきます。

❻ 妻：お願いします！ユウタ君も冷麺が好きだそうだから良かった！

❼ 夫：そうだね！いい席になりそうだね！

「먹을 만하다 食べるに値する(美味しい)」のように動詞の語幹に「(으)ㄹ 만하다」をつけると、「〜するに値する、〜程度になる」という意味になります。すなわち、①それだけの価値がある②ある程度に至る可能性があることを表します。そのために「볼 만한 드라마 (おすすめのドラマ)、읽을 만한 책 (おすすめの本)」などのように「おすすめの〜」の意味をもって相手に勧めるときによく使います。

例　① 그 집 설렁탕은 <u>먹을 만해요</u>. 꼭 가 보세요.
　　あのお店のソルロンタンは<u>とても美味しいです</u>。ぜひ行ってみてください。

　　② 어제 그 영화는 정말 <u>볼 만했어요</u>.
　　昨日のその映画は本当に見ごたえがありました。

　　③ 이 펜 아직 <u>쓸 만한데요</u>.
　　このペン、まだ<u>使えそうですね</u>。　「十分使える」という意味ですね。

가다 → 갈 만하다　　　　**먹다 → 먹을 만하다**
行く　　　行くに値する　　　　食べる　　　食べるに値する

▷「-(으)ㄹ 만하다」の活用

基本形	-(으)ㄹ 만하다 〜するに値する、〜 (ら) れそう
보다 (見る)	볼 만하다 (見るに値する、見れそう)
부르다 (歌う)	부를 만하다 (歌うに値する、歌えそう)
견디다 (耐える)	견딜 만하다 (耐えるに値する、耐えられそう)
만들다 (作る) ㄹ語幹	만들 만하다 (作るに値する、作られそう)
읽다 (読む)	읽을 만하다 (読むに値する、読めそう)
듣다 (聞く) ㄷ語幹	들을 만하다 (聞くに値する、聞けそう)
공부하다 (勉強する)	공부할 만하다 (勉強するに値する、勉強出来そう)

練習1 例のように下線部を「-(으)ㄹ 만해요(?)」文にしましょう。 解答 P.232

例 그 영화 (あの映画) + 보다	그 영화 볼 만해요(?). (あの映画、見る価値があります (か)。
(1) 그 집 음식은 (あの店の料理は) + 먹다	
(2) 이 책 (この本) + 읽다	
(3) 그 레시피로 (そのレシピで) + 만들다	
(4) 이 곡 (この曲) + 듣다	
(5) 새 직장은 (新しい職場は) + 일하다	

練習2 例から選んで下線部を「-(으)ㄹ 만하다」の文にしましょう。

例 받다.　걷다.　보다

(1) 가: 윤여정 배우가 대상을 받았다고 해요.
　　　(俳優のユン・ヨジョンさんが大賞を受賞したそうです。)

　　나: 윤여정 배우라면 대상을 (　　　　　　　　　.)
　　　(ユン・ヨジョン俳優なら大賞を<u>もらうに値します</u>ね。)

(2) 가: 어제 본 뮤지컬 어때요?
　　　(昨日見たミュージカルどうですか。)

　　나: (　　　　　　　　　.) 꼭 보세요!
　　　(<u>見ごたえがあります</u>。ぜひ見てください。)

(3) 가: 발을 다쳤다고 들었는데 걸을 수 있어요?
　　　(足をけがしたと聞いたんですが歩けますか。)

　　나: 네, 좀 좋아져서 (　　　　　　　　　.)
　　　(はい、すこし良くなったので<u>歩けます</u>。)

練習3 「-(으)ㄹ 만하다」を使って短文を作ってみましょう。

7-2　-느니 ～(する)より、～(する)くらいなら〈比況〉

「**백화점까지 가느니 차라리**(デパートまで行くよりむしろ)」のように動詞の語幹に「**느니**」をつけると「～(する)より、～(する)くらいなら」という意味になり、後続文には「**차라리**(いっそ・かえって・むしろ)」をよく用います。すなわち、先行文の状況や行為よりむしろ後続文の行為の方がましであることを表します。「ㄹ」語幹の場合は、「ㄹ」を落として「느니」をつけます。なお、強調して「-느니보다(는)」を使ったりもします。

例 ① **길에서 고생하느니 차라리 집에 있는 게 낫겠어요.**
　　道で苦労するよりいっそ家にいる方がましです。

② **맛도 없는 걸 비싸게 먹느니 차라리 라면 끓여 먹읍시다!**
　　美味しくもないものを高いお金を払って食べるよりむしろラーメンを作って食べましょう！

가다 → 가느니
行く　　行くより

먹다 → 먹느니
食べる　　食べるより

살다 → 사느니
住む　　住むより

> 「**길에서 고생하다**」は、連休など、道が混むことで渋滞に巻き込まれ、苦労することを表す表現で、日常会話でよく使います。

▷「**-느니**」の活用

基本形	-느니 (～するより、～するくらいなら)
기다리다 (待つ)	기다리느니 (待つより、待つくらいなら)
빌리다 (借りる)	빌리느니 (借りるより、借りるくらいなら)
입다 (着る)	입느니 (着るより、着るくらいなら)
만들다 (作る) ㄹ語幹	만드느니 (作るより、作るくらいなら)
짓다 (建てる)	짓느니 (建てるより、建てるくらいなら)
묻다 (問う)	묻느니 (問うより、問うくらいなら)
걱정하다 (心配する)	걱정하느니 (心配するより、心配するくらいなら)

練習1 例のように「-느니」文にしましょう。 解答 P.232

例 급하게 먹다 (急いで食べる)	급하게 먹느니 (急いで食べるより)
(1) 비싸게 빌리다 (高く借りる)	
(2) 잔소리를 듣다 (小言を言われる)	
(3) 힘들게 만들다 (苦労して作る)	
(4) 해고당하다 (解雇される)	
(5) 고생하다 (苦労する)	

練習2 例から選んで下線部を「-느니」の文にしましょう。

例 만들다.　빌리다.　체하다

(1) 가: 곧 시작인데 빨리 먹을까요?
（もうすぐ始まりますが、早く食べましょうか。）

　나: 급하게 먹다가 (　　　　　　　) 나중에 먹는 편이 좋겠어요.
（急いで食べて胃もたれするより後で食べたほうがいいでしょう。）

(2) 가: 재료 사다가 집에서 만들어 먹을까?
（材料を買ってきて家で作って食べようか。）

　나: 시간 걸려 (　　　　　　　) 차라리 편하게 사 먹자!
（時間をかけて作るよりむしろ楽に買って食べよう！）

(3) 가: 드레스는 빌릴거예요?
（ドレスは借りるんですか。）

　나: (　　　　　　　) 차라리 사는 게 낫겠어요. 렌탈비용이 너무 비싸네요.
（借りるよりむしろ買ったほうが良さそうです。レンタル費用が高すぎますね。）

練習3 「-느니」を使って短文を作ってみましょう。

7-3 -다가는
～(し)ていては、～(し)ていたら〈続行後の変化〉

「방심하다가는（油断していたら）」のように動詞の語幹に「다가는」をつけると「～（し）ていては」という意味になり、先行文の状態や行動が続けば、それが原因となり、意外なことや望ましくないことが起こり得ることを表します。

また、「다가도（～（し）ていても）」にすると、ある状態や行為が容易に他の状態や行為に変わることを表します。この場合、反対の状態や行為に変わることが多いです。

例 ① 이렇게 많이 먹다가는 살이 찌겠어요.
こんなにたくさん食べていては太りそうです。

② 뭐든지 잘 먹다가도 때로는 먹기 싫을 때가 있어요.
何でもよく食べていてもときどき食べたくない時があります。

가다 → 가다가는　　　먹다 → 먹다가는
行く　　行っていては　　食べる　　食べていては

▷「-다가는」の活用

基本形	-다가는　～していては、～していたら
사다 (買う)	사다가는 (買っていては、買っていたら)
찾다 (探す)	찾다가는 (探していては、探していたら)
듣다 (聴く)	듣다가는 (聴いていては、聴いていたら)
굽다 (焼く)	굽다가는 (焼いては、焼いていたら)
울다 (泣く)	울다가는 (泣いていては、泣いていたら)
놀다 (遊ぶ)	놀다가는 (遊んでいては、遊んでいたら)
일하다 (働く)	일하다가는 (働いていては、働いていたら)

練習1 例のように「-다가는」文にしましょう。 解答 P.232

例 많이 먹다 (たくさん食べる)	많이 먹다가는 (たくさん食べていては)
(1) 늦게까지 자다 (遅くまで寝る)	
(2) 술을 많이 마시다 (お酒をたくさん飲む)	
(3) 매일 놀다 (毎日遊ぶ)	
(4) 안 걷다 (歩かない)	
(5) 낭비하다 (浪費する)	

練習2 例から選んで下線部を「-다가는 / -다가도」の文にしましょう

例 놀다. 잘하다. 마시다.

(1) 가: 오늘 요리는 실패네요. 더 맛있게 하려다가….
   (今日の料理は失敗ですね。もっと美味しくしようとしたが…。)

   나: (   ) 꼭 그럴 때가 있어요.
   (上手くやっていても必ずそういう時がありますね。)

(2) 가: 오늘도 술자리가 생겨서 늦게 들어가요.
   (今日も飲み会によって遅く帰ります。)

   나: 알았어요. 그런데 그렇게 매일 (   ) 건강을 해칠
   텐데….
   (わかりました。ところで、そんなに毎日飲んでいたら健康を害するだろうに…。)

(3) 가: 매일 저렇게 (   ) 시험도 못 보겠어요.
   (毎日あんなに遊んでいたら試験も受けられませんよ。)

   나: 걱정 마세요. (   ) 금방 공부하고 싶어질 거예요.
   (心配しないでください。遊んでいても、すぐ勉強したくなるでしょう。)

練習3 「-다가는」を使って短文を作ってみましょう。

7-4　-(으)ㄹ 듯하다
～（する）ようだ、～（し）そうだ〈推測〉

　「**먹을 듯하다**（食べるようだ）」は、「**먹다**（食べる）」の未来連体「**먹을**」に「**듯하다**」をつけたものです。即ち、動詞や形容詞などの語幹に「**(으)ㄹ 듯하다**」をつけると、「～（する）ようだ」、「～（し）そうだ」という意味になり、推量や話し手の考えを柔らかく伝えるとき用います。エッセイなどの書きことばでよく使われます。この表現は「**-(으)ㄹ 것 같다**」と同じ意味です。

　　　　　*-(으)ㄹ 것 같아요〈推量〉～（し）そうです『ひとりでできる韓国語初中級』6-5参照。

例 ① **내일은 손님들이 많이 올 듯해요.**
　　　明日はお客さんがたくさん<u>来られそうです</u>。

② **올 여름은 꽤 더울 듯해요.**
　　　今年の夏はかなり<u>暑そうです</u>。

가다 → 갈 듯하다　　　　**좋다 → 좋을 듯하다**
行く　　　行くようだ　　　　よい　　　よさそうだ

▷「**-(으)ㄹ 듯하다**」の活用

基本形	-(으)ㄹ 듯하다 ～（する）ようだ、～（し）そうだ
바꾸다 (変える)	바꿀 듯하다 (変えるようだ、変えそうだ)
받다 (受ける)	받을 듯하다 (受けるようだ、受けそうだ)
살다 (住む) ㄹ語幹	살 듯하다 (住むようだ、住みそうだ)
낫다 (治る) ㅅ変則	나을 듯하다 (治るようだ、治りそうだ)
바쁘다 (忙しい)	바쁠 듯하다 (忙しいようだ、忙しそうだ)
좁다 (狭い)	좁을 듯하다 (狭いようだ、狭そうだ)
춥다 (寒い) ㅂ変則	추울 듯하다 (寒いようだ、寒そうだ)

練習1 例のように「-(으)ㄹ 듯하다」文にしましょう。 解答 P.233

例 친구를 잠깐 만나다 (ちょっと会う)	친구를 잠깐 만날 듯하다. (ちょっと友達に会いそうだ。)
(1) 만나서 먹다 (会って食べる)	
(2) 신나게 놀다 (楽しく遊ぶ)	
(3) 깨끗하고 조용하다 (きれいで静かだ)	
(4) 내일은 춥다 (明日は寒い)	
(5) 이 옷이 멋있다 (この服がかっこいい)	

練習2 例から選んで下線部を「-(으)ㄹ 듯하다」の文にしましょう。

例 비가 오다. 후회하다. 바쁘다

(1) 가: 혹시 주말에 바쁘지 않으면 산에 갈까요?
　　(週末に忙しくなければ山に行きましょうか。)

　나: 글쎄요. 아마도 (　　　　　　　　　　.) 밀린 일이 많거든요.
　　(そうですね。おそらく忙しそうです。溜まっている仕事が多いんです。)

(2) 가: 어려운 결정했네요.
　　(難しい決定をしましたね。)

　나: 고민 끝에 결정은 했는데 나중에 (　　　　　　.)
　　(悩んだ末に決定しましたが、後で後悔しそうです。)

(3) 가: 우산 가지고 나왔어요?
　　(傘を持ってきましたか。)

　나: 네, 하늘을 보니까 (　　　　　　　　　) 가지고 나왔어요.
　　(はい、空を見たら雨が降りそうなので持ってきました。)

練習3 「-(으)ㄹ듯하다」を使って短文を作ってみましょう。

비비고 싸고!

　오늘도 비빔밥을 먹었다. 비빔밥은 보통 갖은 나물과 고추장, 참기름 등을 넣고 비벼서 먹는 음식을 이른다. 동네 슈퍼마켓에서 나물을 사다가 비벼 먹었는데 꽤 먹을 만했다. 온갖 재료들이 담겨 있을 때는 각각의 재료들이 형형색색 뽐을 낸다. 입맛을 다시며 비비기 시작하면 그 고운 자태는 사라지고 서로 의지하며 함께 힘을 발휘한다. 각자 뽐내고 외롭게 있느니 뭉치자고 한다. 뽐만 내다가는 조화를 이룰 수 없다고 한다. 그리하여 조화로운 가치를 이끌어 낸다.

　조화를 생각하니 쌈이 먹고 싶어진다. 상추, 깻잎, 치커리, 케일 등의 각종 잎채소에 밥이나 고기 등을 싸 먹는 것을 '쌈'이라고 한다.
　'비비다'에서 '비빔', '비빔밥'이 탄생했듯이 '싸다'에서 '쌈', '쌈밥'이 탄생하였다. 이 '쌈' 또한 혼자만 뽐내기를 거부한다. 같이 가치를 창조하자고 한다. 비비고 싸서 조화로운 맛을 창조해 낸다.

　한국인의 비비고 싸는식습관은 하루아침에 바꾸기 어려울 듯하다. 일본의 건강 음식인 낫토를 먹을 때도, 밥 위에 김치를 얹고 그 위에 낫토를 올려 참기름을 쳐서 비벼 먹는다. 낫토에게는 실례일지 모르나 이것도 꽤 먹을 만하다. 혼자보다 함께가 좋다. 혼자서 조금 가느니 함께 멀리 가는 편이 좋을 듯하다.

말해 보자 ⑦

(1) 비빔밥과 쌈의 어원은 무엇입니까?

(2) 여러분이 소개하고 싶은 비비고 싸고 하는 요리나 재료가 있으면 소개해 주세요.

쌈밥

混ぜて、包んで！

　今日もビビンバを食べた。ビビンバは普通、各種ナムルとコチュジャン・ごま油など
を入れて混ぜて食べるものを言う。町のスーパーマーケットでナムルを買ってきて混ぜ
て食べたが、なかなか美味しかった。あらゆる材料が載っている時は、それぞれの材料
が色とりどりに自慢しあう。食欲をそそられて混ぜ始めると、その美しい姿は消え、互
いに頼り合いながら力を発揮する。それぞれが誇示して孤独でいるより団結しようと言
う。自慢ばかりしていては調和をすることはできないと言う。そして調和のとれた価値
を引き出す。

　調和のことを考えるとサムが食べたくなる。サンチュ、ゴマの葉、チコリー、ケール
などの各種葉野菜にご飯や肉などを包んで食べることをサムと言う。

　「ビビダ（まぜる）」から「ビビム」、「ビビムバプ」が誕生したように、「サダ（包む）」
から「サム」、「サンバプ」が誕生した。この「サム」もまた一人だけ自慢することを拒
む。ともに価値を引き出そうという。混ぜて、包んで調和のとれた味を創り出す。

　韓国人の「混ぜて包む」食習慣は一夜にして改めることは難しそうだ。日本の健康食
である納豆を食べる時も、ご飯の上にキムチをのせ、その上に納豆を載せ、ゴマ油をか
けて混ぜて食べる。納豆には失礼かもしれないが、これもなかなか美味しい。一人より
一緒の方がいい。一人で少し行くより一緒に遠くへ行くほうがよさそうだ。

 ## 한국어 마당 ❼ 한식 메뉴 (韓国料理メニュー)

갈비탕 カルビタン	소의 갈비를 잘라 넣고 오랫동안 끓인 국.
삼계탕 サムゲタン	어린 닭에 인삼, 찹쌀, 대추 등을 넣고 푹 삶은 음식.
설렁탕 ソルロンタン	소의 머리, 내장, 뼈, 발 등을 푹 끓여서 만든 국.
순두부찌개 純ドゥブチゲ	순두부 (おぼろ豆腐) 를 넣어 끓인 찌개.
비빔밥 ビビンバプ	고기, 버섯, 계란, 나물 등에 여러 가지 양념을 넣고 비벼 먹는 밥.
쌈밥 葉野菜包みご飯	채소 잎에 고기등 여러 가지 반찬과 쌈장을 넣고 밥과 함께 싸서 먹는 음식.
보쌈 ポッサム	삶은 돼지고기를 얇게 썰어서 배춧속이나 보쌈김치 등과 함께 먹는 음식.
잡채 チャプチェ	여러 가시 새소와 고기 등을 가늘게 썰어 기름에 볶은 것을 당면과 섞어 만든 음식.

1. 次の文を日本語に訳してみましょう。

(1) 어제 빌린 책 어때요? 읽을 만해요?

→ _____

(2) 이건 아직 쓸 만한데 왜 버리세요?

→ _____

(3) 줄을 서서 기다리느니 차라리 옆집에서 먹을까요?

→ _____

(4) 이렇게 천천히 하다가는 오늘 안으로 못 끝내겠어요.

→ _____

(5) 하늘을 보니까 금방이라도 비가 올 듯해요.

→ _____

2. 次の文を韓国語に訳してみましょう。(下線部に注意)

(1) あの店の料理は<u>美味しいです</u>。(← 直食べる価値があります。)
(「-(으)ㄹ 만하다」を使って)

→ _____

(2) 物は多くても<u>使えそうなもの</u>がないですね。(「-(으)ㄹ 만하다」を使って)

→ _____

(3) 座って<u>心配ばかりするより</u>はむしろ行って確認したほうがいいです。
(「-느니」を使って)

→ _____

(4) そんなに<u>無理していたら</u>倒れそうです。(「-다가는」を使って)

→ _____

(5) もう少し<u>待たなければならないようです</u>。(「-(으)ㄹ 듯 하다」を使って)

→ _____

3. 次の質問に韓国語で答えましょう。

(1) 지난번에 본 영화 어땠어요? (「-(으)ㄹ 만하다」を使って)

　　→ _____

(2) 한국어 공부는 어렵지 않아요? (「-(으)ㄹ 만하다」を使って)

　　→ _____

(3) 책을 빌리지 않고 샀네요? (「-느니」を使って)

　　→ 네, _____

(4) 요즘은 케이크를 안 먹어요? (「-다가는」を使って)

　　→ 네, _____

(5) 다음 회식 장소로 어디가 좋을까요? (「-(으)ㄹ 듯 하다」を使って)

　　→ _____

解答 第7課 まとめ練習問題

1. (1) 昨日借りた本はどうですか。<u>読む</u>価値はありますか。
　　(2) これはまだ<u>使えそうな</u>のにどうして捨てるんですか。
　　(3) <u>並んで</u>待つよりむしろ隣の店で食べましょうか。
　　(4) こんなにゆっくりしていたら今日中に終わらせられそうもありません。
　　(5) 空を見たら今にでも雨が<u>降りそう</u>です。

2. (1) 그 집 요리는 <u>먹을 만해요</u>.
　　(2) 물건은 많아도 <u>쓸 만한</u> 게 없네요.
　　(3) 앉아서 걱정만 <u>하느니</u> 차라리 가서 확인하는 게 낫겠어요.
　　(4) 그렇게 <u>무리하다가는</u> 쓰러지겠어요.　(5) 좀 더 <u>기다려야</u> 할 듯해요.

3. (1) 재미있었어요. <u>볼 만해요</u>.　(2) 발음은 좀 어렵지만 <u>할 만해요</u>. 재미있어요.
　　(3) <u>빌리느니</u> 사는 게 나을 것 같아서요.
　　(4) 단 걸 계속 <u>먹다가는</u> 살이 찔 것 같아서요.
　　(5) 삼겹살은 대부분 좋아하니까 삼겹살집이 <u>좋을 듯해요</u>.

자주 먹다 보면 익숙해질 거예요.

頻繁に食べているうちに慣れてきます。〈食習慣物語〉

♫ 022

❶ 지연: 유타 씨, 비빔냉면 어땠어요? 좀 맵지 않았어요?

❷ 유타: 한국에서는 처음 먹어 본 건데 좀 맵더라고요.

❸ 지연: 그랬어요? 저도 처음 먹을 때는 매웠는데 자주 먹다가 보니까 익숙해지더라고요.

❹ 유타: 나도 자주 먹다 보면 익숙해지겠지요?

❺ 지연: 그럼요! 뭐든지 처음에는 어설퍼도 하다 보면 익숙해지는 법이거든요.

❻ 유타: 네, 알겠습니다. 지연 스승님! 한국에 왔으니 매운 것도 먹어야겠죠?

❼ 지연: 이야기하다가 보니까 또 먹고 싶어지네요. 내일 당장 먹으러 갑시다!

♫ 023

SNS

지연: 유타 씨, 비빔냉면 어땠어?

チヨン : ユウタさん、ビビム冷麺どうだった？

유타: 나한텐 좀 맵더라고 ㅠㅠ 자주 먹다 보면 익숙해지겠지?

ユウタ : 俺にはちょっと辛かったんだけど ㅠㅠ よく食べると慣れるよね？

지연: 그럼~. 뭐든지 하다 보면 익숙해지는 법이니까 ^^

チヨン : そうだよ〜。何でもやってみると慣れるものだから ^^

유타: 빨리 익숙해지려면 또 먹어야겠네. ㅋㅋ

ユウタ : 早く慣れるためには、また食べないとね www

지연: ㅎㅎ, 당장 먹으러 가자!

チヨン : フフ、さっそく食べに行こう！

発音

・어땠어요
  [어때써요]

・맵더라고요
  [맵떠라고요]

・매웠는데
  [매원는데]

・익숙해지겠지요
  [익쑤캐지게
  찌요]

語彙・表現

❶ 비빔냉면 : ビビム冷麺
  어땠어요? : どうでしたか

❷ 맵더라고요 : 辛かったんですよ

❸ 익숙해지다 : 慣れる

❺ 어설프다 : 不手際だ、未熟だ、まずい

❻ 스승 : 師匠、恩師

❼ 당장 : さっそく、今すぐ

물냉면

비빔냉면

日本語訳

❶ チヨン：ユウタさん、ビビム冷麺、どうでしたか？ちょっと辛くなかったですか。

❷ ユウタ：韓国では初めて食べてみたんですが、ちょっと辛かったんですよ。

❸ チヨン：そうだったんですか。私も最初に食べるときは辛かったんですが、よく食べているうちに慣れてきました。

❹ ユウタ：私も頻繁に食べているうちに慣れてくるでしょう？

❺ チヨン：もちろんです！何でも最初は不慣れでもやっているうちに慣れるものですよ。

❻ ユウタ：はい、分かりました。チヨン先生！
  韓国に来たので辛いものも食べなければならないでしょう？

❼ チヨン：話をしていたらまた食べたくなりますね。
  明日さっそく食べに行きましょう！

-더라고요
～（し）たんですよ、～（し）ていましたよ〈回想伝聞〉

「맵더라고요 (辛かったんですよ)」のように動詞や形容詞などの語幹に「더라고요」をつけると「～（し）たんですよ、～（し）ていましたよ」という意味になります。また、名詞には「이더라고요」をつけますが、パッチムのない場合は「이」を省略したりもします。この表現は話し手が直接経験した過去のことを、回想しながら聞き手に伝えるときに使います。

例 ① 손님들이 줄을 서서 <u>기다리더라고요</u>.
　　お客さんたちが並んで<u>待っていましたよ</u>。

② 서울은 도쿄보다 <u>춥더라고요</u>.
　　ソウルは東京より<u>寒かったんですよ</u>。

먹다 → 먹더라고요
食べる　　食べたんですよ

좋다 → 좋더라고요
良い　　　良かったんですよ

▷「-더라고요」の活用

動詞、形容詞	-더라고요　～（し）たんですよ、～（し）ていましたよ
쉬다 (休む)	쉬더라고요 (休んだんですよ、休んでいましたよ)
믿다 (信じる)	믿더라고요 (信じたんですよ、信じていましたよ)
알다 (知る)	알더라고요 (知っていましたよ)
달다 (甘い)	달더라고요 (甘かったんですよ)
아프다 (痛い)	아프더라고요 (痛かったんですよ)
재미있다 (面白い)	재미있더라고요 (面白かったんですよ)
따뜻하다 (暖かい)	따뜻하더라고요 (暖かかったんですよ)
名詞	-(이)더라고요　～でしたよ
경찰 (警察)	경찰이더라고요 (警察でしたよ)
가수 (歌手)	가수더라고요 (歌手でしたよ)

練習1 例のように「-더라고요」文にしましょう。

解答 P.233

例 친구도 한국어를 배우다 （友達も韓国語を学ぶ）	친구도 한국어를 배우더라고요. （友達も韓国語を学んでいましたよ。）
(1) 아이가 김치를 잘 먹다 （子どもがキムチをよく食べる）	
(2) 아이들이 놀이터에서 놀다 （子どもたちが遊び場で遊ぶ）	
(3) 어제 간 카페가 조용하다 （昨日行ったカフェが静かだ）	
(4) 밤이 되니까 춥다 （夜になると寒い）	
(5) 요리가 다 맛있다 （料理が全部美味しい）	

練習2 例から選んで下線部を「-더라고요」の文にしましょう。

例 후회하다.　맵다.　바쁘다

(1) 가: 유타 씨는 요즘도 바쁘대요?
（ユウタさんは最近も忙しいそうですか。）

　　나: 네, 여전히 (　　　　　　　　　　.)
（はい、相変わらず忙しかったんですよ。）

(2) 가: 친구는 시험 안 본 거 후회 안 해요?
（友達は受験しなかったこと、後悔しないんですか。）

　　나: 아니요, 좀 (　　　　　　　　　　.)
（いいえ、ちょっと後悔していましたよ。）

(3) 가: 그 집 음식 좀 맵지 않았어요?
（あの店の料理ちょっと辛くなかったですか。）

　　나: 네, 저한테는 좀 (　　　　　　　　　　.)
（はい、私にはちょっと辛かったんですよ。）

練習3 「-더라고요」を使って短文を作ってみましょう。

8-2 -다 (가) 보니까 ～ (し) ていたら、～ (し) てみたら、～ (である) から〈新発見・理由〉

「먹다가 보니까 **익숙해지더라고요.**(食べていたら慣れてきました。)」のように動詞や形容詞などの語幹に「다가 보니까」をつけると「～ (し) ていたら、～ (し) てみたら、～ (である) から」という意味になります。また、名詞には「이다가 보니까」をつけますが、パッチムのない名詞の場合は、「이」を省略したりもします。この表現は先行節の動作や状態が続いていたら、後続節のことが起きるというときに使います。形容詞ではよく「가」を省略して使います。また、「-다 보니까」や「-다가 보니」、「-다 보니」の形でもよく使われます。

例 ① 이 장미는 <u>예쁘다 보니까</u> 인기가 많아요.
    このバラは<u>きれいだから</u>人気が高いです。

② 혼자서 <u>공부하다가 보니까</u> 모르는 게 많아요.
    1人で<u>勉強していたら</u>、わからないことが多いです。

먹다 → 먹다 보니까   힘들다 → 힘들다 보니까
食べる　　食べていたら   大変だ　　　大変だから

▷「-다 보니까」の活用

動詞、形容詞	-다 보니까 (～していたら、～から)
만나다 (会う)	만나다 보니까 (会っていたら)
살다 (暮らす)	살다 보니까 (暮らしていたら)
운동하다 (運動する)	운동하다 보니까 (運動していたら)
비싸다 (高い)	비싸다 보니까 (高いから)
맛있다 (美味しい)	맛있다 보니까 (美味しいから)
名詞	**-(이)다 보니까** (～なので、であるから)
학생이다 (学生だ)	학생이다 보니까 (学生なので)
친구 (이)다 (友達だ)	친구 (이)다 보니까 (友達なので)

練習1 例のように短縮形の「-다 보니까」文にしましょう。

解答 P.233

例 여행을 다니다 (旅行をする)	여행을 다니다 보니까 (旅行をしていたら)
(1) 영향을 받다 (影響を受ける)	
(2) 차를 자주 마시다 (お茶をよく飲む)	
(3) 김치가 맵다 (キムチが辛い)	
(4) 음악을 듣다 (音楽を聴く)	
(5) 시간이 없다 (時間がない)	

練習2 例から選んで下線部を短縮形の「-다 보니까」の文にしましょう。

例 살다.　바쁘다.　못 가다.

(1) 가: 지금 당장 선물을 받는다면 뭘 받고 싶어요?
　　(今、すぐプレゼントをもらうとしたら何がほしいですか。)

　　나: 늘 (　　　　　　　) 시간을 받고 싶어요.
　　(いつも忙しくしているので時間がほしいです。)

(2) 가: 여행을 간다면 어디에 가고 싶어요?
　　(旅行に行くとしたらどこへ行きたいですか。)

　　나: 좀처럼 여행을 (　　　　　　) 가고 싶은 곳이 너무 많아요.
　　(なかなか旅行に行けないので行きたいところが多すぎます。)

(3) 가: 한국에서는 김치를 자주 먹어요?
　　(韓国ではキムチをよく食べますか。)

　　나: 한국에 (　　　　　　) 김치를 자주 먹게 되더라고요.
　　(韓国に住んでいたらキムチをよく食べるようになりました。)

練習3 短縮形の「-다 보니까」を使って短文を作ってみましょう。

-다 (가) 보면
〜 (し) ていると、〜 (し) ているうちに〈結果〉

「**자주 먹다가 보면**(頻繁に食べてみると)」のように動詞や形容詞などの語幹に「**-다가 보면**」をつけると「〜 (し) ていると」、「〜 (し) ているうちに」という意味になります。この表現は、先行節の行動や状態を続けると、後続節の結果が生じるということを表します。短縮形の「**-다 보면**」もよく使われます。

例 ① 공부를 꾸준히 <u>하다가 보면</u> 잘할 수 있게 돼요.
　　勉強をこつこつと<u>していると</u>うまくできるようになります。

　② 날씨가 <u>춥다 보면</u> 외출을 삼가게 돼요.
　　天気が<u>寒いと</u>外出を控えるようになります。

가다 → 가다 보면　　　　**먹다 → 먹다 보면**
行く　　　行っているうちに　　　食べる　　食べていると

▷ **短縮形「-다 보면」の活用**

基本形	-다 보면　〜 (し) ていると、〜 (し) ているうちに
만나다 (会う)	만나다 보면 (会っているうちに)
입다 (着る)	입다 보면 (着ているうちに)
싣다 (載せる)	싣다 보면 (載せていると)
놀다 (遊ぶ)	놀다 보면 (遊んでいると)
바쁘다 (忙しい)	바쁘다 보면 (忙しいと)
덥다 (暑い)	덥다 보면 (暑いと)
공부하다 (勉強する)	공부하다 보면 (勉強していると)

練習1 　例のように「-다 보면」文にしましょう。 　　　　　　　　解答 P.234

例 여행을 다니다 (旅行をする)	여행을 다니다 보면 (旅行をしていると)
(1) 칭찬을 받다 (褒められる)	
(2) 술을 마시다 (お酒を飲む)	
(3) 같이 살다 (一緒に暮す)	
(4) 강좌를 듣다 (講座を聞く)	
(5) 시간이 없다 (時間がない)	

練習2 　例から選んで下線部を「-다 보면」の文にしましょう。

例 살다. 　다니다. 　칭찬을 받다.

(1) 가: 아이들에게 칭찬을 자주 해도 되겠지요?
　　　(子どもたちをよく褒めてもいいでしょう。)

　　나: 그럼요. 어른도 (　　　　　　　　　)더 잘하고 싶어지잖아요.
　　　(そうですよ。大人も褒められたらもっと上手になりたくなるじゃないですか。)

(2) 가: 여행을 다니면서 한국말로 소통해요?
　　　(旅行をしながら韓国語で話しますか。)

　　나: 때때로 해요. 여행을 (　　　　　　　　) 한국말로 말하고 싶어
　　　지거든요. (たまにします。旅行をしていると韓国語で話したくなるんです。)

(3) 가: 저도 한국에서 (　　　　　　　　　) 김치를 자주 먹게 될까요?
　　　(私も韓国で暮しているうちにキムチをよく食べるようになるでしょうか。)

　　나: 네, 그럴 거예요. 저도 한국에서 살다 보니까 김치를 자주 먹
　　　게 되더라고요.
　　　(はい、そうだと思います。私も韓国で暮らしているうちにキムチをよく食べるよう
　　　になりましたよ。)

練習3 　「-다 보면」を使って短文を作ってみましょう。

-는 법이다
　　　～（する）ものだ、～（する）に決まっている〈当然〉

「익숙해지는 법이거든요（慣れるものですよ）」のように動詞の語幹に「-는 법이다」をつけると「～（する）ものだ、～（する）に決まっている」という意味になります。また、形容詞の場合、語幹に「-(으)ㄴ 법이다」をつけます。この表現はある動作や状態が当然行われるに決まっているということを表す少し固い表現です。

　　*似ている表現で「-기 마련이다」**12-4** があり、「-는 법이다」より日常でよく使われます。

例 ① **너무 나서면 욕을 먹는 법이다.**
　　　でしゃばると叩かれるものだ。

　② **서두르면 실수하기 쉬운 법이다.**
　　　急ぐと失敗しやすいものだ。

먹다 → 먹는 법이다　　　**좋다 → 좋은 법이다**
食べる　　食べるものだ　　　良い　　良いに決まっている

▷ **「-는 법이다」の活用**

動詞	-는 법이다 ～（する）ものだ
오다 （来る）	오는 법이다 （来るものだ）
잃다 （失う）	잃는 법이다 （失うものだ）
돌다 （回る、流行る、広がる） ㄹ語幹	도는 법이다 （回るものだ）
있다 （ある） 存在詞	있는 법이다 （あるものだ）
形容詞	-(으)ㄴ 법이다 ～ものだ
크다 （大きい）	큰 법이다 （大きいものだ）
많다 （多い）	많은 법이다 （多いものだ）
힘들다 （大変だ） ㄹ語幹	힘든 법이다 （大変なものだ）

解答 P.234

練習 1 例のように下線部を「-는 / -(으)ㄴ 법이다」文にしましょう。

例 급하게 먹으면 <u>체하다</u> (急いで食べると胃もたれする)	급하게 먹으면 체하는 법이다. (急いで食べると胃もたれするものだ。)
(1) 물건이 좋으면 잘 <u>팔리다</u> (物品がよければよく売れる)	
(2) 소문은 <u>돌다</u> (うわさは広まる)	
(3) 하다 보면 <u>익숙해지다</u> (やっているうちに慣れる)	
(4) 누구나 실수는 <u>있다</u> (だれでも間違いはある)	
(5) 기대가 크면 실망도 <u>크다</u> (期待が大きければ失望も大きい)	

練習 2 例から選んで下線部を「-는 법이다」の文にしましょう。

> 例 돌고 돌다.　밀리다.　독이 되다

(1) 가: 오늘은 늦으셨네요?
　　(今日は遅くなりましたね。)

　　나: 출퇴근 길 도로는 (　　　　　　　　) 차로 오다가 늦었어요.
　　(通勤時の道路は<u>渋滞するものなのに</u>車で来ていて遅れました。)

(2) 가: 명절 음식이 맛있어서 계속 먹다 보니까 살이 쪘어요.
　　(名節の食べ物が美味しくてずっと食べていたら太りました。)

　　나: 좋은 것도 지나치면 (　　　　　　　　) 저도 마찬가지예요.
　　(いいことも度が過ぎると<u>毒になるものですが</u>、私も同じです。)

(3) 가: 예전에 입던 옷인데 입어 봤어요.
　　(以前着ていた服なんですけど着てみました。)

　　나: 유행은 (　　　　　　　　) 이라고 하더니 정말 좋네요.
　　(流行は<u>回り回るものだ</u>と言われていますが、本当にいいですね。)

練習 3 「-는 법이다」を使って短文を作ってみましょう。

한국인에게 김치는?

외국에 오래 살든지 여행을 하다 보면 공연히 먹고 싶어지는 음식이 있을 것이다. 마음의 안식을 얻고 위안을 받을 수 있는 음식, 이른바 '위안음식', '소울푸드' 라고 하는 것이다. 한국인에게는 대표적으로 김치, 김치찌개, 된장찌개, 김밥 등이 아닐까 한다. 특히 김치는 하루라도 먹지 않으면 왠지 서운하다.

외국에 사는 사람이 자국에 있을 때보다도 고국의 음식을 더 찾게 된다고 한다. 20대부터 미국에 살고 있는 언니에게, 미국 생활이 40년이 넘었는데도 아직도 김치를 많이 먹게 되느냐는 나의 질문에, 언니의 대답은 한결같다. "누구에게나 소울푸드가 있는 법이지…"

한국인의 유별난 '김치 사랑' 은 한국 대부분의 가정에 있는 김치냉장고를 탄생시키기까지 하였으며, 이제 김치는 세계인의 건강 식품으로 자리 잡기에 이르렀다.

김치는 주 재료에 따라 종류가 매우 다양하여 400여 종류가 된다고 한다. 그중 대표적인 배추김치는 소금물에 살짝 절인 배춧잎 사이에 소(무, 파, 마늘, 생강, 고춧가루, 젓갈 등을 혼합한 양념)를 넣어 만든다. 백김치처럼 김치에 따라서는 고춧가루가 안 들어가는 경우도 있다.

요즘에는 배추 이외에도 '샐러리 김치' 와 같이 각 나라와 지역에서 나오는 다양한 채소로 만들고 있다. 김치를 처음 접하는 외국인에게는 맛이 강할 수도 있겠으나, "먹다가 보니까 익숙해지더라고요!" 라고 말하는 외국인이 점점 늘어가는 추세라고 한다.

▶ 말해 보자 8

(1) 김치의 양념을 만들 때 무엇이 필요한가?
(2) 자신의 소울푸드에 대하여 말해 보자!

배추 김치

韓国人にとってキムチとは？

　外国に長く住んでいたり旅をしていれば、無性に食べたくなる食べ物があるだろう。心の安らぎを得て癒される食べ物、いわゆる「癒しの料理」、「ソウルフード」というものだ。韓国人には代表的にキムチ、キムチチゲ、味噌チゲ、キムパップなどではないだろうか。特にキムチは一日でも食べないと何だか寂しい。

　外国に住んでいる人が自国にいる時よりも故国の食べ物をもっと求めるようになるという。20代からアメリカに住んでいる姉に、アメリカでの生活が40年以上経ったのに未だにキムチをたくさん食べているのかという私の質問に、姉の答えはいつも同じだ。

　「誰にでもソウルフードがあるものだ…」

　韓国人の格別な「キムチ愛」は韓国のほとんどの家庭にあるキムチ冷蔵庫まで誕生させ、今やキムチは世界の人々の健康食品として定着するに至った。

　キムチは、主材料によって種類が非常に多様で400種類余りになるという。そのうち、代表的な白菜キムチは、塩水に軽く漬けた白菜の葉の間に薬味（大根、ネギ、ニンニク、生姜、唐辛子粉、塩辛などを混ぜた調味料）を入れて作る。白キムチのように、キムチによっては唐辛子粉が入らない場合もある。

　最近は、白菜以外にも「セロリキムチ」のように各国と各地域で獲れる多様な野菜で作っている。キムチに初めて接する外国人には味が強いかもしれないが、「食べているうちに慣れてきました！」と話す外国人がますます増えていく傾向だという。

배추김치　　깍두기　　오이김치　　나박김치　　열무김치　총각김치

한국어 마당 ⑧ 김치 (キムチ)

白菜	大根	ニンニク	ネギ	唐辛子の粉	薬味	キムチ
배추	**무**	**마늘**	**파**	**고춧가루**	**양념**	**김치**
배추를 절이다.	무를 채썰다.	마늘을 다지다.	파를 송송 썰다.	고춧가루로 버무리다.	양념을 바르다.	김치를 담그다.
白菜を塩漬けする	大根を千切りする	ニンニクをみじん切りする	ネギを刻む	唐辛子粉で和える	薬味をつける	キムチを漬ける

1. 次の文を日本語に訳してみましょう。

(1) 서울에 갔다 왔는데 꽤 춥더라고요.

→ _____

(2) 한국어를 공부하다가 보니까 한자어가 많더라고요.

→ _____

(3) 여행을 자주 다니다 보니까 짐 싸는 게 익숙해졌어요.

→ _____

(4) 너무 덥다 보면 식욕이 떨어지기도 해요.

→ _____

(5) 유행은 돌고 도는 법이에요.

→ _____

2. 次の文を韓国語に訳してみましょう。（下線部に注意）

(1) オンドル部屋で寝てみたんですけど、すごく暖かかったんです。
（「-더라고요」を使って）

→ _____

(2) 子どもたちもキムチをよく食べていたんですよ。（「-더라고요」を使って）

→ _____

(3) 留学生なのでアルバイトができる時間が限られています。
（「-다 보니까」を使って）

→ _____

(4) 一緒に遊んでいると親しくなるでしょう。（「-다 보면」を使って）

→ _____

(5) 誰にでも間違いはあるものです。（間違い：실수, 잘못）（「-는 법이다」を使って）

→ _____

3. 次の質問に韓国語で答えましょう。

(1) 여행을 가면 어떤 선물을 사게 돼요? (「-더라고요」を使って)

　　→ ＿＿＿＿＿＿＿＿＿＿＿＿＿＿＿＿＿＿＿＿＿＿＿＿＿＿

(2) 콘서트는 어땠어요? (「-더라고요」を使って)

　　→ ＿＿＿＿＿＿＿＿＿＿＿＿＿＿＿＿＿＿＿＿＿＿＿＿＿＿

(3) 이제 매운 김치도 먹을 수 있어요? (「-다가 보니까」を使って)

　　→ 네,＿＿＿＿＿＿＿＿＿＿＿＿＿＿＿＿＿＿＿＿＿＿＿＿＿

(4) 운동을 매일 하세요? (「-다 보면」を使って)

　　→ 네,＿＿＿＿＿＿＿＿＿＿＿＿＿＿＿＿＿＿＿＿＿＿＿＿＿

(5) 「期待が大きければ失望も大きいものだ」を한국어로 어떻게 말합니까? (「-는 법이다」を使って)

　　→ ＿＿＿＿＿＿＿＿＿＿＿＿＿＿＿＿＿＿＿＿＿＿＿＿＿＿

解答 第8課 まとめ練習問題

1. (1) ソウルに行ってきたんですけど、結構寒かったんですよ。
　　(2) 韓国語を勉強していたら漢字語が多かったですよ。
　　(3) 旅行をよくしていたら荷物をまとめることに慣れました。
　　(4) 暑すぎると食欲が落ちたりします。 (5) 流行はくりかえすものです。

2. (1) 온돌방에서 자 보았는데 굉장히 따뜻하더라고요.
　　(2) 아이들도 김치를 잘 먹더라고요.
　　(3) 유학생이다 보니까 아르바이트를 할 수 있는 시간이 한정적이에요.
　　(4) 같이 놀다 보면 친해질 거예요. (5) 누구에게나 실수는 있는 법이죠.

3. (1) 여행을 가면 선물로 주로 과자를 사게 되더라고요.
　　(2) 콘서트에 처음 가 보았는데 모두 적극적이더라고요.
　　(3) 자주 먹다가 보니까 이젠 안 맵더라고요. (4) 매일 하다 보면 재미있거든요.
　　(5) ʻ기대가 크면 실망도 큰 법이다ʼ

第9課

온수로 방바닥을 덥히거든요.

温水で部屋の床を暖めます。〈オンドル物語〉

♫ 025

❶ 유타: 지연 씨, 여행 일정 잡혔어요?

❷ 지연: 네, 마침 이야기하려던 참이었어요.

❸ 유타: 잘 됐네요! 그런데, 온돌방에 묵으면 좋겠네요.

❹ 지연: 아~네, 대부분 온돌방인데 혹시 모르니까 친구들한테
확인해 볼게요. 즐거운 여행을 하려면 '꼼꼼하게!'

❺ 유타: 넵! 지연 씨를 고생시키지 않으려면 '준비 철저!'
그런데, 온돌에 따뜻한 물을 사용해요?

❻ 지연: 네, 파이프를 통과하는 온수로 방바닥을 덥히거든요.

❼ 유타: 역시 지연 씨 대단하네요!

❽ 지연: 비행기 태우지 말아요!

아! 여행 가는 날이 빨리 오면 좋겠네요!

♫ 026

SNS

유타: 지연 씨, 여행 일정 잡혔어?

지연: ○○, 막 이야기하려던 참이었는데

유타: 온돌방에 묵으면 좋겠는데 ㅋㅋ.

지연: 온돌방에 묵으려면 빨리 예약해야겠다. 유타 씨를 실망시키지 않으려면 … ^^

유타: 내가 라면 끓여 줄게 ㅎㅎ.

ユウタ : チヨンさん、旅行の日程決まった？

チヨン : うんうん、ちょうど話そうとしていたところだったけど。

ユウタ : オンドル部屋に泊まるといいんだけどwww

チヨン : オンドル部屋に泊まるためには早く予約しないと。ユウタさんを失望させないためには ^^

ユウタ : 僕がラーメン作ってあげるからフフ。

- 일정 [일쩡]
- 잡혔어요
  [자펴써요]
- 온돌방
  [온돌빵]
- 묵으면
  [무그면]
- 좋겠네요
  [조켄네요]
- 방바닥
  [방빠닥]
- 덥히거든요
  [더피거든뇨]

語彙・表現

❶ 일정 : 日程　　일정이 잡히다 : 日程が決まる

❷ 마침 : ちょうど　　-참 : 〜ところ

❸ 온돌 : オンドル（韓国の伝統的な暖房システム）

　묵다 : 泊まる　　좋겠네요 : いいですね

❹ 혹시 : もし　　혹시 모르니까 : 念のため

　확인하다 : 確認する　　꼼꼼하게 : 几帳面に、念入りに

❺ 고생시키다 : 苦労させる　　철저 : 徹底

　따뜻한 물 : 温水・お湯（←直温かいお水）

❻ 파이프 : パイプ　　통과하다 : 通過する、通る

　온수 : 温水　　방바닥 : 部屋の床　　덥히다 : 温める

❼ 대단하다 : すごい

❽ 비행기를 태우다 : おだてる（←直飛行機に乗せる）

日本語訳

❶ ユウタ : チヨンさん、旅行の日程は決まりましたか？

❷ チヨン : はい、ちょうど話そうとしていたところでした。

❸ ユウタ : よかったですね。ところで、オンドル部屋に泊まれたらいいですね。

❹ チヨン : あ〜はい、ほとんどオンドル部屋ですが念のため友達に確認してみます。
　　　　　楽しい旅行をしようと思ったら ‘念入りに！’

❺ ユウタ : はい！チヨンさんを苦労させないためには「準備は徹底的に！」
　　　　　ところで、オンドルに温水を使いますか？

❻ チヨン : はい、パイプを通過する温水で部屋の床を暖めるんですよ。

❼ ユウタ : やっぱりチヨンさんすごいですね！

❽ チヨン : おだてないでください！あ！旅行に行く日が早く来ればいいですね！

9-1 -(으)려던 참이다 ~(し)ようとしていたところだ 〈ちょうど今〉

「이야기하려던 참이었어요.(話をしようとしていたところでした。)」のように動詞の語幹に「-(으)려던 참이다」をつけると「(ちょうど／たまたま) ～ (し)ようとしていたところだ」という意味になります。これは「-(으)려고 생각하던 참이다」、「-(으)려고 하던 참이다」からなる表現です。この表現には、「그러잖아도 (그렇지 않아도) / 안 그래도(そうじゃなくても)、막(ちょうど)」などと使われることが多いです。後続節には過去形がよく出ますが、文脈によって現在形も使えます。

例 ① 지금 막 <u>나가려던 참</u>이에요.
　　ちょうど今、<u>出かけようとしていたところ</u>です。

② 그렇지 않아도 <u>예약하려던 참</u>이었어요.
　　そうじゃなくても<u>予約しようとしていたところ</u>でした。

가다 → 가려던 참이다　　　**먹다 → 먹으려던 참이다**
行く　　　行こうとしていたところだ　　食べる　　食べようとしていたところだ

▷「(으)려던 참이다」の活用

基本形	-(으)려던 참이다 ~しようとしていたところだ
사다 (買う)	사려던 참이다 (買おうとしていたところだ)
읽다 (読む)	읽으려던 참이다 (読もうとしていたところだ)
묻다 (尋ねる) ㄷ不規則	물으려던 참이다 (尋ねようとしていたところだ)
만들다 (作る) ㄹ語幹	만들려던 참이다 (作ろうしていたところだ)
붓다 (注ぐ) ㅅ不規則	부으려던 참이다 (注ごうとしていたところだ)
줍다 (拾う) ㅂ不規則	주우려던 참이다 (拾おうとしていたところだ)
연락하다 (連絡する)	연락하려던 참이다 (連絡しようとしていたところだ)

練習 1 例のように「-(으)려던 참이다」文にしましょう。
解答 P.234

例 지금 먹다 (今、食べる)	지금 먹으려던 참이다. (今、食べようとしていたところだ)
(1) 막 나가다 (ちょうど出かける)	
(2) 쓰레기를 줍다 (ゴミを拾う)	
(3) 전화를 걸다 (電話をかける)	
(4) 문을 닫다 (ドアを閉める)	
(5) 마침 말하다 (ちょうど話す)	

練習 2 例から選んで下線部を「-(으)려던 참이다」の文にしましょう。

例 나가다.　가다.　하다.

(1) 가: 같이 차 한잔 어때요?
　　(一緒にお茶一杯どうですか。)

　　나: 네, 좋아요. 그렇지 않아도 저도 카페에 (　　　　　　　　.)
　　(はい、いいですね。そうじゃなくても私もカフェに行こうとしていたところです。)

(2) 가: 비슷한 질문이 많네요.
　　(似たような質問が多いですね。)

　　나: 그래요? 실은 저도 같은 질문을 (　　　　　　　　.)
　　(そうですか。実は私も同じ質問をしようとしていたところでした。)

(3) 가: 여러분! 김밥 사 왔습니다.
　　(みなさん！キムパップを買ってきました。)

　　나: 와! 그렇잖아도 김밥 사러 (　　　　　　　　) 고마워요!
　　(わー！ちょうどキムパップ買いに出かけようとしていたところだったので、ありがとうございます！)

練習 3 「-(으)려던 참이다」を使って短文を作ってみましょう。

-(으)면 좋겠다 〜(する)といい、〜(す)ればいい、〜ならいい〈仮定の願望〉

「묵으면 좋겠네요 (泊まれたらいいですね)」のように動詞や形容詞などの語幹に「-(으)면 좋겠다」をつけると「〜(する)といい、〜(す)ればいい、〜ならいい」という意味で、仮定の願望を表します。

＊「-았으면 / 었으면 좋겠다 (〜してほしい、〜したらいいなぁ)」〔仮定・願望〕は、**14-4** 参照

例 ① 내일 또 <u>이야기할 수 있으면</u> 좋겠어요.
明日また<u>話せたら</u>いいですね。

② 교실이 좀 더 <u>시원하면</u> 좋겠어요.
教室がもう少し<u>涼しいと</u>いいですね。

먹다 → 먹으면 좋겠다
食べる　　食べるといい

따뜻하다 → 따뜻하면 좋겠다
暖かい　　　暖かいといい

▷ 「-(으)면 좋겠다」の活用

基本形	-(으)면 좋겠다 〜(する)といい 〜(す)ればいい
모이다 (集まる)	모이면 좋겠다 (集まるといい、集まればいい)
있다 (ある、いる)	있으면 좋겠다 (ある・いるといい、あれば・いればいい)
듣다 (聞く) ㄷ不規則	들으면 좋겠다 (聞くといい、聞けばいい)
놀다 (遊ぶ) ㄹ語幹	놀면 좋겠다 (遊ぶといい、遊べばいい)
돕다 (手伝う) ㅂ不規則	도우면 좋겠다 (手伝うといい、手伝えばいい)
많다 (多い)	많으면 좋겠다 (多いといい、多ければいい)
산책하다 (散歩する)	산책하면 좋겠다 (散歩するといい、散歩すればいい)

練習1 例のように下線部を「-(으)면 좋겠다」文にしましょう。　　　　解答 P.235

例 수업 후에 <u>만날 수 있다</u> （授業後に会うことができる）	수업 후에 만날 수 있으면 좋겠다. （授業後に会うことができたらいい。）
⑴ 술술 <u>말할 수 있다</u> (すらすら言える)	
⑵ 만나서 <u>놀다</u> (会って遊ぶ)	
⑶ 같이 <u>걷다</u> (一緒に歩く)	
⑷ 조금이라도 <u>돕다</u> (少しでも手伝う)	
⑸ 요리가 <u>맛있다</u> (料理が美味しい)	

練習2 例から選んで下線部を「-(으)면(좋겠다)」の文にしましょう。

例 덜 맵다.　　받다.　　만나다.

⑴ 가: 그동안 통 못 만났죠?
（その間全然お会いできてないですよね。）

나: 그러게요. 언제 한번 (　　　　　　　　　　) 좋겠네요!
（そうですね。いつか一度<u>会えたら</u>良いですね！）

⑵ 가: 내일 콘서트도 굉장하겠죠?
（明日のコンサートもすごいでしょう。）

나: 그쵸? 사인을 제대로 (　　　　　　　　　　) 좋겠어요.
（そうですよね。ちゃんとサインが<u>もらうことができたら</u>いいですね。）

⑶ 가: 그집 음식이 매우면 어떡하죠?
（あの店の料理が辛かったらどうしましょう。）

나: 조금 (　　　　　　　　　　) 좋겠는데 일단 가 보죠!
（少し<u>辛さが控え目なら</u>いいけど、とりあえず行ってみましょう。）

練習3 「-(으)면 좋겠다」を使って短文を作ってみましょう。

9-3 -(으)려면 〜(し)ようとするなら、〜(する)ためには〈意図・意向の仮定〉

「고생시키지 않으려면 (苦労させないためには)」のように動詞や形容詞などの語幹に「(으)려면」をつけると「〜(し)ようとするなら、〜(する)ためには」という意味になります。この表現は、意図・意向や目標があることを仮定したりするときに使います。

例 ① 외국어를 <u>잘하려면</u> 실수를 두려워하면 안 돼요.
　　外国語が<u>上達する</u>ためには、失敗を恐れてはなりません。

② 이 옷을 <u>입으려면</u> 살을 좀 빼야 해요.
　　この服を<u>着ようとするなら</u>ちょっとやせなければなりません。

가다 → 가려면
行く　　　行こうとするなら

먹다 → 먹으려면
食べる　　食べようとするなら

▷「-(으)려면」の活用

基本形	-(으)려면 〜(し)ようとするなら、〜(する)ためには
만나다 (会う)	만나려면 (会おうとするなら、会うためには)
신다 (履く)	신으려면 (履こうとするなら、履くためには)
잊다 (忘れる)	잊으려면 (忘れようとするなら、忘れるためには)
만들다 (作る) ㄹ語幹	만들려면 (作ろうとするなら、作るためには)
걷다 (歩く) ㄷ不規則	걸으려면 (歩こうとするなら、歩くためには)
돕다 (手伝う) ㅂ不規則	도우려면 (手伝おうとするなら、手伝うためには)
짓다 (建てる) ㅅ不規則	지으려면 (建てようとするなら、建てるためには)
퇴근하다 (退勤する)	퇴근하려면 (退勤しようとするなら、退勤するためには)

練習 1 　例のように「-(으)려면」文にしましょう。　　　　　　　　　　解答 P.235

例 여행을 가다 (旅行に行く)	여행을 가려면 (旅行に行こうとするなら)
(1) 상을 받다 (賞をもらう)	
(2) 누군가를 돕다 (誰かを手伝う)	
(3) 같이 살다 (一緒に暮す)	
(4) 음악을 듣다 (音楽を聴く)	
(5) 다이어트를 하다 (ダイエットをする)	

練習 2 　例から選んで下線部を「-(으)려면」の文にしましょう。

例 걷다.　만들다.　늦다.

(1) 가: 김밥을 (　　　　　　) 재료는 뭐가 필요할까요?
　　(のり巻きを作るためには、材料は何が必要でしょうか。)

　　나: 김밥을 (　　　　　　) 단무지, 당근, 시금치 그리고 쇠고기 등
　　이 필요하겠지요?
　　(のり巻きを作るためには、たくあん、にんじん、ほうれん草、そして牛肉などが必
　　要でしょう。)

(2) 가: 여행 짐은 다 쌌죠? 신발은 뭐가 좋을까요?
　　(旅行の荷物は全部まとめましたよね。靴は何がいいでしょうか。)

　　나: 네, 벌써 다 쌌어요. 여행 가서 많이 (　　　　　　) 편한 운동
　　화가 좋겠죠?
　　(はい、もう全部まとめました。旅行に行ってたくさん歩くためには楽な運動靴がい
　　いでしょう。)

(3) 가: 내일 아침 일찍 출발이죠? (明日、朝早く出発ですよね?)

　　나: 네, (　　　　　　　　　) 일찍 자야 겠어요.
　　(はい、遅れないようにするためには早く寝なければなりませんね。)

練習 3 　「-(으)려면」を使って短文を作ってみましょう。

9-4 -이 / 히 / 리 / 기 / 우 / 구 / 추〈使役表現〉

「**방을 덥히거든요**(部屋を暖めるんですよ)」での「**덥히다**(暖める)」は、「**덥다**(暖かい)」に「**히**」をつけた使役形です。韓国語の使役表現は、「**먹이다**(食べさせる)、**읽히다**(読ませる)」などのように語幹と語尾「**다**」の間に使役接辞の「**이 / 히 / 리 / 기 / 우 / 구 / 추**」をつけます。そうすると自動詞や形容詞が他動詞となるため目的格助詞「**을 / 를**」が必要です。どの接辞がつくかは動詞や形容詞の語幹末によってほぼ決まっています。「**고생 시키지 않으려면**(苦労させないためには)」のように「**시키다**」をつけることもあり、例の「**아이가 밥을 먹다**」の使役表現「**엄마가 아이에게 밥을 먹이다**」は、「させる」側「**엄마**」が主語として登場し「**아이**」にさせるという表現です。

> 助詞「가 / 이」が「에게」に変わり、新しい主語が登場しますね。

例 ① **아이가 밥을 먹다**. (子どもがご飯を食べる。)

〈使役〉**엄마가 아이에게 밥을 먹이다**. (母が子どもにご飯を食べさせる。)

② **아이가 책을 읽다**. (子どもが本を読む。)

〈使役〉**엄마가 아이에게 책을 읽히다**. (母が子どもに本を読ませる。)

먹다 → 먹이다
食べる　食べさせる

읽다 → 읽히다
読む　読ませる

▷〈使役〉動詞語幹＋「**이 / 히 / 리 / 기 / 우 / 구 / 추**」

이	히	리	기
먹다 - 먹이다 (食べさせる)	눕다 - 눕히다 (寝かせる)	울다 - 울리다 (泣かせる)	굶다 - 굶기다 (飢えさせる)
보다 - 보이다 (見せる)	앉다 - 앉히다 (座らせる)	살다 - 살리다 (生かす)	남다 - 남기다 (残す)
붙다 - 붙이다 (付ける)	입다 - 입히다 (着せる)	놀다 - 놀리다 (遊ばせる)	벗다 - 벗기다 (脱がす)
끓다 - 끓이다 (沸かす)	좁다 - 좁히다 (狭める)	돌다 - 돌리다 (回す)	씻다 - 씻기다 (洗わせる)

우		구	추
깨다 - 깨우다 (起こす)	타다 - 태우다 (乗せる)	돋다 - 돋구다 (高める)	낮다 - 낮추다 (低める)
자다 - 재우다 (寝かせる)	서다 - 세우다 (立てる)	맞다 - 맞추다 (合わせる)	늦다 - 늦추다 (遅らせる)

（練習1）　例のように「이 / 히 / 리 / 기 / 우 / 구 / 추」の使役文にしましょう。

解答 P.235

例 사진을 보다 (写真を見る)	사진을 보이다. (写真を見せる。)
(1) 밥을 먹다 (ご飯を食べる)	
(2) 옷을 입다 (着物を着る)	
(3) 실컷 놀다 (思い切り遊ぶ)	
(4) 손을 씻다 (手を洗う)	
(5) 잠이 깨다 (目が覚める)	
(6) 시간이 늦다 (時間が遅い)	

（練習2）　例から選んで下線部に合わせて「使役形」の文にしましょう。

例 눕다.　깨다.　울다.

⑴ 가: 아이들이 늦잠 자네. 학교에 늦지 않나?
　　（子どもたちが寝坊しているね。学校に遅れないのかな。）

　　나: 괜찮아요. 아직 (　　　　　　　　　　　.)
　　（大丈夫です。まだ起こさないでください。）

⑵ 가: 어제 봤다는 그 영화 어때요? （昨日見たというあの映画どうですか。）

　　나: 재미있으면서도 (　　　　　　　　　　) 영화예요.
　　（面白くて泣かせる映画です。）

⑶ 가: 아기가 소파에서 잠이 들고 말았네요.
　　（赤ちゃんがソファーで寝てしまいましたね。）

　　나: 침대에 잘 (　　　　　　　　　　.)
　　（ベッドできちんと寝かせてください。）

（練習3）　「使役」表現を使って短文を作ってみましょう。

🎵 027 온돌 オンドル

등 따습고 배 부르면 최고!

　한국 드라마를 보면 식탁을 두고도 거실 바닥에 앉아 식사를 하거나 소파를 두고도 거실 바닥에 앉아 차를 마시거나 과일을 먹는 장면을 흔히 볼 수 있다. 드라마 '응답하라 1988'에서는 동네 친구인 4 명의 고등학생들은 친구 방에 모여 옹기종기 이불 속으로 들어가서 이야기를 하며 논다. 외국인의 시선으로 보면 참 이상하기도 할 것이다. 궁금증을 풀려면 먼저 온돌을 이해해야 한다.

　한국의 겨울은 무척 춥다. 영하 10 도 이하까지도 자주 내려간다.
　그래서 집에 돌아가면 이불 속으로 들어가 밖에서 '언 몸'을 녹인다.
　예전의 온돌은 아궁이에 불을 땔 때면 생기는 열기로 데운 '구들장'이 방을 덥히는 방식이다. 따라서 그 열이 처음 도달해서 가장 따뜻한 '아랫목과', 그 열이 좀 더 멀리까지 가서 아랫목보다 덜 따뜻한 '윗목'의 구분이 있었다.
　한편 요즘의 온돌은 온수가 파이프를 통해 흐르며 방 전체가 균일하게 따뜻하게 되므로 아랫목과 윗목의 구분이 없고 각 방의 온도 조절도 가능하다.
　한국에는 '등 따습고 배 부르면 최고!'라는 표현이 있다. 즉 편안히 누울 집과 먹을 것이 있다면 최고라는 의미이다. 여기에서 '따습다'는 '기분 좋을 정도로 따뜻하다'라는 의미이다.
　또, 온돌방 바닥에 반듯하게 누우면 등으로 전해 오는 따스함은 지친 몸을 풀어 준다. 그래서 방바닥에 '몸을 지진다'라고 한다.
　온돌방은 몸을 따습게 해 주어 아무것도 부럽지 않게 해 준다.

> 「-게 하다」도 使役の表現として用いられます。
> '온돌방은 아무것도 부럽지 않게 해 준다!'

── 말해 보자 ❾ ──
⑴ 온돌은 무엇인가?
⑵ 한국 사람들은 왜 이불 속으로 들어가는가?

背中ぽかぽかで、お腹いっぱいなら最高！

　韓国ドラマを見ると、食卓があってもリビングの床に座って食事をしたり、ソファーがあってもリビングの床に座ってお茶を飲んだり、果物を食べたりする場面がよく見られる。ドラマ「応答せよ1988」では町内の友人である4人の高校生たちは友人の部屋に集まって仲良く布団の中に入って話をしながら遊ぶ。外国人の目線で見れば本当に不思議でもあるだろう。疑問を解消するためには、先にオンドルを理解しなければならない。

　韓国の冬はとても寒い。よく氷点下10度以下まで下がる。そこで、家に帰ったら布団の中に入って外で「凍えた体」を暖める。

　昔のオンドルはかまどに火を焚くと生じる熱気で暖められた「クドゥルチャン」（オンドル石板）が部屋を暖める方式だ。したがって、その熱が初めに到達して最も暖かい「アレンモク」と、その熱がもう少し遠くまで行って「アレンモク」より暖かくない「ウィンモク」の区分があった。一方、最近のオンドルは温水がパイプを通じて流れ、部屋全体が均一に暖かくなるので、「アレンモク」と「ウィンモク」の区分がなく、各部屋の温度調節も可能だ。

　韓国には「背中ぽかぽかで、お腹いっぱいなら最高！」という表現がある。つまり、楽に横になる家と食べ物があれば最高だという意味だ。ここで「따습다（タスップタ）」は「心地いいほど暖かい」という意味だ。

　また、オンドル部屋の床に仰向けになると背中から伝わってくる暖かさは疲れた体をほぐしてくれる。そのため、部屋の床で「体をほぐす（←焼く）」と言う。オンドル部屋は体を温めてくれて何も羨ましくなくなるほどに最高の気分にさせてくれる。

 한국어 마당 ⑨ 온돌 (オンドルにまつわる用語)

オンドル	かまど	クドゥル	部屋の床	アレンモク	ウィンモク
온돌	**아궁이**	**구들**	**방바닥**	**아랫목**	**윗목**
かまどに火を焚いて床全体が温まる韓国伝統の暖房装置。	部屋や釜などに火を炊くために作った穴。	かまどからの火気で温まるように床の下に敷いてある石の板。	방바닥이 따뜻하다. 〜が暖かい	焚き口に近い部分の床。 *아랫목이 따뜻하다. 〜が暖かい	炊き口から遠い方の床。 *윗목은 차다. 〜は冷たい

아궁이

따뜻하니까 좋다!

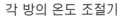

각 방의 온도 조절기

1. 次の文を日本語に訳してみましょう。

(1) 그러잖아도 연락하려던 참이었어요.

　　→ _____

(2) 늘 시간이 부족해요. 시간이 좀 더 있으면 좋겠어요.

　　→ _____

(3) 산길을 걸으려면 편한 신을 신고 가세요.

　　→ _____

(4) 죄송하지만 약속 시간을 20분만 늦추어 주세요!

　　→ _____

(5) 아이들에게는 면옷을 입히는 게 좋아요.

　　→ _____

2. 次の文を韓国語に訳してみましょう。（下線部に注意）

(1) ちょうど、聞いてみようとしたところでした。（「-(으)려던 참이다」を使って）

　　→ _____

(2) 少しでもお役に立てば幸いです。（「-(으)면 좋겠다」を使って）

　　→ _____

(3) トッポッキを作るには餅とコチュジャンは基本でしょう。（「-(으)려면」を使って）

　　→ _____

(4) お母さんが赤ちゃんにご飯を食べさせていますね。
　　（「-이 / 히 / 리 / 기 / 우 / 구 / 추」を使って）

　　→ _____

(5) 子どもたちをたくさん遊ばせてください。（「-이 / 히 / 리 / 기 / 우 / 구 / 추」を使って）

　　→ _____

3. 次の質問に韓国語で答えましょう。

(1) 같이 바람이라도 쐬러 나갈래요? (바람을 쐬다 : 風に当たる)
(「-(으)려던 참이다」を使って)

→ _____

(2) 다음 주에는 무슨 공부를 할까요? (「-(으)면 좋겠다」を使って)

→ _____

(3) 한국말을 잘하고 싶은데 어떻게 하면 돼요? (「-(으)려면」を使って)

→ _____

(4) 아이들은 어디에 앉아요? (「-이 / 히 / 리 / 기 / 우 / 구 / 추」を使って)

→ _____

(5) 아이가 뜨거운 물에 화상을 입으면 우선 어떻게 해요?
(화상을 입다:火傷する) (「옷을 벗다」, 「-이 / 히 / 리 / 기 / 우 / 구 / 추」を使って)

→ _____

解答　第 9 課　まとめ練習問題

1. (1) ちょうど、連絡しようとしていた<u>ところでした</u>。
(2) いつも時間が<u>足りません</u>。もう少し時間が<u>あればいい</u>ですね。
(3) 山道を<u>歩くために</u>は楽な靴を履いて行ってください。
(4) すみませんが約束時間を 20 分だけ<u>遅らせて</u>ください！
(5) 子どもたちには綿の服を<u>着せる</u>のがいいです。

2. (1) 그렇잖아도 물어 보려던 참이었어요.　(2) 조금이라도 <u>도움이 되면</u> 좋겠어요.
(3) 떡볶이를 <u>만들려면</u> 떡하고 고추장은 기본이죠.
(4) 엄마가 아기에게 밥을 <u>먹이고</u> 있네요.　(5) 아이들을 많이 <u>놀려</u> 주세요.

3. (1) 잘 됐네요. 안 그래도, 저도 바람 쐬러 <u>나가려던</u> 참이었어요.
(2) 한국 문화를 배울 수 있으면 좋겠어요.
(3) 한국말을 <u>잘하려면</u> 선생님 흉내를 내 보세요.　(4) 아이들은 앞에 <u>앉히세요</u>.
(5) 뜨거운 물에 화상을 입으면 우선 옷을 벗기세요.

하마터면 길을 잃을 뻔했어요.

危うく道に迷うところでした。〈済州島 旅行物語〉

🎵 028

❶ 유타: 말로만 듣던 제주도에 와 보니까 정말 좋네요!
'삼다도'라고 하더니 정말 바람도 세고 돌도 많군요.

❷ 지연: 그쵸? 내일은 운동도 할 겸 올레길 트래킹해요!
갈치구이도 먹구요!

❸ 유타: 좋죠! 참, 잊을 뻔했는데 오다가 보니까 큰 석상이
있던데 뭐예요?

❹ 지연: 돌하르방이요? 마을을 지키는 수호신으로 세운 거라
고 해요. '하르방'은 할아버지의 제주도 방언이고요.

❺ 유타: 바람 좀 쐬러 나갔다가 하마터면 길을 잃을 뻔했는데
역시! 하르방이 지켜 주셨군요.

❻ 지연: 에이~. 유타 씨가 누군데~! 길을 잃을 리가 없죠.
제주 탐구 때문에 우리들을 잊을까 봐 걱정이죠.

❼ 유타: 그럴 리 없으니까 안내 잘 부탁해요!

🎵 029

SNS

유타: 운동도 할 겸 올레길 트래킹 어때?	ユウタ : 運動も兼ねてオルレ道のトレッキングはどう？
지연: ㅇㅋ! 올레길 트래킹 좋지!	チヨン : オッケー！オルレキルトレッキングいいね！
유타: 참, 잊을 뻔했다. 바람이 세니까 옷 든든히 입고…	ユウタ : あっ、忘れるところだった。風が強いから服をしっかり着て…
지연: 감기에 걸릴까 봐? ㅋㅋ	チヨン : 風邪をひくんじゃないかと心配？ww
유타: 그럴 리 없겠지만 유비무환이라고…	ユウタ : そんなはずないけど、備えあれば憂い無しだって…

発音

- 듣던 [듣떤]
- 좋네요 [존네요]
- 많군요 [만쿤뇨]
- 할 겸 [할 껨]
- 잃을 뻔했는 데 [이를뻔핸 는데/이를뻐 낸는데]

語彙・表現

❶ **제주도** : 済州島

　　삼다도 [三多島] : 風・石・女が多い島

❷ **겸** : 兼　**올레길** : オルレキル（道）　**트래킹** : トレッキ

　　ング　**갈치구이** : 焼き太刀魚

❸ **뻔** : ところ　**석상** : 石像

❹ **돌하르방** : ハルバン（おじいさん）の石像

　　마을 : 村　**수호신** : 守護神　**방언** : 方言

❺ **바람 쐬다** : 風に当たる　**하마터면** : 危うく

❻ **탐구** : 探求　**에이** : いやいや、何を

❼ **그럴 리** : そんなはず

〈📷 돌하르방〉

〈📷 올레길〉

〈📷 돌담〉

日本語訳

❶ ユウタ : 話にだけ聞いていた済州島に来てみたらとてもいいですね！
「三多島」と言われていますが、本当に風も強く石も多いですね。

❷ チヨン : そうですよね。明日は、運動もかねて「オルレキル（道）」トレッキングを
しましょう。焼き太刀魚も食べましょう。

❸ ユウタ : いいですね。あっ、忘れるところでしたが、
帰り道で見たら、大きな石像があったんですが何ですか。

❹ チヨン : トルハルバンのことですね。村を守る守護神として建てたそうです。「ハ
ルバン」はおじいさんの済州島方言です。

❺ ユウタ : 風に当たりに出かけて危うく道に迷うところだったのに、
さすが！ハルバンが守ってくれましたね。

❻ チヨン : 何を〜。さすがのユウタさんが道に迷うわけないでしょう。
済州探求のせいで私たちを忘れるのではないかと心配です。

❼ ユウタ : そんなはずないから案内よろしくお願いします。

-(으)ㄹ 뻔했다 ～(する)ところだった、～(し)そうだった〈動作の直前、近接〉

「**하마터면 길을 잃을 뻔했어요.** (危うく道に迷うところでした。)」のように動詞の語幹に「-(으)ㄹ 뻔했다」をつけると「～（する）ところだった」という意味になります。あることが起きる直前まで至ったことを表し、そうならなくてよかったという意味が含まれていてよく「**하마터면**」と一緒に使います。

例 ① **하마터면 약속을 <u>잊을 뻔했어요</u>.**
危うく約束を<u>忘れるところでした</u>。

② **돌에 걸려서 <u>넘어질 뻔했어요</u>.**
石につまずいて<u>転ぶところでした</u>。

가다 → 갈 뻔했다　　　　**먹다 → 먹을 뻔했다**
行く　　　行くところだった　　　食べる　　食べるところだった

▷「**-(으)ㄹ 뻔했다**」の活用

基本形	-(으)ㄹ 뻔했다 (～するところだった)
태우다 (焦がす)	태울 뻔했다 (焦がすところだった)
넣다 (入れる)	넣을 뻔했다 (入れるところだった)
웃다 (笑う)	웃을 뻔했다 (笑うところだった)
붓다 (注ぐ) ㅅ不規則	부을 뻔했다 (注ぐところだった)
울다 (泣く) ㄹ語幹	울 뻔했다 (泣くところだった)
굽다 (焼く) ㅂ不規則	구울 뻔했다 (焼くところだった)
실수하다 (失敗する)	실수할 뻔했다 (失敗するところだった)

練習1　例のように「-(으)ㄹ 뻔했어요」文にしましょう。　　解答 P.236

例 먼저 가다 (先に行く)	먼저 갈 뻔했어요. (先に行くところでした。)
(1) 모르고 다 먹다 (気付かずに全部食べる)	
(2) 졸다가 못 내리다 (居眠りしていて降り遅れる)	
(3) 있는데 또 사다 (あるのにまた買う)	
(4) 하마터면 웃다 (危うく笑う)	
(5) 비밀을 말하다 (秘密を話す)	

練習2　例から選んで下線部を「-(으)ㄹ 뻔했다」の文にしましょう。

例 지각하다.　들키다.　놓고 내리다.

(1) 가: 비가 올 것 같은데 우산 잘 챙겼네요.
(雨が降りそうですが、傘をちゃんと持ってきましたね。)

나: 그쵸? 그런데 하마터면 지하철에 (　　　　　　.)
(そうですよね? でも危うく地下鉄に置き忘れるところでしたが。)

(2) 가: 오늘은 일찍 왔네요?
(今日は早く来ましたね。)

나: 네, 그런데 전철을 한 대 놓쳐서 또 (　　　　　　.)
(はい、でも電車に乗り遅れてまた遅刻しそうになりました。)

(3) 가: 서프라이즈 파티 성공했네요.
(サプライズパーティー成功しましたね。)

나: 네! 자칫하면 선물 사 놓은 걸 (　　　　　　.)
(はい、あやうくプレゼント買っておいたのが気づかれるところでした。)

練習3　「-(으)ㄹ 뻔했다」を使って短文を作ってみましょう。

10-2 -(으)ㄹ 겸 해서
～（する）ついでに〈追加〉、～（する）のを兼ねて〈付加〉

「운동도 할 겸 (運動するのも兼ねて)」のように動詞の語幹に「(으)ㄹ겸」をつけると、「～（する）ついでに、～（する）のを兼ねて、～がてら」という意味になります。「-도 -(으)ㄹ 겸 해서」の「운동도 할 겸」のように「도 (も)」と一緒に使ったり「해서」を省略したりします。また、「아침 겸 점심」のように「名詞＋겸＋名詞」の形としても使われます。

例 ① 가: 어머! 웬일이에요? 전화를 다 하고……

あら！どうしたんですか？電話までして……

　　나: 밀린 이야기도 하고 같이 밥도 <u>먹을 겸 해서</u>요…

溜まった話もして、一緒にご飯も食べるのを兼ねて…

② 오래간만에 영화도 <u>볼 겸</u> 같이 강남에 갈까요?

久しぶりに映画を<u>見る</u>のも兼ねて一緒に江南に行きましょうか。

보다 → 볼 겸 해서　　　　**먹다 → 먹을 겸 해서**

見る　　　　見るのを兼ねて　　　食べる　　食べるのを兼ねて

▷「-(으)ㄹ 겸 (해서)」の活用

基本形	-(으)ㄹ 겸 (해서) (～するのを兼ねて)
배우다 (学ぶ)	배울 겸 해서 (学ぶのを兼ねて)
읽다 (読む)	읽을 겸 해서 (読むのを兼ねて)
듣다 (聞く) ㄷ不規則	들을 겸 해서 (聞くのを兼ねて)
잇다 (つなぐ) ㅅ不規則	이을 겸 해서 (つなぐのを兼ねて)
돕다 (手伝う) ㅂ不規則	도울 겸 해서 (手伝うのを兼ねて)
만들다 (作る) ㄹ語幹	만들 겸 해서 (作るのを兼ねて)
인사하다 (挨拶する)	인사할 겸 해서 (挨拶を兼ねて)

練習1 例のように「도 -(으)ㄹ 겸(해서)」文にしましょう。　　　　　解答 P.236

例 구경을 하다 (見物をする)	구경도 할 겸 (見物も兼ねて)
(1) 친구를 만나다 (友達に会う)	
(2) 이야기를 듣다 (話を聞く)	
(3) 잡채를 만들다 (チャプチェを作る)	
(4) 머리를 식히다 (頭を冷やす)	
(5) 다이어트를 하다 (ダイエットをする)	

練習2 例から選んで下線部を「-(으)ㄹ 겸(해서)」の文にしましょう。

例 만나다.　듣다.　바람 쐬다

(1) 가: 커피는 테이크아웃해서 갈까요?
　　　(コーヒーはテイクアウトして行きましょうか。)

　　나: 카페 음악도 (　　　　　　　　) 들어가서 마셔요.
　　　(カフェの音楽も聞くのを兼ねて入って飲みましょう。)

(2) 가: 슈퍼에 좀 갔다 올 수 있어요?
　　　(スーパーに行って来られますか。)

> 「좀」は、頼み事などをやわらげる時のクッション言葉としてよく使われます！

　　나: 그럼요, (　　　　　　　　) 갔다 올게요.
　　　(もちろんですよ、風に当たるのも兼ねて行ってきます。)

(3) 가: 연휴 때 서울에 다녀온다고요?
　　　(連休にソウルに行ってくるんですって。)

　　나: 네, 볼일도 좀 있고 친구도 (　　　　　　　　) 다녀오려고요.
　　　(はい、用事もあって、友達に会うのも兼ねて行って来ようと思います。)

練習3 「-(으)ㄹ 겸(해서)」を使って短文を作ってみましょう。

10-3 -(으)리가 없다 ～（する）はずがない〈確信推測〉

　動詞や形容詞などの語幹に「(으)ㄹ 리가 없다」をつけると「～（する）はずがない」という意味になり、事実を否定したいときに使います。名詞には、パッチムの有無に関係なく「-일 리가 없다」をつけます。「길을 잃을 리가 없죠 (道に迷うわけないでしょう)」のように語尾を変えて使ったりもします。また、「없다」を「있다」に変え、「-(으)ㄹ 리가 있겠어요?」のように疑問文にすると「～はずがあるでしょうか、～ようなことがありえるのか」という具合に「～（する）はずがない」の強調表現になります。

例　① 중요한 약속을 <u>잊을 리가</u> 없어요.

　　　重要な約束を<u>忘れるはずがありません</u>。

　　② 중요한 약속을 <u>잊을 리가</u> 있겠어요?

　　　重要な約束を忘れるはずがないでしょう。

가다 → 갈 리가 없다　　　**먹다 → 먹을 리가 없다**
行く　　　　行くはずがない　　　食べる　　　食べるはずがない

▷「-(으)ㄹ 리가 없다」の活用

基本形	-(으)ㄹ 리가 없다 ～（する）はずがない
기다리다 (待つ)	기다릴 리가 없다 (待つはずがない)
믿다 (信じる)	믿을 리가 없다 (信じるはずがない)
돕다 (助ける) ㅂ不規則	도울 리가 없다 (助けるはずがない)
팔다 (売る) ㄹ語幹	팔 리가 없다 (売るはずがない)
듣다 (聞く) ㄷ不規則	들을 리가 없다 (聞くはずがない)
붓다 (腫れる) ㅅ不規則	부을 리가 없다 (腫れるはずがない)
싫어하다 (嫌う)	싫어할 리가 없다 (嫌うはずがない)

解答 P.236

練習1 例のように「-(으)ㄹ 리가 없어요」文にしましょう。

例 그 사람이 일찍 <u>오다</u> (早く来る)	그 사람이 일찍 올 리가 없어요. (あの人が早く来るはずがありません。)
(1) 그걸 <u>모르다</u> (それを知らない)	
(2) 술을 <u>마시다</u> (酒を飲む)	
(3) <u>사고이다</u> (事故だ)	
(4) 벌써 소문을 <u>듣다</u> (すでにうわさを聞く)	
(5) 돈이 <u>없다</u> (お金がない)	

練習2 例から選んで下線部を「-(으)ㄹ 리가 있겠어요? / 없어요.」の文にしましょう！

例 듣다.   싫어하다.   당첨되다.

(1) 가: 복권에 당첨된다면 뭘 하고 싶어요?
   (宝くじに当たったら何がしたいですか。)

   나: 제가 (.)
   (私が<u>当選する</u>はずがありません。)

(2) 가: 아까 그 얘기, 옆 사람이 들었을까요?
   (さっきその話、隣の人が聞いたでしょうか。)

   나: (?) 이어폰 끼고 음악을 듣고 있던데요.
   (<u>聞く</u>はずがないでしょう。イヤホンをして音楽を聞いていましたので。)

(3) 가: 반 모임 때 한국 요리를 먹자고 하면 좋아할까요?
   (クラスの集まりのとき、韓国料理を食べようと言ったら喜ぶでしょうか。)

   나: 모두 한국 요리를 얼마나 좋아하는데, (?)
   (みんな韓国料理がどれほど好きなことか、<u>嫌がる</u>はずがないでしょう。)

練習3 「-(으)ㄹ 리가 없다」を使って短文を作ってみましょう。

10-4 -(으)ㄹ까 보다 〜(し)ようかと思う、〜(する)かと思う、〜(である)かと思う〈推測・意志〉

　動詞や形容詞などの語幹に「-(으)ㄹ까 보다」をつけると「〜ようかと思う」という意味になり、「-(으)ㄹ까 봐서(する)かと思って」の形でよく使われます。「잊을까 봐서 걱정이죠(忘れるのではないかと心配ですよ)」のように「-(으)ㄹ까 봐(서)」の後ろには「걱정이다、두렵다」などを一緒に使ったりします。この表現は、①ある事実や状況から、そのようだろうと判断したり、②ある行動をしたいという気持ちなどを表したりするときに使います。

例 ① 친구들을 못 만날까 봐 걱정했어요.
　　友達に会えないかと思い心配しました。

　　　　　　　　　　　　　「못 만날까 봐서」で「서」を省略しましたね。

② 오늘은 집에서 푹 쉴까 봐요.
　　今日は家でゆっくり休もうかと思います。

가다 → 갈까 보다
行く　　　行こうかと思う

먹다 → 먹을까 보다
食べる　　食べようかと思う

▷「-(으)ㄹ까 보다」の活用

基本形	-(으)ㄹ까 봐요　〜ようかと思います -(으)ㄹ까 봐　〜(する)かと思って
문화도 배우다 (文化も学ぶ)	문화도 배울까 봐요 (文化も学ぼうかと思います)
신문을 읽다 (新聞を読む)	신문을 읽을까 봐요 (新聞を読もうかと思います)
매일 걷다 (毎日歩く) ㄷ不規則	매일 걸을까 봐요 (毎日歩こうかと思います)
잃다 (失う)	잃을까 봐 (失うかと思って)
달다 (甘い) ㄹ語幹	달까 봐 (甘いかと思って)
너무 크다 (大きすぎる)	너무 클까 봐 (大きすぎるかと思って)
춥다 (寒い) ㅂ不規則	추울까 봐 (寒いかと思って)

（練習1）　例のように「-(으)ㄹ까 봐-」の「해요体」文にしましょう。　解答 P.237

例 잘못 내리다 (降り間違える) ＋노선도를 봤다 (路線図を見た)	잘못 내릴까 봐 노선도를 봤어요. (降り間違えると思って路線図を見ました。)
(1) 못 먹다 (食べられない) ＋도시락을 사 왔다 (お弁当を買ってきた)	
(2) 늦다 (遅れる)＋뛰었다 (走った)	
(3) 졸다 (居眠りする) ＋커피를 마셨다 (コーヒーを飲んだ)	
(4) 춥다 (寒い) ＋코트를 입고 나왔다 (コートを着て出た)	
(5) 아무도 없다 (誰もいない) ＋안 갔다 (行かなかった)	

（練習2）　例から選んで下線部を「-(으)ㄹ까 보다」の文にしましょう。

例 맵다.　잃다.　걱정하다

(1) 가: 아드님이 승진해서 더 바쁘죠?
　　(息子さんが昇進してさらに忙しいですよね。)

　　나: 네, 너무 바빠서 건강을 (　　　　　　　　　) 걱정이에요.
　　(はい、忙しすぎて健康を失うのではないかと心配です。)

(2) 가: 효도여행 경비가 꽤 비싸네요?
　　(親孝行旅行の経費がかなり高いですね。)

　　나: 네, 부모님께는 말씀 안 드렸어요. (　　　　　　　)
　　(はい、両親には言ってないです。心配されるかと思いまして。)

(3) 가: 이건 (　　　　　　　　　) 주문 안 했어요.
　　(これは辛いかと思って注文していません。)

　　나: 그랬군요. 먹다 보면 익숙해질 거예요.
　　(そうだったんですね。食べてみると慣れると思います。)

（練習3）　「-(으)ㄹ까 보다」を使って短文を作ってみましょう。

삼다도라!

흔히 제주도를 '삼다도'라 하는데 이는 돌과 바람과 여자가 많다는 것에서 유래한다. 제주도를 여행하다 보면 집이나 밭을 돌담으로 빙 둘러친 것을 볼 수 있다. 이는 제주의 거센 바닷바람으로부터 집과 농경지 등을 보호함과 동시에 보온을 위한 것이라고 한다. 돌을 쌓을 때는 틈새를 만들어 두는데, 그것은 촘촘히 쌓으면 오히려 바람에 무너질 수도 있기 때문이라는 것이다. 그 약간의 틈새로 바람은 물론 해충도 쓸려 나가 일석이조의 효과를 얻게 된다고 한다.

또한 집으로 들어가는 입구 양편으로 좁고 길게 돌담을 쌓아 골목처럼 만들었는데 이를 '올레길'이라 한다. 한길에서 집의 대문까지 들어오는 좁은 골목을 일컫는 이 '올레길'도 집으로 들어오는 골목길의 바람을 막기 위해 쌓은 돌담길인데 제주의 관광 코스로 자리잡게 되었다.

한편 '여자'가 많다고 하는데 이는 '해녀(海女)'를 일컫는다. 제주도는 화산섬이기 때문에 토양이 비옥하지 않아 대규모 농사를 짓기에는 적합하지 않으므로 바닷속에 잠수하여 해산물을 채취하였다. 물속에 잠수하여 해산물을 채취하는 '물질'은 다른 연안 마을과 섬에서도 행해지고 있지만 제주도에 가장 많은 해녀가 있다.

또한 제주도를 도둑, 거지, 대문이 없는 '삼무도(三無島)'라고도 한다. 대문 대신 돌로 된 기둥을 세워 놓고 거기에 나무로 된 '정낭'을 걸쳐 집에 사람이 있는지 외출을 했는지 곧 돌아오는지 등을 알린다고 한다.

돌이 많은 제주도답게 '돌하르방'이라고 하는 석상을 많이 볼 수 있는데 마을을 지켜 준다고 한다. 여기서 '하르방'은 제주도 말로 할아버지이며 할머니는 '할망'이라 한다. 제주 해녀들의 '바당 (바다)'도 볼 겸 '돌하르방'도 볼 겸 제주도에 한번 가 볼까 한다.

말해 보자 ⑩

(1) 하르방의 의미는?

(2) 제주 올레길은 무엇인가?

올레길

三多島だと！

よく済州島を「三多島」と言うが、これは石と風と女が多いことに由来する。済州島を旅行していると、家や畑を石垣でぐるりと取り囲んでいるのを見かける。これは済州の激しい海風から家と農耕地などを保護すると同時に保温のためだという。石を積む時は隙間を作っておくが、それはぎっしり積めばむしろ風に崩れることもあるためだということだ。そのわずかな隙間から風はもちろん、害虫も流され一石二鳥の効果を得ることになると言う。

また、家に入る入口の両側に狭く長く石垣を積んで路地のように作ったが、これを「オルレキル（道）」という。大通りから家の門まで入ってくる狭い路地を指すこの「オルレキル（道）」も家に入ってくる路地の風を防ぐために積み上げた石垣だが、済州の観光コースとして定着するようになった。

一方、「女」が多いというが、これは「海女」を指す。済州島は火山島であるために土壌が肥えていなくて、大規模な農作業をするには適していないことから、海中に潜水して海産物を採取した。水中に潜って海産物を採取する「ムルジル」は他の沿岸村と島でも行われているが、済州島に最も多くの海女がいる

また、済州島を泥棒、乞食、門のない「三無島」とも言う。門の代わりに石でできた柱を立てておき、そこに木でできた「チョンナン」をかけて、家に人がいるのか外出したのか、すぐに帰ってくるのかなどを知らせると言う。石の多い済州島らしく「トルハルバン」という石像が多く見られるが、村を守ってくれるという。ここで「ハルバン」は済州語でおじいさんで、おばあさんは「ハルマン」という。済州海女たちの「パダン（海）」も見がてら「トゥハルバン」も見がてら済州島に行ってみようかと思う。

집에 사람이 있음

멀리 외출 중

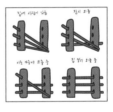

 한국어 마당 ⑩ 제주 （済州にまつわる語）

石	風	海女	ミカン	アワビ粥	漢拏山	菜の花
돌	**바람**	**해녀**	**귤**	**전복죽**	**한라산**	**유채꽃**
돌로 담을 쌓다.	바람이 거세다.	해녀가 물질하다.	귤이 주렁주렁.	전복죽이 최고다.	한라산에 오르다.	유채꽃이 만발하다.
石で塀を築く。	風が激しい。	海女が潜る。	ミカンが鈴なりに。	アワビ粥が最高だ。	漢拏山にのぼる。	菜の花が咲きほこる。

1. 次の文を日本語に訳してみましょう。

(1) 하마터면 약속을 잊을 뻔했어요.

→ _____

(2) 같이 밥도 먹고 밀린 이야기도 할 겸 해서 연락했어요.

→ _____

(3) 그 사람은 시험에 불합격할 리가 없어요.

→ _____

(4) 제가 불고기를 싫어할 리가 있겠어요?

→ _____

(5) 지각할까 봐 지하철에서 내려서부터 줄곧 뛰어왔어요.

→ _____

2. 次の文を韓国語に訳してみましょう。（下線部に注意）

(1) ドラマを見ていて、うっかりして鍋を<u>焦がすところでした</u>。
（うっかりする：깜박하다）（「-(으)ㄹ 뻔하다」を使って）

→ _____

(2) ちょっと<u>頭も冷やすのを兼ねて</u>旅行に行こうと思います。
（頭を冷やす：머리를 식히다）（「(으)ㄹ 겸（해서）」を使って）

→ _____

(3) あの人は社長なのに、お金が<u>ないはずがないでしょう</u>。（「-(으)ㄹ 리가 없다」を使って）

→ _____

(4) 空がこんなに晴れているのに<u>雨が降るはずがありませんね</u>。
（澄んでいる：맑다）（「-(으)ㄹ 리가 있겠어요?」を使って）

→ _____

(5) <u>雨が降るかと思って</u>傘を持ってきました。（「-(으)ㄹ까 보다」を使って）

→ _____

3. 次の質問に韓国語で答えましょう。

(1) 여행지에서 다치거나 실수한 적이 있어요? (「-(으)ㄹ 뻔하다」を使って)

→ 아뇨, _____

(2) 한국 드라마는 왜 보세요? (「(으)ㄹ 겸 (해서)」を使って)

→ _____

(3) 약속을 잊은 적이 있어요? (「-(으)ㄹ 리가 없다」を使って)

→ 아뇨, _____

(4) 달고 기름진 음식은 안 먹어요 ? (기름지다 : 脂っこい)
(「-(으)ㄹ까 보다」を使って)

→ 네, _____

(5) 한국에는 언제쯤 갈 거예요? (「-(으)ㄹ까 보다」を使って)

→ 글쎄요… _____

解答　第10課　まとめ練習問題

1. (1) 危うく約束を忘れるところでした。
(2) 一緒にご飯も食べてたまった話をするのも兼ねてと思い連絡しました。
(3) あの人は試験に不合格になるはずがありません。／あるでしょうか。
(4) 私がプルコギが嫌いなはずがありません。
(5) 遅刻するかと思って地下鉄を降りてからずっと走ってきました。

2. (1) 드라마를 보다가 깜박해서 냄비를 태울 뻔했어요.
(2) 머리도 좀 식힐 겸 해서 여행 가려고요.
(3) 그 사람은 사장인데 돈이 없을 리가 없죠.
(4) 하늘이 이렇게 맑은데 비가 올 리가 있겠어요?
(5) 비가 올까 봐 우산을 가시고 나왔어요.

3. (1) 다친 적은 없지만 버스에서 못 내릴 뻔한 적은 있어요.
(2) 한국 문화와 역사도 알 수 있고 듣기 공부도 할 겸해서 자주 봐요.
(3) 약속을 잊을 리가 없죠.　(4) 살이 찔까 봐 안 먹어요.
(5) 아직 정하지 않았는데 방학 때 갈까 봐요.

버스가 도로 한가운데에 서더군요.

バスが道路の真ん中に停まりましたね。〈交通物語〉

 031

❶ 지연: 오늘은 시간 여유가 좀 있으니까 버스로 갈까요?

❷ 유타: 그러죠! 지난 번에 강남에 갈 때 버스를 탔었는데
버스가 도로 한가운데에 서더군요. 깜짝 놀랐어요.

❸ 지연: 아, 네~. 버스 전용차선이 있어서 그래요. 많은 사람들
이 이용하는 버스가 막히지 않고 잘 달릴 수 있도록
하기 위해 만든 제도예요.

❹ 유타: 그렇군요. 취지가 좋기는 하지만 외국인인 저한테는
좀 어렵더군요.

❺ 지연: 에이~. 유타 씨가 어렵다니 말도 안 돼요.
익숙해지면 버스가 편해요.

❻ 유타: 그쵸? 어렵다기보다는 좀 당황스러웠어요.

❼ 지연: 맞아요. 제 외국 친구들도 버스가 도로 한가운데에
서는 게 신기했다고 하더라고요.

032
SNS

유타 엄마: 서울에서 버스 타 봤어?	ユウタのお母さん : ソウルでバスに乗ってみた？
유타: ○○, 그런데 정류장이 도로 한가운데에 있더군요.	ユウタ : ウンウン、ところで停留所が道路の真ん中にあったんですよ。
유타 엄마: 그래? 편리해?	ユウタのお母さん : そうなの？ 便利？
유타: 네, 편리하기는 하지만 좀 어렵더군요.	ユウタ : はい、便利ではありますが、ちょっと難しかったんですね。
유타 엄마: 어렵다기보다는 좀 당황스러웠겠다~	ユウタのお母さん : 難しいというよりはちょっと戸惑ったんだろうね～

発音

- 전용차선
 [전용차선/
 저뇽차선]
- 막히지 않고
 [마키지 안코]
- 좋기는
 [조키는]
- 어렵더군요
 [어렵떠군뇨]
- 익숙해지면
 [익쑤캐지면]

語彙・表現

❶ **여유**：余裕

❷ **한가운데**：真ん中　　**서더군요**：止まりましたね

❸ **버스 전용차선**：バス専用車線　　**막히다**：渋滞する
　달리다：走る　　**제도**：制度

❹ **취지**：趣旨　　**좋기는 하지만**：良いのは良いですが
　어렵더군요：難しかったんですよ

❺ **에이**：えい、何を〜　　**어렵다니**：難しいなんて
　말도 안되다：ありえない（←直話にもなれない）
　익숙해지면：慣れると、慣れれば

❻ **어렵다기보다는**：難しいというよりは
　당황스럽다：戸惑う、困惑する

❼ **신기했다고**：不思議に思ったと

도로 가운데 버스정류장

日本語訳

❶ チヨン： 今日は時間の余裕があるからバスで行きましょうか。

❷ ユウタ： そうですね。この前江南に行く時バスに乗ったんですが
バスが道路の真ん中に止まりましたね。驚きました。

❸ チヨン： あ、そうですね。バス専用車線があるからですよ。多くの人が利用する
バスが渋滞せず、うまく走れるようにするために作った制度です。

❹ ユウタ： そうなんですね。趣旨が良いのは良いですが、外国人の私にはちょっと
難しかったんですよ。

❺ チヨン： 何を〜。ユウタさんが難しいなんて話になりません。
慣れるとバスのほうが楽です。

❻ ユウタ： そうですよね？難しかったというよりはちょっと戸惑いましたよ。

❼ チヨン： そうですね。外国の友達もバスが道路の真ん中に止まるのが不思議だっ
たそうです。

11-1 -더군요 ～（し）ていましたよ、～でしたよ〈回想〉

　「먹더군요（食べていましたよ）、좋더군요（良かったですよ）」のように動詞・形容詞の語幹に「더군요」をつけると「～（し）ていましたよ、～でしたよ」という意味になり、自分が経験したことを回想しながら伝える時に使います。これは、過去回想の「더」に、新しく知ったり感じたりした事を話す時に使う感嘆の「군요」が結合した形です。すでに終わった過去の事を伝える時は、**먹었더군요（食べましたよ）、좋았더군요（良かったですよ）**」のように語幹に「었더군요 / 았더군요」をつけます。この時、形容詞は、伝聞の場合です。

例　① 지연 씨가 급히 <u>나가더군요</u>.
　　チヨンさんが急いで<u>出て行きました</u>。

　　② 어제는 꽤 <u>춥더군요</u>.
　　昨日はかなり<u>寒かったですね</u>。

> すでに食べ終わったんですね。

먹다 → 먹더군요 / 먹었더군요
食べる　　食べていましたよ・食べましたよ

좋다 → 좋더군요 / 좋았더군요
いい　　　よかったですよ

> 「좋더군요」：自分が感じたんですね。
> 「좋았더군요」：どこかで・誰かに
> 「좋았다」と知ったり聞いたりして
> 伝えるんですね。

▷「-더군요 / 았・었더군요」の活用

基本形	-더군요 / 았・었더군요 ～ていましたよ /（か）たんですよ
만나다 (会う)	만나더군요 / 만났더군요 会っていましたよ / 会ったんですよ
놓다 (置く)	놓더군요 / 놓았더군요 置いていましたよ / 置いたんですよ
듣다 (聞く)	듣더군요 / 들었더군요 聞いていましたよ / 聞いたんですよ
줄다 (減る)	줄더군요 / 줄었더군요 減っていましたよ / 減ったんですよ
덥다 (暑い)	덥더군요 / 더웠더군요　暑かったですよ
힘들다 (大変だ)	힘들더군요 / 힘들었더군요 大変でしたよ / 大変だったんですよ
좋아하다 (好きだ)	좋아하더군요 / 좋아했더군요 好きでしたよ / 好きだったんですよ

練習1 例のように「-더군요 / 았・었더군요」文にしましょう。 解答 P.237

例 먼저 가다 (先に行く)	먼저 가더군요. / 먼저 갔더군요. (先に行っていましたよ / 先に行ったんですよ。)
(1) 같이 먹다 (一緒に食べる)	
(2) 차에서 내리다 (車から降りる)	
(3) 많이 사다 (たくさん買う)	
(4) 잘 웃다 (よく笑う)	
(5) 침착하다 (落ち着いている)	

練習2 例から選んで下線部を「-더군요 / 았・었더군요」の文にしましょう。

例 춥다.　팔다.　합격하다.

(1) 가: 비가 올 것 같은데 우산 잘 챙겼네요.
　　(雨が降りそうですが傘をちゃんと持ってきましたね。)

　나: 마침 가게 밖에 우산을 내놓고 (　　　　　.) 그래서 샀어요.
　　ちょうど店の外に傘を出して売っていましたよ。それで買いました。)

(2) 가: 그 학생은 입사 시험에 (　　　　　　.)
　　(その学生は入社試験に合格しましたよ。)

　나: 잘됐네요. 열심히 하더니 드디어 합격했군요.
　　(よかったですね。一生懸命やっていたからついに合格したんですね。)

(3) 가: 서울 여행 갔을 때 날씨는 어땠어요?
　　(ソウル旅行に行ったとき、天気はどうでしたか)

　나: 굉장히 (　　　　　　.) 그래서 머플러로 둘둘 감았어요.
　　(すごく寒かったですよ。それで、マフラーでぐるぐる巻きました。)

練習3 「-더군요 / 았・었더군요」を使って短文を作ってみましょう。

「좋기는 하다（いいことはいい）」のように、「-기는 하다」は、名詞形の語尾「기」と対照の意味がある助詞「는（は）」が結びつき、後ろに「하다」がついた形です。この表現は「少なくとも～はする・～ではある」という意味で、後続に含みを持たせたりもして、先行の意味・内容を認めるが、他のことはそうではない場合もあるということを表します。また、「좋기는 좋다」のように同じ用言を繰り返し使ったりもします。なお、名詞には「이기는 하다」をつけます。

例　① 김치를 <u>먹기는 해요</u>. 매워서 잘은 못 먹지만.

　　　キムチを<u>食べるのは食べます</u>。辛くてよくは食べられないけど。

　　② 영화가 <u>재미있기는 하지만</u> 좀 길어요.

　　　映画が<u>面白いのは面白いですが</u>、少し長いです。

먹다 → 먹기는 하다　　　　　**재미있다 → 재미있기는 하다**

食べる　　　食べるのは食べる　　　面白い　　　　面白いのは面白い

▷ **「-기는 하다」の活用**

基本形	-기는 하다 / -기는 -다　～するのはする、～ではある）
사다 （買う）	사기는 하다 / 사기는 사다 （買うのは買う）
읽다 （読む）	읽기는 하다 / 읽기는 읽다 （読むのは読む）
듣다 （聞く）	듣기는 하다 / 듣기는 듣다 （聞くのは聞く）
만들다 （作る）	만들기는 하다 / 만들기는 만들다 （作るのは作る）
춥다 （寒い）	춥기는 하다 / 춥기는 춥다 （寒いのは寒い）
인사를 하다 （挨拶をする）	인사를 하기는 하다 （挨拶をするのはする）
친구이다 （友達だ）	친구이기는 하다 / 친구이기는 친구이다 （友達ではある）

練習 1 例のように下線部を「-기는 해요」文にしましょう。

解答 P.238

例 늦지만 <u>가다</u> (遅れるが行く)	늦지만 가기는 해요 (遅れるが行くのは行きます)
(1) 이따금 <u>만나다</u> (たまに会う)	
(2) 가끔 노래를 <u>듣다</u> (たまに歌を聞く)	
(3) 맛있지만 좀 <u>맵다</u> (美味しいけどちょっと辛い)	
(4) 서투르지만 <u>만들다</u> (下手だけど作る)	
(5) 다이어트를 <u>하다</u> (ダイエットをする)	

練習 2 例から選んで下線部を「-기는 하다」の文にしましょう。

例 요리하다.　멀다.　힘들다

(1) 가: 이번 모임 장소가 좀 멀죠?
（今回の集まりの場所が少し遠いでしょ。）

　　나: 좀 (　　　　　　　　　　　) 일찍 출발하면 되겠죠 뭐.
（ちょっと<u>遠いのは遠いけど</u>早く出発すれば大丈夫でしょうね。）

(2) 가: 새로운 일을 시작해서 힘들죠?
（新しい仕事を始めて大変でしょう。）

　　나: (　　　　　　　　　　　) 재미있어요.
（<u>大変なのは大変だけど</u>面白いです。）

(3) 가: 요리를 잘 하신다고 들었어요.
（料理がお上手だと聞きました。）

　　나: 아니에요, (　　　　　　　　　　　) 그 정도는 아니에요.
（いいえ、<u>料理をするのはしますが</u>そこまでではありません。）

練習 3 「-기는 하다」を使って短文を作ってみましょう。

11-3 -다니 ～(する)なんて / ～(する)とは / ～(だ)なんて〈感嘆、驚き〉

「어렵다니 말도 안 돼요(難しいなんてとんでもないです)」のように形容詞、動詞、存在詞、過去形には「다니」を、名詞には「(이)라니」をつけると「～(する)なんて／～(する)とは、～だとは／～だなんて」という意味の、感嘆や驚きの表現となります。また、「-다니요.(?) / -(이)라니요.(?)」のように文を終止して、相手の言葉に反問したり否定したり、疑いを表したりもします。

例 ① 중요한 약속을 <u>잊다니</u> 말이 돼?
　　重要な約束を<u>忘れる</u>なんて、あり得る？

② 이게 <u>맵다니요</u>. 매운 걸 통 못 먹는군요.
　　これが<u>辛い</u>だなんて。辛いものが全く食べられないんですね。

③ 이렇게 젊어 보이시는데 <u>할머니라니</u> 말도 안 돼.
　　こんなに若く見えるのに<u>お祖母さんだなんて</u>、あり得ない。

④ <u>젊다니요</u>.
　　<u>若い</u>なんて。

가다 → 가다니　　**춤다 → 춤다니**　　**동생 → 동생이라니**
行く　　　行くとは　　　寒い　　　寒いとは　　　弟　　　　弟だなんて

▷「-다니」の活用

基本形	-다니 ～(する)とは、～(だ)なんて
기다리다 (待つ)	기다리다니 (待つとは、待つなんて)
믿다 (信じる)	믿다니 (信じるとは、信じるなんて)
만들다 (作る)	만들다니 (作るとは、作るなんて)
걷다 (歩く)	걷다니 (歩くとは、歩くなんて)
짓다 (建てる)	짓다니 (建てるとは、建てるなんて)
밉다 (憎い)	밉다니 (憎いとは、憎いなんて)
싫어하다 (嫌う)	싫어하다니 (嫌うとは、嫌うなんて)

練習1 例のように「-다니요」文にしましょう。 解答 P.238

例 4월에 눈이 오다 (四月に雪が降る)	4월에 눈이 오다니요. (四月に雪が降るなんて。)
(1) 나만 모르다 (私だけ知らない)	
(2) 술을 안 마시다 (酒を飲まない)	
(3) 이제야 듣다 (今になって聞く)	
(4) 사고다 (事故だ)	
(5) 돈이 없다 (お金がない)	

練習2 例から選んで下線部を「-다니」の文にしましょう。

例 지나가다.　싫어하다.　당첨되다.

(1) 가: 복권에 당첨된다면 뭘 하고 싶어요?
(宝くじに当たったら何がしたいですか。)

나: 제가 복권에 (　　　　　　　　　　　.) 그런 일은 없을 거예요.
(私が宝くじに当選するなんて。そんなことはないでしょう。)

(2) 가: 새해 인사를 나눈 게 엊그제 같은데 벌써 7월이네요.
(新年の挨拶を交わしたのが数日前のことのようですが、もう7月ですね。)

나: 그러게요. 시간이 이렇게 빨리 (　　　　　　　　…)
(そうですね。時間がこんなに早く過ぎるなんて…)

(3) 가: 또 한국요리를 먹자고 하면 싫어할까요?
(また韓国料理を食べようと言ったら嫌がるでしょうか。)

나: (　　　　　　　　.) 모두 한국 요리를 얼마나 좋아하는데요.
(嫌がるなんて。みんな韓国料理が大好きなんですよ。)

練習3 「-다니」を使って短文を作ってみましょう。

11-4 -(ㄴ / 는)다기보다는 〜というよりは〈状況比較〉

「어렵다기보다(는) **당황스러웠어요** (難しいというよりは困惑していました)」のように形容詞や存在詞の語幹に「다기보다는」をつけると「〜というよりは」という意味になります。動詞には「(ㄴ / 는) 다기보다는」をつけます。最後の「는」はよく省略します。この表現は、前述のことよりは後続の方に重きがあるということを表します。

> 名詞 (이) 라기보다는〜
> 숙제라기보다는〜
> 시험이라기보다는〜

例 ① 춥다기보다는 좀 쌀쌀해요.
  寒いというよりは、少し肌寒いです。

  ② 잔다기보다 좀 쉬려고요.
  寝るというより、少し休もうと思います。

쉬다 → 쉰다기보다		읽다 → 읽는다기보다	
休む　　休むというより		読む　　読むというより	
힘들다 → 힘들다기보다		있다 → 있다기보다	
大変だ　　大変だというより		大変だ　　大変だというより	

▷「-(ㄴ / 는)다기 보다」の活用

動詞	-ㄴ / 는다기보다는　〜というよりは
사귀다 (付き合う)	사귄다기보다는 (付き合うというよりは)
걷다 (歩く)	걷는다기보다는 (歩くというよりは)
만들다 (作る) ㄹ語幹	만든다기보다는 (作るというよりは)
形容詞	-다기보다는　〜というよりは
달다 (甘い)	달다기보다는 (甘いというよりは)
밉다 (憎い)	밉다기보다는 (憎いというよりは)
필요하다 (必要だ)	필요하다기보다는 (必要だというよりは)
없다 (ない)	없다기보다는 (ないというよりは)

練習 1　例のように「-(ㄴ / 는)다기보다는」の「해요体」文にしましょう。　解答 P.238

例 <u>미리 내렸다</u> (前もって降りた) ＋잘못 내렸다 (降り間違える)	미리 내렸다기보다는 잘못 내렸어요. (事前に降りたというよりは、降り間違えました。)
(1) <u>안 마시다</u> (飲まない) ＋못 마시다 (飲めない)	
(2) <u>잘 알다</u> (よく分かる) ＋검색을 잘하다 (検索が上手い)	
(3) <u>사랑하다</u> (愛する) ＋좋아하다 (好きだ)	
(4) <u>늦었다</u> (遅れた) ＋이른 편이다 (早い方だ)	
(5) <u>바쁘다</u> (忙しい) ＋여유가 없다 (余裕がない)	

練習 2　例から選んで下線部を「-다기보다는」の文にしましょう。

例 잘생기다.　맛있다.　천재

(1) 가: 노벨상을 받다니 천재네요.

（ノーベル賞を受けるなんて天才ですね。）

나: (　　　　　　　　　　　　　) 노력파라고 할 수 있어요.

（<u>天才だというよりは</u>努力派と言えます。）

(2) 가: 남자 친구가 잘생겼네요. （彼氏がハンサムですね。）

나: (　　　　　　　　　　　　　) 호감이 가는 얼굴이죠.

（<u>ハンサムだというよりは</u>好感の持てる顔ですね。）

(3) 가: 그 식당 음식은 맛있어요?

（あの食堂の料理が美味しいですか。）

나: (　　　　　　　　　　　　　) 기다리지 않아도 돼서요.

（<u>美味しいというよりは</u>、待たなくてもいいからです。）

練習 3　「-다기보다는」を使って短文を作ってみましょう。

버스 정류장이 도로 한가운데?

　한국의 교통사정을 보면, 대중교통 승차비가 비교적 쌀 뿐만이 아니라 지하철과 지하철역, 버스와 버스 정류장에서도 공공 와이파이를 복잡한 절차 없이 클릭만으로 빠르게 사용할 수 있다. 또한 서울 버스와 수도권 전철 간의 '통합환승' 제도가 있어 30분 내에 4회까지 무료 환승이 가능하며, 환승에 따른 할인도 적용된다. 따라서 버스를 탈 때는 물론, 내릴 때도 교통카드를 찍는다. 이는 여행자에게는 낯설고 불편할 수도 있겠으나 할인을 받기 위해서 한국 사람들처럼 내릴 때도 찍어 보자!!

　서울 도심의 경우, 버스가 도로 한가운데에 정차하기도 한다. 이는 대중 교통을 이용하는 시민을 우선적으로 배려한 정책으로 '버스 전용차로'를 두어 버스 운행이 원활하도록 하기 위해 도로 중앙선 부근에 정류장이 있는 경우이다. 또한, 세분화된 버스 노선과 시외버스의 원활한 운행으로 오래 기다리지 않고 어디든 편리하게 갈 수 있다.

　정류장 시설 또한 매우 편리하게 되어있다. 버스 도착시간은 물론, 혼잡도, 날씨 등도 알려 준다. 심지어 무선 충전기와 간이 테이블이 설치되어 있는 곳도 있어 시민들의 '쉼터' 역할도 한다. 또한 한국의 겨울은 추우므로 지역에 따라 '앉으면 따뜻해요 의자'나 열화상 카메라가 설치되어 있어 버스를 기다리는 시간을 안전하고 즐겁게 해 준다. 편리하며 쾌적한 시설은 여행자에게는 무척 반가운 일이 아닐 수 없다. 한국 여행의 기회가 있다면 한국의 버스를 꼭 타 보면 좋을 것 같다.

말해 보자 11 👶

(1) 버스에서 내릴 때도 교통카드를 찍는 이유는?

(2) 한국의 버스 정류장 시설 중 가장 마음에 드는 것은?

교통카드 (티머니)

バス停が道路の真ん中に？

　韓国の交通事情を見ると、公共交通機関の運賃が比較的安いだけでなく、地下鉄や地下鉄の駅、バスやバス停でも公共 Wi-Fi が複雑な手続きなしにクリックするだけですぐ使える。また、ソウルバスと首都圏電鉄間の「統合乗り換え」制度があり、30分以内に4回まで無料乗り換えが可能で、乗り換えにともなう割引も適用される。したがって、バスに乗る時はもちろん、降りる時も交通カードをタッチする。これは旅行者には馴染みがなく不便かもしれないが、割引を受けるために韓国人のように降りる時もタッチしてみよう！

　ソウル都心の場合、バスが道路の中央分離帯に停車することもある。これは公共交通機関を利用する市民を優先的に配慮した政策で、「バス専用車線」を設け、バス運行を円滑にするために道路の中央分離帯に停留所がある場合である。また、細分化されたバス路線と市外バスの円滑な運行で、長く待たずにどこでも便利に行くことができる。

　停留所の施設もまた非常に便利になっている。バスの到着時間はもちろん、混雑度、天気なども知らせてくれる。さらに無線充電器と簡易テーブルも設置されているところもあり、市民の「憩いの場」の役割もする。また、韓国の冬は寒いので地域によって「座ると暖かいです。椅子」やサーモグラフィカメラが設置されており、バスを待つ時間を安全かつ楽しくしてくれる。便利で快適な施設は旅行者にとってはとても嬉しいかぎりだ。韓国旅行の機会があれば韓国のバスにぜひ乗ってみるといいだろう。

한국어 마당 ⑪ 교통 (交通にまつわる用語)

交通カード	発売機	地下鉄	乗り降り場	路線図	乗り換え駅	循環バス
교통카드	**발매기**	**지하철**	**승강장**	**노선도**	**환승역**	**순환버스**
교통카드를 찍다.	발매기에서 구입하다.	지하철이 빠르다.	승강장에서 만나다.	노선도가 편리하다.	환승역에서 갈아타다.	순환버스를 이용하다.
交通カードをタッチする。	発売機で購入する。	地下鉄が速い。	プラットホームで会う。	路線図が便利だ。	乗り換え駅で乗り換える。	循環バスを利用する。

1. 次の文を日本語に訳してみましょう。

(1) 지난번 시험 문제가 무척 어렵더군요.

→ _____

(2) 다이어트를 하기는 하는데 별 효과가 없네요.

→ _____

(3) 그렇게 중요한 약속을 잊다니 말도 안 돼요.

→ _____

(4) 술을 못 마신다기 보다는 안 마시는 것 같아요.

→ _____

(5) 김치를 잘 먹는다기 보다는 자주 먹으려고 해요.

→ _____

2. 次の文を韓国語に訳してみましょう。(下線部に注意)

(1) 景福宮には韓服を着た人が多かったんですね。(景福宮:경복궁)(「-더군요」を使って)

→ _____

(2) あの二人は同じ学校を卒業しましたね。(「-았 / 었더군요」を使って)

→ _____

(3) 仕事が下手ではありますが誠実です。(「-기는 하다」を使って)

→ _____

(4) 街がこんなに変わるなんて見事ですね。(見事だ : 놀랍다)(「-다니」を使って)

→ _____

(5) やめるというより、ちょっと休もうと思います。(「-다기 보다」を使って)

→ _____

3. 次の質問に韓国語で答えましょう。

(1) 전에 간 식당 음식은 어땠어요? （「-더군요」を使って）

→ _____

(2) 어제 행사에 늦지 않았어요? （끝나다,「-았 / 었더군요」を使って）

→ _____

(3) 여전히 운동을 매일 하세요? （「-기는 하다」を使って）

→ _____

(4) 이제, 한국 신문은 읽기 쉽죠? （「-다니요」を使って）

→ _____

(5) 전에 보니까 남자 친구가 잘생겼더군요. （「-다기 보다」を使って）

→ _____

解答 第11課　まとめ練習問題

1. (1) この前の試験問題がとても難しかったですね。
(2) ダイエットをしてはいるんですが、あまり効果がないですね。
(3) そんなに大事な約束を忘れるなんて話になりません。
(4) お酒が飲めないというよりは飲まないようです。
(5) キムチをよく食べるというよりはよく食べようとしています。

2. (1) 경복궁에는 한복을 입은 사람이 많더군요.
(2) 그 두 사람은 같은 학교를 졸업했더군요.
(3) 일이 서투르기는 하지만 성실해요.　(4) 거리가 이렇게 변하다니 놀랍네요.
(5) 그만둔다기 보다 좀 쉬려고 해요.

3. (1) 사람이 많아서 기다리기는 했지만 맛있더군요.
(2) 서둘러 갔는데 1부 행사는 벌써 끝났더군요.
(3) 운동을 하기는 하는데 매일은 못 해요.
(4) 한국 신문이 읽기 쉽다니요. 아직 멀었어요.
(5) 에이, 잘생겼다기 보다는 듬직하게 생겼죠.

쓰레기 분류를 잘못하는 바람에…

ゴミの分別を誤ったせいで… 〈環境物語〉

 034

❶ 지연: 쓰레기 분리배출이 좀 어렵죠?

❷ 유타: 네, 지난번에는 분류를 잘못하는 바람에 고생했어요.
먹다 남은 음식물을 일반쓰레기 봉투에 넣었거든요.

❸ 지연: 일반 쓰레기로 버릴 수밖에 없었겠네요. 배출 방법이
일본과 다르니…. 먹다 남은 음식은 전용수거함이나
전용봉투에 넣어 배출하면 돼요.

❹ 유타: 쓰레기가 나오는 대로 분리 수거함에 버려야겠어요.
채소의 뿌리나 달걀 껍질은 일반쓰레기죠?

❺ 지연: 네, 맞아요! 타지 생활에 익숙해지기까지는 누구나
고생하기 마련이에요.

❻ 유타: 젊을 때 고생은 사서도 한다는데 환경을 위해서라면
기꺼이!

🎵 035

SNS

지연: 쓰레기 분리배출 어렵지?	チヨン：ゴミの分別出し、難しいよね。
유타: ○○, 지난번에는 분류를 잘못하는 바람에 고생 좀 했지! ㅋㅋㅋ	ユウタ：うん、この前は分別を間違えてちょっと大変だったよ！www
지연: 처음에는 그럴 수밖에 없지 뭐.	チヨン：最初は仕方ないよね。
유타: 쓰레기가 나오는 대로 분리 수거함에 버려야겠어!	ユウタ：ゴミが出次第分別収集箱に捨てなければならないね。
지연: 익숙해지기까지는 고생하기 마련!! ㅎㅎ	チヨン：慣れるまでは苦労するものだ!! ㅎㅎ
유타: ㅎㅇ! 젊을 때 고생은 사서도 한다는데 뭐!!	ユウタ：Hi! 若いうちの苦労は買ってでもするんだって!!

発音

- 분리[불리]
- 분류[불류]
- 잘못하는
  [잘모타는]
- 없었겠네요
  [업써껜네요]
- 먹다 남은
  [먹따나믄]
- 젊을 때
  [절믈때]

語彙・表現

❶ **쓰레기** : ゴミ　**분리배출** [分離排出] : 分別出し

❷ **분류** [分類] : 分別　**잘못하다** : 間違える

　잘못하는 바람에 : 間違えたせいで

　먹다 남다 : 食べ残す　**봉투** [封套] : 袋

❸ **일반쓰레기** : 一般ゴミ（生ゴミ）

　전용 : 専用　**수거함** [収去函] : 収集箱

❹ **나오는 대로** : 出次第

　채소 : 野菜　**뿌리** : 根　**껍질** : 皮、殻

❺ **타지** [他地] : よその地、住み慣れてない地

　익숙해지기까지는 : 慣れるまでは

　고생하기 마련이다 : 苦労するものだ

❻ **젊을 때 고생은 사서도 한다** : 若い時の苦労は買って

　でもする　**기꺼이** : よろこんで

分別収集

衣類収集箱、再活用（リサイクル）、
一般ゴミ

生ゴミ（飲食物）

日本語訳

❶ チヨン : ゴミの分別出しがちょっと難しいですよね。

❷ ユウタ : そうですね。この前は分別を間違えて大変でした。食べ残しを一般ゴミ
の袋に入れたんですよ。

❸ チヨン : 一般ゴミで捨てるしかなかったでしょう。出し方が日本と違うから…。
食べ残しは専用の収集箱もしくは専用の袋に入れて出せばいいです。

❹ ユウタ : ゴミが出次第、分別収集箱に捨てなければなりません。
野菜の根や卵の殻は一般ゴミですよね。

❺ チヨン : はい、そうです！よその地の生活に慣れるまでは誰もが苦労するもので
す。

❻ ユウタ : 若い時の苦労は買ってでもすると言うから環境のためならよろこんで！

12-1　-는 바람에
〜（し）たので、〜（し）た拍子に、〜（し）た弾みで〈理由〉

「잘못하는 바람에 고생했어요（間違えて大変でした）」のように動詞の語幹に「는 바람에」をつけると「〜（し）たので、（し）たせいで、〜（し）た拍子に、〜（し）た弾みで」のような理由を表す表現となります。その理由やそれがもたらしたことが予測出来なかったり不本意であったりする事を表します。

例 ① 출근 길에 지하철 사고가 <u>나는 바람에</u> 지각했어요.
出勤途中に地下鉄の事故が<u>起きたせいで</u>、遅刻しました。

> 「바람」は、風ですね！

② 급하게 <u>먹는 바람에</u> 체한 것 같아요.
急いで<u>食べたので</u>、胃もたれしたようです。

가다 → 가는 바람에
行く　　　　行ったので

먹다 → 먹는 바람에
食べる　　　食べたので

▷ 「-는 바람에」の活用

基本形	-는 바람에 〜したので、〜したせいで
만나다 （会う）	만나는 바람에 会ったので、会ったせいで
잊다 （忘れる）	잊는 바람에 忘れたので、忘れたせいで
줄다 （減る） ㄹ語幹	주는 바람에 減ったので、減ったせいで
부딪히다 （ぶつかる）	부딪히는 바람에 ぶつかったので、ぶつかったせいで
놓치다 （逃す）	놓치는 바람에 逃したので、逃したせいで
넘어지다 （転ぶ）	넘어지는 바람에 転んだので、転んだせいで
취하다 （酔う）	취하는 바람에 酔ったので、酔ったせいで

練習1 例のように下線部を「-는 바람에」の文にしましょう。 解答 P.239

例 먼저 가다 (先に帰る) ＋못 만났다	먼저 가는 바람에 못 만났어요. (先に帰ったので会えませんでした。)
(1) 같이 먹다 (一緒に食べる) ＋조금밖에 못 먹었다 (少ししか食べられなかった)	
(2) 엘리베이터를 타다 (エレベーターに乗る) ＋전화가 끊어졌다 (電話が切れた)	
(3) 많이 사다 (たくさん買う) ＋돈을 다 썼다 (お金を全部使った)	
(4) 놀다 (遊ぶ) ＋숙제를 못 했다 (宿題ができなかった)	
(5) 전화하다 (電話する) ＋드라마를 못 봤다 (ドラマが見られなかった)	

練習2 例から選んで下線部を「-는 바람에」の文にしましょう。

例 쏟다.   오다.   넘어지다.

(1) 가: 어머 흠뻑 젖었네요? (あら、びしょ濡れですね。)

　　나: 갑자기 소나기가 (　　　　　　　　) 다 젖었어요.
　　　　(急に夕立が降ったので全部濡れました。)

(2) 가: 다리는 왜 그래요? (足はどうしたんですか。)

　　나: 지하철에서 앞 사람이 (　　　　　　　　) 저도 넘어졌거든요.
　　　　(地下鉄で前の人が転んだせいで私も転んだんですよ。)

(3) 가: 컴퓨터가 안 돼요? (パソコンがだめなんですか。)

　　나: 커피 마시다가 (　　　　　　　　) 키보드가 고장났어요.
　　　　(コーヒーを飲んでいてこぼしたせいでキーボードが故障しました。)

練習3 「-는 바람에」を使って短文を作ってみましょう。

12-2 -(으)ㄹ 수밖에 없다
～(する)しかない、～であるしかない〈唯一、当為〉

「버릴 수밖에 없다(捨てるしかない)」のように動詞、形容詞、存在詞の語幹に「(으)ㄹ 수밖에 없다」を、名詞には「(이)ㄹ 수밖에 없다」をつけると、「～(する)しかない、～であるしかない」という意味で、「それ以外の他の方法がない、～であるのが当然である」という意味としても使えます。

例 ① 약속을 잊었다니 그냥 <u>돌아갈 수밖에 없네요</u>.
　　　約束を忘れたと言うからそのまま帰るしかないですね。

② 그 명배우가 출연한다면 <u>재미있을 수밖에 없겠네요</u>.
　　その名俳優が出演するとしたら面白いのは当然ですね。

가다 → 갈 수밖에 없다	**먹다 → 먹을 수밖에 없다**
行く　　　行くしかない	食べる　　食べるしかない
춥다 → 추울 수밖에 없다	**있다 → 있을 수밖에 없다**
寒い　　　寒いのは当然だ	いる・ある　いる・あるのは当然だ

▷ 「-(으)ㄹ 수밖에 없다」の活用

基本形	-(으)ㄹ 수밖에 없다　～するしかない
기다리다 (待つ)	기다릴 수밖에 없다 (待つしかない)
믿다 (信じる)	믿을 수밖에 없다 (信じるしかない)
만들다 (作る) ㄹ語幹	만들 수밖에 없다 (作るしかない)
걷다 (歩く) ㄷ不規則	걸을 수밖에 없다 (歩くしかない)
짓다 (建てる) ㅅ不規則	지을 수밖에 없다 (建てるしかない)
밉다 (憎い) ㅂ不規則	미울 수밖에 없다 (憎いのは当然)
싫어하다 (嫌う)	싫어할 수밖에 없다 (嫌うのは当然)

会話では、
「좋을 수밖에…
(好きなのは当然)」
のように「없다」を
よく省略します。

練習1 例のように「-(으)ㄹ 수밖에 없어요」文にしましょう。 解答 P.239

例 일찍 일어나다 (早起きする)	일찍 일어날 수밖에 없어요. (早く起きるしかありません。)
(1) 아이들은 모르다 (子ども達は知らない)	
(2) 슬픔은 잊다 (悲しみは忘れる)	
(3) 항상 바쁘다 (いつも忙しい)	
(4) 자주 듣다 (よく聞く)	
(5) 돈이 없다 (お金がない)	

練習2 例から選んで下線部を「-(으)ㄹ 수밖에」の文にしましょう

例 참다.   열심히 하다.   맵다.

(1) 가: 한국어 공부 열심히 하죠?
   (韓国語の勉強頑張ってますよね。)

   나: 네, 좋은 점수 받으려면 (.)
   (はい、いい点数をもらうためには頑張るしかありません。)

(2) 가: 떡볶이를 처음으로 만들어 봤는데 너무 맵네요.
   (トッポッキを初めて作ってみましたが、とても辛いですね。)

   나: 어머나 ~ 고춧가루를 이렇게 많이 넣었으니 (.)
   (あらら、唐辛子粉をこんなにたくさん入れたから当然辛いですね。)

(3) 가: 에어컨이 고장나서 덥겠어요. 꽤 더운데 큰일이네요.
   (エアコンが故障して暑いでしょう。結構暑いのに大変ですね。)

   나: 그러게요. 하필 이렇게 더울 때… (.)
   (そうですね。よりによってこんなに暑いとき… 我慢するしかないですね。)

練習3 「-(으)ㄹ 수밖에」を使って短文を作ってみましょう。

12-3 -는 대로 ～ (し) 次第、～ (する) ままに〈即時・同様〉

「나오는 대로（出次第）」のように、動詞の語幹に「는 대로」をつけると、「～（し）次第、～（し）たらすぐ」という意味になります。この場合は後ろに「-겠어요, -을게요, -세요」などがよくつきます。

また、「～（する）ままに、～（する）とおりに」という意味になります。この場合も後ろに「-겠어요, -을게요, -세요」などがよくつきます。

なお、過去のことには「(으)ㄴ 대로」をつけます。即ち、動詞の現在・過去連体形を用いる表現です。

例 ① 연락을 받는 대로 출발하겠습니다.
　　連絡が取れ次第、出発します。

② 수업이 끝나는 대로 도서관으로 갈게요.
　　授業が終わり次第、図書館に行きますよ。

③ 들은 대로 쓰세요.
　　聞いたとおりに書いてください。

먹다 → 먹는 대로　　　　　**생각하다 → 생각하는 대로**
食べる　　食べ次第　　　　　考える　　　考えているとおり

▷「-는 대로」の活用

基本形	-는 대로 ～ (し) 次第 / -(으)ㄴ 대로 ～ (し) たとおり
보다 (見る)	보는 대로 (見次第) / 본 대로 (見たとおり)
듣다 (聞く)	듣는 대로 (聞き次第) / 들은 대로 (聞いたとおり)
만들다 (作る) ㄹ語幹	만드는 대로 (作り次第) / 만든 대로 (作ったとおり)
짓다 (建てる) ㅅ不規則	짓는 대로 (建て次第) / 지은 대로 (建てたとおり)
도착하다 (到着する)	도착하는 대로 (到着次第) / 도착한 대로 (到着したとおり)
안내하다 (案内する)	안내하는 대로 (案内のとおり) / 안내한 대로 (案内したとおり)
보이다 (見える)	보이는 대로 (見えるとおり) / 보인 대로 (見えたとおり)

練習1 例のように下線部を「-는 대로」文にしましょう。　　　　解答 P.240

	보는 대로 사요. (見たらすぐ買います)
例 <u>보다</u> (見る)＋사다 (買う)	보는 대로 사요. (見たらすぐ買います)
(1) 옷을 <u>사다</u> (服を買う) 　＋바로 입다 (すぐ着る)	
(2) 용돈을 <u>받다</u> (小遣いをもらう) 　＋다 썼다 (全部使う)	
(3) 고기를 <u>굽다</u> (肉を焼く)＋먹다 (食べる)	
(4) <u>만들다</u> (作る)＋다 팔리다 (全部売れる)	
(5) <u>안내하다</u> (案内する) 　＋따라가다 (ついていく)	

練習2 例から選んで下線部を「-는 대로 / (으)ㄴ 대로」の文にしましょう。

例 배우다.　그치다.　도착하다

(1) 가: 좀처럼 비가 그치지 않네요.
（なかなか雨が止まないんですね。）

　　나: 그러게요. 비가 (　　　　　　　　　　　) 출발하면 되겠죠?
（そうですね。雨が<u>止み次第</u>出発すればいいですよね。）

(2) 가: (　　　　　　　　　　　) 연락할게요.
（<u>着き次第</u>連絡しますね。）

　　나: 그래요. 도착하면 바로 연락 주세요.
（そうですね。着いたらすぐ連絡ください。）

(3) 가: 새로운 일이라서 좀 어렵죠?
（新しい仕事だからちょっと難しいでしょう。）

　　나: (　　　　　　　　　　　) 해 보겠습니다.
（<u>教わったとおり</u>、やってみます。）

練習3 「-는 대로」を使って短文を作ってみましょう。

12-4 -기 마련이다
～（する）ものだ、～（する）はずだ〈当然〉

「고생하기 마련이에요.（苦労するものです。）」のように動詞、形容詞、存在詞の語幹に「기 마련이다」をつけると、「～（する）ものだ、～（する）はずだ」の意味になります。

この表現は、極めて稀な場合を除き一般的であること、大部分の人から「当然だ」と思われることを述べるときに用いる表現です。

＊似ている表現の「-는 법이다」 **8-3** より日常でよく使われます。

例 ① 시간이 지나면 잊기 마련이다.
　　時間が経てば<u>忘れるものだ</u>。

② 사람은 누구나 실수하기 마련이다.
　　人は誰でも<u>ミスするものだ</u>。

하다 → 하기 마련이다
する　　するものだ

맛있다 → 맛있기 마련이다
美味しい　　美味しいものだ

▷「-기 마련이다」の活用

基本形	-기 마련이다 ～（する）ものだ ～（する）はずだ
예뻐 보이다 （きれいに見える）	예뻐 보이기 마련이다 （きれいに見えるものだ／はずだ）
붓다 （腫れる）	붓기 마련이다 （腫れるものだ／はずだ）
읽다 （読む）	읽기 마련이다 （読むものだ／はずだ）
살다 （生きる）	살기 마련이다 （生きるものだ／はずだ）
춥다 （寒い）	춥기 마련이다 （寒いはずだ）
크다 （大きい）	크기 마련이다 （大きいはずだ）
좋아하다 （好きだ）	좋아하기 마련이다 （好きになるものだ／はずだ）

練習 1 例のように「기 마련이다」文にしましょう。

解答 P.240

例 <u>예쁘다</u> (きれいだ)	<u>예쁘기</u> 마련이다. (きれいなはずだ)
(1) 명절 때는 <u>과식하다</u> (名節の時は食べ過ぎる)	
(2) 분위기로 <u>과음하다</u> (雰囲気で飲み過ぎる)	
(3) 많이 먹으면 <u>졸리다</u> (たくさん食べると眠くなる)	
(4) 지나치면 <u>안 좋다</u> (度が過ぎるとよくない)	
(5) 연말은 누구나 <u>바쁘다</u> (年末は誰でも忙しい)	

練習 2 例から選んで下線部を「-기 마련이다」の文にしましょう。

例 고생하다.　맛있다.　예쁘다

(1) 가: 이 식당 음식 꽤 맛있네요.
(この食堂の料理かなり美味しいですね。)

　　나: 좋은 재료를 쓰면 (　　　　　　　　　　.)
(良い材料を使えば<u>美味しいものですから</u>。)

(2) 가: 사랑하면 (　　　　　　　　　　) 하던데 더욱 예뻐졌네요.
(恋をすれば<u>きれいになるものだ</u>と聞きましたが、ますますきれいになりましたね。)

　　나 : 정말요? 그럼 이제부터 더 사랑해야겠네요.
(ほんとうですか、それではこれからもっと恋をしないと。)

(3) 가: 유학 간 아드님은 잘 지내죠?
(留学先の息子さんは元気ですよね。)

　　나: 집 떠나면 (　　　　　　　　　　) 하던데 힘들다고 하네요.
(家を離れると<u>苦労するものだ</u>そうですが、大変だと言ってますね。)

練習 3 「-기 마련이다」を使って短文を作ってみましょう。

제로웨이스트 운동

　쓰레기 분리 배출의 방법은 나라와 지자체 별로 약간의 다름이 있으나 재활용률을 높이기 위해서는 쓰레기를 올바른 방법으로 분리 배출하는 것이 중요하다. 그런데 우리가 사용하는 대부분의 샴푸·화장품 용기는 복합 플라스틱이기 때문에 재활용이 되지 않아 쓰레기로 그냥 버리게 된다.

　이에 쓰레기를 만들지 말자는 '제로웨이스트' 운동에 동참해 환경을 보호하기 위해 노력하는 사람들이 늘고 있다. 쓰레기를 줄이기 위한 노력의 하나로 화장품, 세탁·주방 세제 등의 일용품의 리필을 들 수 있다.

　리필할 수 있는 가게에서는 올리브유, 차류 등도 용기 없이 소분해서 판매한다고 한다. 비닐로 된 포장 즉 '껍데기' 없이 내용물만 파는 상점이라고 해서 '알맹상점'이라 이름 지었다고 한다. '플라스틱 프리(free)' 운동을 펼치던 시민 활동가 셋이 의기투합해 문을 열었는데 "장볼 때 수북이 나오는 플라스틱 쓰레기를 줄이고, 포장 없는 물건들을 사고 싶어 만든 가게"라고 한다. 리필 스테이션이자 제로웨이스트 숍인 이 '알맹상점'에서는 대나무 칫솔, 천연수세미, 다회용 빨대 등 플라스틱을 사용하지 않은 다양한 생활용품들이 포장이 안 된 상태로 팔리고 있다. 알맹상점을 찾는 이들은 '알짜'라고 불리는데 '알맹이만 원하는 자'라는 뜻이라고 한다. 많은 '알짜'들이 이구동성으로 "우리 동네에도 이런 상점이 있으면 좋겠다"고 하며 멀리에서 빈 용기를 들고 찾아온다고 한다. 역시 좋은 일에는 좋은 사람이 몰리기 마련이다. 우리도 각자 실천하고 있는 대로, 또 껍데기 없는 알맹이 사용으로 환경 살리기에 동참하면 좋겠다.

알맹이 담는 법

쓰레기 제로

┌─ 말해 보자 ⑫ 🤖 ─────
│ (1) '제로웨이스트' 운동이란?
│ (2) '알맹이'의 의미는?

ゴミの分離排出の方法は国と自治体ごとに若干の違いがあるが、リサイクル率を高めるためにはゴミを正しい方法で分離排出することが重要だ。ところが私たちが使うほとんどのシャンプー・化粧品容器は複合プラスチックであるために、リサイクルされずゴミとして捨てることになる。

　これに対しゴミを作らないようにしようという「ゼロウェイスト」キャンペーンに賛同し環境を保護するために努力をしている人が増えている。ゴミを減らすための努力の一つとして、化粧品、洗濯・キッチン洗剤などの日用品の詰め替えが挙げられる。

　詰め替えのできる店では、オリーブ油、茶類なども容器なしで小分けして販売するという。ビニールでできた包装、すなわち、「殻」なしで中身だけを売る商店だとうことで「アルメン（中身）商店」と名付けたという。「プラスチックフリー（free）」キャンペーンを展開していた市民活動家3人が意気投合してオープンしたが、「買い物の時に山のように出てくるプラスチックゴミを減らし、包装のない物を買いたくて作った店」という。詰め替えステーションであり、ゼロウェイストショップであるこの「アルメン（中身）商店」では竹歯ブラシ、天然たわし、くり返し使えるストローなどプラスチックを使用していない多様な生活用品が包装されていない状態で売られている。中身商店を訪れる人たちは「アルッチャ」と呼ばれるが、「中身だけを望む者」という意味だという。多くの「アルッチャ」たちが異口同音に「私たちの町にもこういう商店があってほしい」と言いながら遠くから空き容器を持って訪ねてくるという。やはり良いことには良い人が集まるものだ。私たちも各自実践している通り、また容器のない中身の使用で環境再生に参加するといいだろう。

한국어 마당 ⑫ 환경 (環境にまつわる用語)

ごみ	中身	から(殻)	使い捨て	多回用	詰替え	リサイクル
쓰레기	**알맹이**	**껍데기**	**일회용**	**다회용**	**리필**	**재활용**
쓰레기를 줄이다.	알맹이만 구입하다.	껍데기를 없애다.	일회용이 줄다.	다회용이 늘다.	리필을 생활화하다.	재활용을 궁리하다.
ゴミを減らす。	中身だけ購入する。	殻をなくす。	使い捨てが減る。	多回用が増える。	詰替えを生活化する。	リサイクルを工夫する。

〈음식물 쓰레기 (生ごみ) 제로 시스템〉

수거 (収集)

계량 (計量)

1. 次の文を日本語に訳してみましょう。

(1) 출근 길에 교통 사고가 나는 바람에 지각했어요.

→ _____

(2) 강풍에 간판이 넘어지는 바람에 다쳤어요. (강풍：強風　간판：看板)

→ _____

(3) 모두 그렇다고 하니까 믿을 수밖에 없었어요.

→ _____

(4) 들은 대로 옆 사람에게 전하세요.

→ _____

(5) 남의 것이 더 좋아 보이기 마련이다.

→ _____

2. 次の文を韓国語に訳してみましょう。(下線部に注意)

(1) 急に引っ越しをしたので連絡もできませんでした。(「-는 바람에」を使って)

→ _____

(2) 目の前で電車に乗り遅れたので遅刻しました。(「-는 바람에」を使って)

→ _____

(3) 韓国語が上手になるためには一生懸命するしかないです。
(「-(으)ㄹ 수밖에 없다」を使って)

→ _____

(4) アナウンサーが発音するとおりにやってみてください。(「-는 대로」を使って)

→ _____

(5) お腹がいっぱいになると眠くなるものです。(「-기 마련이다」を使って)

→ _____

3. 次の質問に韓国語で答えましょう。

(1) 주말인데도 일이 그렇게 많아요? (「-는 바람에」を使って)

→ 실은, _____

(2) 연락이 통 안 되던데 무슨 일 있었어요? (「-는 바람에」を使って)

→ 네, 전화가 _____

(3) 가운데 자리밖에 안 남았는데 어떡하죠? (「-(으)ㄹ 수밖에 없다」を使って)

→ _____

(4) 배운 걸 자꾸 잊어버리는데 어떻게 하면 좋아요? (「-는 대로」を使って)

→ _____

(5) 아이가 밥을 잘 안 먹네요. (「-기 마련이다」を使って)

→ _____

解答 第12課　まとめ練習問題

1. (1) 出勤途中に交通事故が起きて遅刻しました。
(2) 強風で看板が倒れて怪我をしました。
(3) みんなそうだと言うから信じるしかなかったです。
(4) 聞いたとおり隣の人に伝えてください。　(5) 人のものがよりよく見えるものだ。

2. (1) 갑자기 이사를 하는 바람에 연락도 못 했어요.
(2) 코 앞에서 전철을 놓치는 바람에 지각했어요.
(3) 한국말을 잘하려면 열심히 할 수밖에 없어요.
(4) 아나운서가 발음하는 대로 따라 해 보세요.
(5) 배가 부르면 졸리기 마련이죠.

3. (1) 휴가를 갔다오는 바람에 일이 많이 밀렸거든요.
(2) 고장나는 바람에 연락이 안 되었어요.
(3) 할 수 없죠 뭐. 가운데에 앉을 수밖에요.
(4) 배우는 대로 외우세요.　(5) 걱정 마세요, 배가 고프면 먹기 마련이에요.

아이돌이 군대에 가나 봐요…

アイドルが軍隊に行くみたいです。〈入隊したアイドル〉

🎵 037

❶ 유타: 인터넷 기사를 읽어 보니까, 지연 씨가 좋아하는 아이돌이 군대에 가나 봐요.

❷ 지연: 네, 엄청 서운해요. 팬클럽 게시판을 읽어 보면 좀 더 자세히 알 수 있어요.

❸ 유타: 입대하기 전에 팬미팅을 하는 듯하니 다행이네요.

❹ 지연: 그런데, 연락해 보니까 모두 벌써 예약한 듯해요. 저는 한발 늦은 듯하네요.

❺ 유타: 혹시 모르니 전화로 문의 한번 해 보면 어떨까요?

❻ 지연: 네, 그러네요. 당장 문의해 볼게요.

🎵 038
SNS

유타: 지연 씨가 좋아하는 아이돌이 군대 가나 보네?	ユウタ : チヨンさんが好きなアイドルが軍隊に行くみたいね。
지연: ㅇㅇ, 엄청 서운해~! ㅠㅠ.	チヨン : うんうん、すごく寂しいよ～！ ㅠㅠ。
유타: 팬 미팅에 가 보면 어때?	ユウタ : ファンミーティングに行ってみたらどう。
지연: 한발 늦은 듯해. ㅜㅜ.	チヨン : 一歩遅れたみたい。ㅜㅜ。
유타: 그래? 또 기회가 있겠지.	ユウタ : そう？ また機会があるよね。
지연: ㅇㅋ, 다음 기회를 위하여!!	チヨン : オッケー、次の機会のために !!

発音

- 입대[입때]
- 듯하니
  [드타니]
- 연락해
  [열라캐]
- 예약한 듯해요
  [예야칸드태요]
- 늦은 듯하네요
  [느즌드타네요]

語彙・表現

❶ 읽어 보니까：読んでみたら　군대：軍隊

❷ 엄청：すごく　서운하다：寂しい
　팬클럽：ファンクラブ　게시판：掲示板
　읽어 보면：読んでみると　자세히：詳しく

❸ 입대：入隊　팬미팅：ファンミーティング

❹ 연락해 보니까：連絡してみたら　벌써：もう
　듯하다：〜のようだ　한발 늦다：一歩遅れる

❺ 혹시 모르니：念のため（←直 もし、わからないから）
　문의 [問議]：問い合わせ

❻ 당장：すぐ、さっそく

─ 日本語訳 ─

❶ ユウタ：インターネットの記事を読んでみたら、チヨンさんが好きなアイドルが軍隊に行くみたいです。

❷ チヨン：はい、すごく寂しいです。ファンクラブの掲示板を読んでみると、より詳しく分かります。

❸ ユウタ：入隊する前にファンミーティングをするようでよかったですね。

❹ チヨン：ところが、連絡してみたら、すでに皆予約したようです。私は一歩出遅れたようですね。

❺ ユウタ：念のため、一度電話で問い合わせをしてみたらどうですか。

❻ チヨン：はい、そうですね。今すぐ問い合わせてみます。

13-1 -아 / 어 보니까・-아 / 어 보면
〜 (し) てみたら、〜 (し) てみると〈発見・理由〉

「인터넷 기사를 읽어 보니까(インターネットの記事を読んでみたら)」のように動詞の語幹に「-아 / 어 보니까, -아 / 어 보면」をつけると「〜 (し) てみたら、〜 (し) てみると」のような意味になります。

例 ① 이 책 읽어 보니까 재미있더라고요.
　　この本、読んでみたら面白かったです。

　 ② 이 책을 읽어 보면 그 원리를 알 수 있을 거예요.
　　この本を読んでみればその原理が分かるでしょう。

가다 → 가 보니까 / 가 보면　　**먹다** → 먹어 보니까 / 먹어 보면
行く　　行ってみたら／行ってみれば　　食べる　　食べてみたら／食べてみれば

▷「-아 / 어 보니까・-아 / 어 보면」の活用

基本形	-아 / 어 보니까　・　-아 / 어 보면
	〜してみたら　　　　〜してみれば
만나다 (会う)	만나 보니까 / 만나 보면 (会ってみたら、会ってみれば)
읽다 (読む)	읽어 보니까 / 읽어 보면 (読んでみたら、読んでみれば)
듣다 (聞く) ㄷ不規則	들어 보니까 / 들어 보면 (聞いてみたら、聞いてみれば)
살다 (住む) ㄹ語幹	살아 보니까 / 살아 보면 (住んでみたら、住んでみれば)
짓다 (建てる) ㅅ不規則	지어 보니까 / 지어 보면 (建ってみたら、建ってみれば)
굽다 (焼く) ㅂ不規則	구워 보니까 / 구워 보면 (焼いてみたら、焼いてみれば)
공부하다 (勉強する)	공부해 보니까 / 공부해 보면 (勉強してみたら、勉強してみれば)

練習 1　例のように下線部を(1)〜(3)「-아 / 어 보니까」、(4)〜(5)は「-아 / 어 보면」の文にしましょう。

解答 P.240

例 가다 (行く)＋친구가 와 있었다.	가 보니까 친구가 와 있었다. (行ってみたら友達が来ていた。)
(1) 한 입 먹다 (一口食べる)＋맛있었다.	
(2) 지하철을 타다 (地下鉄に乗る) ＋무척 쾌적하더군요.	
(3) 듣다 (聴く)＋역시 좋네요.	
(4) 만나다 (会う)＋마음에 들 거예요.	
(5) 전화하다 (電話する)＋알 수 있어요.	

練習 2　例から選んで下線部を「-아 / 어 보니까, -아 / 어 보면」の文にしましょう。

例 타다.　마시다.　하다.

(1)　가: 운동 잘 돼요? (運動はうまくいってますか。)

　　나: 네, 운동을 (　　　　　　　　　　) 역시 꾸준히 해야겠다는
　　　　생각이 들더라고요.
　　　　(はい、運動をしてみたら、やっぱり地道にやらないといけないと思いました。)

(2)　가: 서울에 가서 뭘 해 보면 좋을까요?
　　　　(ソウルに行って何をしてみたらいいでしょうか。)

　　나: 서울에서 버스를 (　　　　　　　　　　) 좋을 것 같아요.
　　　　(ソウルでバスに乗ってみるといいと思います。)

(3)　가: 믹스 커피도 좋아해요? (ミックスコーヒーも好きですか。)

　　나: 네, 몇 번 (　　　　　　　　　　) 맛있던데요.
　　　　(はい、何度か飲んでみたら美味しかったです。)

練習 3　「-아 / 어 보니까, -아 / 어 보면」を使って短文を作ってみましょう。

13-2 -나 보다, -(으)ㄴ가 보다
〜(する)ようだ・〜みたいだ〈推量①〉

「가나 봐요 (行くみたいです)」のように動詞や存在詞の語幹に「나 보다」を、形容詞には「(으)ㄴ가 보다」をつけると、見たり聞いたりしたことについての推量の意を表します。「ㄹ語幹」の場合は、「ㄹ」が脱落します。なお、過去のことには「았나 보다 / 었나 보다」をつけます。見たり聞いたりしたことで推量する表現なので、先行節では「-는 걸 보니까」などとよく使われます。

例 ① 사진을 보니 박물관에 자주 가나 봐요.
　　写真を見ると博物館によく行くようですね。

② 뛰어가는 걸 보니 학교에 늦었나 봐요.
　　走って行くのを見ると学校に遅れたようです。

③ 비를 맞는 걸 보니 우산이 없나 봐요.
　　雨にあたっているのを見ると傘がないようです。

가다 → 가나 보다 / 갔나 보다 行く　　行くようだ／行ったようだ	먹다 → 먹나 보다 / 먹었나 보다 食べる　食べるようだ／食べたようだ
살다 → 사나 보다 / 살았나 보다 住む　　住むようだ／住んだようだ	있다 → 있나 보다 / 있었나 보다 いる・ある いる・あるようだ／いた・あったようだ

▷「-나 보다・(으)ㄴ가 보다」の活用

動詞	-나 보다・-았나 / 었나 보다 〜ようだ・〜たようだ
걷다 (歩く)	걷나 보다 / 걸었나 보다 (歩いているようだ / 歩いたようだ)
만들다 (作る)	만드나 보다 / 만들었나 보다 (作るようだ / 作ったようだ)
싫어하다 (嫌う)	싫어하나 보다 / 싫어했나 보다 (嫌うようだ / 嫌ったようだ)

形容詞	-(으)ㄴ가 보다・-았나 / 었나 보다 〜ようだ・〜たようだ
기쁘다 (嬉しい)	기쁜가 보다 / 기뻤나 보다 (嬉しいようだ / 嬉しかったようだ)
좋다 (いい)	좋은가 보다 / 좋았나 보다 (よいようだ / 良かったようだ)
춥다 (寒い)	추운가 보다 / 추웠나 보다 (寒いようだ / 寒かったようだ)

練習1 例のように「-나 보다 / (으)ㄴ가 보다」文にしましょう。 解答 P.241

例 일찍 일어나다 (早起きする)	일찍 일어나나 봐요. (早く起きるようです。)
(1) 소설을 읽다 (小説を読む)	
(2) 부산에 살다 (釜山に住む)	
(3) 요즘도 바쁘다 (最近も忙しい)	
(4) 집이 넓다 (家が広い)	
(5) 돈이 없었다 (お金がなかった)	

練習2 例から選んで下線部を「-나 보다 / (으)ㄴ가 보다」の文にしましょう。

例 요리를 하다. 있다. 맵다.

(1) 가: 주말인데 길이 막히네요.
(週末なのに道が混んでいますね。)

나: 그러게요. 행사가 (.)
(そうですね。イベントがあるみたいですね。)

(2) 가: 떡볶이를 만들어 봤는데 좀 (.)
(トッポッキを作ってみましたがちょっと辛いみたいです。)

나: 먹어 보니까 매콤해서 더 맛있는데요.
(食べてみたら、辛みがあってさらに美味しいんですが。)

(3) 가: SNS사진을 보니까 한국 (.)
(SNS写真を見ると韓国料理を作るみたいですね。)

나: 네, 요즘 한국 요리도 배우고 있거든요.
(はい、最近韓国料理も習っているんですよ。)

練習3 「-나 보다」を使って短文を作ってみましょう。

13-3   -는 듯하다 ～らしい、～のようだ〈推量②現在形〉

「팬미팅을 하는 듯하다(ファンミーティングをするようだ)」のように、動詞や存在詞の語幹に「는 듯하다」をつけると「～らしい、～のようだ」という推量・婉曲の表現になります。「ㄹ語幹」の場合は、「ㄹ」が脱落してから「는 듯하다」をつけ、名詞には「인 듯하다」をつけます。

「-듯하다」は「-것 같다」と同じ意味ですが、「-듯하다」のほうが論文やエッセイなど書き言葉で多く用いられます。

> 動詞の現在連体形「는」に「듯하다」をつければいいんですね。

例 ① 그 친구는 춤을 잘 추는 듯합니다.
   あの友達はダンスが上手そうです。

② 유학 생활에 큰 어려움은 없는 듯합니다.
   留学生活に大きな困難はなさそうです。

③ 저 학생이 대표인 듯하네요.
   あの学生が代表のようですね。

먹다 → 먹는 듯하다
食べる　　食べるようだ

오다 → 오는 듯하다
来る　　来るようだ

재미있다 → 재미있는 듯하다
面白い　　　面白そうだ

누나이다 → 누나인 듯하다
お姉さん　　　お姉さんのようだ

▷「-는 듯하다」の活用

基本形	-는 듯하다 ～らしい、～のようだ
끝나다 (終わる)	끝나는 듯하다 (終わるようだ)
읽다 (読む)	읽는 듯하다 (読むようだ)
듣다 (聞く)	듣는 듯하다 (聞くようだ)
만들다 (作る) ㄹ語幹	만드는 듯하다 (作るようだ)
돕다 (手伝う)	돕는 듯하다 (手伝うようだ)
맛있다 (美味しい) 있다用言	맛있는 듯하다 (美味しいようだ)
친구이다 (友達だ) 名詞	친구인 듯하다 (友達のようだ)

練習1 例のように下線部を「-는 듯하다」文にしましょう。　　　解答 P.241

例 내일은 영화를 보다 (明日は映画を見る)	내일은 영화를 보는 듯해요. (明日は映画を見るようです。)
(1) 기모노를 자주 입다 (着物をよく着る)	
(2) 보수를 많이 받다 (報酬をたくさんもらう)	
(3) 고기를 구워서 먹다 (肉を焼いて食べる)	
(4) 친구집이 잘살다 (友達の家が裕福だ)	
(5) 친절하게 대하다 (親切に接する)	

練習2 例から選んで下線部を「-는 듯하다」の文にしましょう。

例 있다.　좋아하다.　모르다

(1) 가: 외국인 친구가 한국 음식을 좋아할까요?
（外国人の友達が韓国料理が好きでしょうか。）

　　나: 지난번에 보니까 (　　　　　　　　　　.)
（この前見たら好きなようでしたよ。）

(2) 가: 저 두 사람 잘 되고 있대요?
（あの二人うまくいってますか。）

　　나: 글쎄요… 양가에서는 아직 (　　　　　　　　.)
（そうですね…両家ではまだ知らないようです。）

(3) 가: 지연 씨는 안 왔나 봐요?
（チヨンさんは来てないみたいですね。）

　　나: 일이 좀 (　　　　　　　　.)
（仕事がちょっとあるみたいです。）

練習3 「-는 듯하다」を使って短文を作ってみましょう。

13-4 -(으)ㄴ 듯하다 ～たようだ、～なようだ
〈推量③過去動詞、形容詞〉

「**벌써 예약한 듯해요.**(もう予約したようです。)」のように動詞や形容詞の語幹に「-(으)ㄴ 듯하다」をつけると、「～たようだ、～なようだ」という推量の表現になります。動詞の場合は過去の事についての推量となります。

＊参照：推量①「-는 듯하다」13-3

例 ① 방금 무슨 소리가 <u>들린 듯해요</u>.
　　今何か音が<u>聞こえたようです</u>。

> ＊動詞の過去連体形「(으)ㄴ」に「듯하다」をつければいいんですね。

② 오늘 기분이 <u>좋은 듯하네</u>? 갑자기 밥도 사 주고.
　　今日気分が<u>よさそうだね</u>。急にご飯も奢ってくれて。

가다 → 간 듯하다　　　**작다 → 작은 듯하다**
行く　　　行ったようだ　　　小さい　　　小さいようだ

▷「-(으)ㄴ 듯하다」の活用

	基本形	-(으)ㄴ 듯하다 ～(た)ようだ
動詞	보이다 (見える)	보인 듯하다 (見えたようだ)
	읽다 (読む)	읽은 듯하다 (読んだようだ)
	살다 (暮す) ㄹ語幹	산 듯하다 (暮らしたようだ)
	붓다 (腫れる) ㅅ不規則	부은 듯하다 (腫れたようだ)
	좋아하다 (好きだ)	좋아한 듯하다 (好きだったようだ)
形容詞	춥다 (寒い) ㅂ不規則	추운 듯하다 (寒いようだ)
	크다 (大きい)	큰 듯하다 (大きいようだ)

解答 P.241

練習1 例のように下線部を「-(으)ㄴ 듯하다」文にしましょう。

例 벌써 <u>가다</u> (もう行った)	벌써 간 듯하다. (もう行ったようだ)
(1) 맛있어서 <u>과식하다</u> (美味しくて食べ過ぎる)	
(2) 목이 <u>붓다</u> (喉が腫れる)	
(3) 너무 많이 <u>만들다</u> (作り過ぎる)	
(4) 문제가 좀 <u>어렵다</u> (問題がちょっと難しい)	
(5) 모두 <u>바쁘다</u> (皆、忙しい)	

練習2 例から選んで下線部を「-(으)ㄴ 듯하다」の文にしましょう。

例 보다.　멀다.　걸리다

(1) 가: 이 사람 아세요?
(この人をご存知ですか。)

　나: 글쎄요… 어디서 (　　　　　　　　　　　) 기억이 안 나네요.
(そうですね…どこかで<u>見たようですが</u>、思い出せませんね。)

(2) 가: 어떻게 오셨어요?
(どうなさいましたか。)

　나 : 감기에 (　　　　　　　　　　.) 기침이 나고 콧물도 나요.
(風邪を<u>ひいたみたいです</u>。咳が出て鼻水も出ます。)

(3) 가: 오늘 갈 곳은 좀 (　　　　　　　　　　.)
(今日行く所はちょっと<u>遠いようですね</u>。)

　나: 정말요? 벌써 지친다!
(本当ですか。もう疲れた！)

練習3 「-(으)ㄴ 듯하다」を使って短文を作ってみましょう。

___

군대와 아이돌

　대한민국의 남성은 만18 세가 되면 병역판정검사를 받고 입영을 해, 병역 의무를 이행해야 한다. 개인의 학업 등 사정에 따라 30 세까지 입영 연기가 가능하며 여러 형태로 복무할 수 있다. 그 중 현역병의 복무 기간은 육군과 해병 18 개월, 해군 20 개월, 공군 21 개월이다.

　글로벌 스타의 위상을 인정받고 있는 아이돌의 병역 문제를 놓고 주무 부처, 국민들 간의 논쟁이 이어지고 있다. 2020 년 11 월 개정된 병역법에 따라 '대중문화예술분야 우수자' 자격으로 30 세까지는 군 징집·소집을 연기할 수 있는데 '병역특례'에 대한 찬반여론이 갈라진다.

　주요 논쟁은 '병역특례' 여부다. 즉 예술·체육계에서 큰 성과를 이룬 사람은 국위선양의 공으로 현역병이 아닌 사회복무요원으로 편입돼, 군 부대가 아닌 곳에서 병역을 수행하게 된다. 그러나 대중문화예술인은 별도의 규정이 없어 현역병으로 입대하여 병역을 마치게 된다.

　아이돌 그룹이 글로벌 시상식에서 여러 차례 수상하면서, '대중문화예술인도 큰 성과를 이룰 경우 예술·체육요원으로 분류해야 한다'는 주장이 커지면서 쟁점화된 것이다. 이미 문화예술인 등에게 병역 특례를 주고 있는데, 대중문화예술인들에게는 기회가 주어지지 않는다는 점은 불공정하다는 입장과, 병역은 모든 남성의 의무인데 문화예술인 등에게 병역 특례를 주고 있는 그 자체가 형평성에 어긋난다는 입장이다. 이에 따라 아이돌이 전 세계적으로 한국의 'K 컬처'를 알리고, 국가 브랜드를 높였을지라도 국민의 형평성 차원에서 '병역특례'를 반대한다는 입장들이다. 나는 어떻게 생각하나?

> ● 말해 보자 ⑬
> ⑴ 한국 남성의 군 입대는 몇 살부터인가?
> ⑵ '병역특례'에 대한 자신의 견해를 말해 보자.

충성!

　大韓民国の男性は満18歳になると、兵役判定検査を受けて入営し、兵役義務を履行しなければならない。個人の学業など事情によって30歳まで入営延期が可能で、様々な形態で服務することができる。そのうち現役兵の服務期間は陸軍と海兵隊18ヵ月、海軍20ヵ月、空軍21ヵ月だ。

　グローバルスターの地位を認められているアイドルの兵役問題について、主務省庁、国民間の論争が続いている。2020年11月に改正された兵役法により「大衆文化芸術分野優秀者」資格で30歳までは軍徴集・召集の延期ができるが、「兵役特例」に対する賛否は分かれる。

　主要論争は「兵役特例」の可否だ。つまり、芸術・体育界で大きな成果を上げた人は、国威宣揚の功績として現役兵ではなく社会服務要員に編入され、軍部隊ではない場所で兵役を遂行することになる。しかし、大衆芸術家は別途の規定がなく、現役兵として入隊し兵役を終えることになる。

　アイドルグループがグローバル授賞式で数回受賞し「大衆文化芸術家も大きな成果を成し遂げた場合、芸術・体育要員に分類するべき」という主張が大きくなり争点化したのだ。すでに文化芸術家などに兵役特例を与えているが、大衆文化芸術家達には機会が与えられないという点は不公正だという見方と、兵役はすべての男性の義務なのに文化芸術家などに兵役特例を与えているそれ自体が公平性に欠けるという見方だ。これによって、アイドルが全世界的に韓国のＫカルチャーを広め国家ブランドを高めたとしても国民の公平性というレベルで「兵役特例」に反対するという見解だ。私はどう考えるか。

한국어 마당 ⑬ 군대 (軍隊にまつわる用語)

入隊	軍隊	訓練	面会	兵長	転役	兵役
입대	**군대**	**훈련**	**면회**	**병장**	**전역**	**병역**
입대를 연기하다.	군대에 들어가다.	훈련을 받다.	면회를 가다.	병장으로 제대하다.	전역을 축하하다.	병역을 필하다.
入隊を 延期する。	軍隊に 入る。	訓練を 受ける。	面会に 行く。	兵長として 除隊する。	転役を 祝う。	兵役を 済ませる。

1. 次の文を日本語に訳してみましょう。

(1) 어제 빌린 한국 소설 책을 읽어 보니까 재미있더라고요.

　　→ _____

(2) 이야기를 들어 보면 알 수 있겠지요.

　　→ _____

(3) 그 친구는 한국 음식도 잘 만드나 봐요.

　　→ _____

(4) 무슨 소리가 들리는 듯해요.

　　→ _____

(5) 목이 좀 부은 듯해요.

　　→ _____

2. 次の文を韓国語に訳してみましょう。（下線部に注意）

(1) 久しぶりにソウルに行ってみてどうですか。（「-아 / 어 보니까」を使って）

　　→ _____

(2) 歌を聞いてみれば分かります。（「-아 / 어 보면」を使って）

　　→ _____

(3) 日曜日にも早く起きるみたいですね。（「-나 보다」を使って）

　　→ _____

(4) 勉強に大きな支障はないようです。（「-는 듯하다」を使って）

　　→ _____

(5) 部屋がちょっと寒いようですね。（「-(으)ㄴ 듯하다」を使って）

　　→ _____

3. 次の質問に韓国語で答えましょう。

(1) 한국어 공부는 어때요? (「-아 / 어 보니까」を使って)

　　→ _____

(2) 요즘 자꾸 살이 찌는데 어떻게 하면 좋아요? (「-아 / 어 보면」を使って)

　　→ _____

(3) 내일 볼 영화는 어떻다고 해요? (「-(나 보다」を使って)

　　→ _____

(4) 다른 친구들도 한국 드라마나 영화를 좋아해요? (「-는 듯하다」を使って)

　　→ 네, _____

(5) 이번 말하기 대회에 신청자가 많아요? (「-(으)ㄴ 듯하다」を使って)

　　→ 네, _____

解答　第13課　まとめ練習問題

1. (1) 昨日借りた韓国の小説を<u>読んでみたら</u>面白かったですよ。
　　(2) 話を<u>聞いてみれば</u>わかるでしょう。　(3) その友達は韓国料理も<u>上手みたいです</u>。
　　(4) 何か音が<u>聞こえるような気がします</u>。　(5) 喉が少し<u>腫れているようです</u>。

2. (1) 오래간만에 / 오랜만에 서울에 <u>가 보니까</u> 어때요?
　　(2) 노래를 <u>들어 보면</u> 알아요.　(3) 일요일에도 일찍 <u>일어나나 봐요</u>.
　　(4) 공부에 큰 지장은 <u>없는 듯해요</u>.　(5) 방이 좀 <u>추운 듯하네요</u>.

3. (1) 공부를 <u>해 보니까</u> 참 재미있어요.　(2) 밥 대신 고구마를 <u>먹어 보면</u> 어때요?
　　(3) 친구한테 들었는데 <u>괜찮나 봐요</u>.　(4) 잘은 모르지만 <u>좋아하는 듯해요</u>.
　　(5) <u>많은 듯해요</u>.

배려석에 앉으려다가 일어섰어요.

配慮席に座ろうとして立ち上がりました。〈優先席〉

♪ 040

❶ 유타: 오는 길에 지하철에서 '배려석'에 앉을 뻔했어요.

❷ 지연: '배려석'에 앉을 뻔했다니요?

❸ 유타: 졸리기도 하고 '배려석'도 비어 있고 해서 무심코 앉으려다가 아차 싶어서 일어섰어요.

❹ 지연: '배려석'은 비어 있어도 앉으면 안 되죠.

그래서 계속 선 채로 왔어요?

❺ 유타: 네! 계속 선 채로 왔더니 피곤하네요.

❻ 지연: 조금이라도 앉았더라면 안 피곤할 텐데…

❼ 유타: 이제 앉았으면 좋겠네요. 그럼 좀 덜 피곤할 텐데…

❽ 지연: 어머, 빨리 들어와 앉아요!

♪ 041

SNS

유타: 지하철에서 배려석에 앉을 뻔했네 ㅠㅠ	ユウタ：地下鉄で配慮席に座るところだった ㅠㅠ
지연: 앉을 뻔했다니? 왜?	チヨン：座るところだったって? 何で?
유타: 무심코 앉으려다가 아차 싶어서 일어섰지.	ユウタ：うっかり座ろうとしたけど、しまったと思って立ち上がったよ。
지연: 계속 선 채로 왔어? 조금이라도 앉았더라면 … ㅜㅜ	チヨン：ずっと立ったまま来たの? 少しでも座っていたら… ㅜㅜ
유타: 이제 앉았으면 좋겠다!	ユウタ：もう座りたい!
지연: ㅎㅇ! 빨리 들어와 앉으시지~	チヨン：Hi! 早く入ってきて座って~

- 앉을 뻔했다
  니요
  [안즐뻔핻따니
  요/안즐뻐낻
  따니요]
- 앉으려다가
  [안즈려다가]
- 앉았더라면
  [안잗떠라면/
  안자떠라면]
- 앉았으면
  [안자쓰으면]
- 좋겠네요
  [조켄네요]

❶ 오는 길에 : 来る途中　배려석 [配慮席] : 優先席
　앉을 뻔했다 : 座るところだった

❷ 했다니요? : ～したなんて

❸ 무심코 : 思わず、うっかり
　앉으려다가 : 座ろうとして
　아차 : しまった　아차 싶어서 : しまったと思って
　일어서다 : 立ち上がる、起きる

❹ 선 채로 : 立ったまま

❺ 피곤하다 [疲困하다] : 疲れる

❻ 앉았더라면 : 座っていたら

❼ 이제 : もう　앉았으면 좋겠다 : 座りたい、座ってほ
　しい　덜 : 少なく、少なめに

❽ 들어오다 : 入る

임산부 배려석

日本語訳

❶ ユウタ : 来る途中に地下鉄で「配慮席」に座るところでした。

❷ チヨン : 「配慮席」に座るところだったなんて。

❸ ユウタ : 眠いし、「配慮席」も空いていたので、うっかり座ろうとしたがしまった
　　　　　と思って立ち上がったんです。

❹ チヨン : 「配慮席」は空いていても座ってはいけませんね。
　　　　　それでずっと立ったまま来たんですか。

❺ ユウタ : はい！立ちっぱなしで来たので疲れますね。

❻ チヨン : 少しでも座っていたら疲れないのに…

❼ ユウタ : もう座りたいですが。そしたらちょっと疲れがとれるでしょうから…

❽ チヨン : あら、早く入ってきて座ってください。

「앉으려다가(座ろうとしたが)」のように動詞の語幹に「-(으)려다가」をつけると「~(し)ようとしたが、~(し)ようとしていて」という意味になります。この表現は、意図の「-(으)려고 하다(~(し)ようとする)」に中断の「-다가(~(し)ていたが)」がついて、その意図を中断し、他の動作に移行したり異なる結果となったりということを表します。従って、後節では前節で意図したこととは異なる結果の内容が続きます。「-(으)려다가」で「가」を省略し「-(으)려다」としてもよく使います。

気が変わりましたね ^^

意図どおりにいかなかったんですね！

例 ① <u>태블릿</u>을 <u>사려다가</u> <u>컴퓨터</u>를 <u>샀어요</u>.
   <u>タブレット</u>を<u>買おうとして</u>、<u>パソコンを買いました</u>。

② 택시 타고 빨리 가려다가 길이 막혀서 더 늦었어요.
   タクシーに乗って<u>早く行こうとしたが</u>、道が混んで<u>もっと遅れました</u>。

가다 → 가려다가　　　　**먹다 → 먹으려다가**
行く　　行こうとしていたが　　食べる　　食べようとしていたが

만들다 → 만들려다가　　**걷다 → 걸으려다가**
作る　　作ろうとしていたが　　歩く　　歩こうとしていたが

▷「-(으)려다가」の活用

基本形	-(으)려다가 ~ようとしていたが
오다 (来る)	오려다가 (来ようとしていたが)
만나다 (会う)	만나려다가 (会おうとしていたが)
묻다 (尋ねる) ㄷ不規則	물으려다가 (尋ねようとしていたが)
살다 (住む) ㄹ語幹	살려다가 (住もうとしていたが)
짓다 (建てる) ㅅ不規則	지으려다가 (建てようとしていたが)
돕다 (手伝う) ㅂ不規則	도우려다가 (手伝おうとしていたが)
신청하다 (申請する)	신청하려다가 (申請しようとしていたが)

解答 P.242

練習1 例のように下線部を「-(으)려다가」文にしましょう。

例 여행을 <u>가다</u> (行く)＋못 갔다.	여행을 <u>가려다가</u> 못 갔다. (旅行に行こうとしたが行けなかった。)
(1) 다 <u>먹다</u> (全部食べる)＋조금 남겼다.	
(2) 버스를 <u>타다</u> (バスに乗る) ＋택시를 탔다.	
(3) 회사까지 <u>걷다</u> (会社まで歩く) ＋자전거로 갔다	
(4) 건물을 <u>짓다</u> (建物を建てる) ＋다음으로 미루었다.	
(5) 빨리 <u>가다</u> (早く行く)＋넘어졌다.	

練習2 例から選んで下線部を「-(으)려다가」の文にしましょう。

例 만나다.　듣다.　먹다.

(1) 가: 지연 씨, 어제 저녁은 혼자 먹었어요?
　　(チヨンさん、昨日の晩ご飯は一人で食べましたか。)

　　나: 아뇨, 혼자 (　　　　　　) 친구한테 연락해서 같이 먹었어요.
　　(いいえ、一人で<u>食べようとしましたが</u>、友達に連絡して一緒に食べました。)

(2) 가: 오늘 친구들 만나러 나가죠?
　　(今日友達に会いに出掛けますよね。)

　　나: 안 나가도 돼요. 밖에서 (　　　　　) 집으로 오라고 했어요.
　　(出なくてすみました。外で<u>会おうとしていましたが</u>、家に来るように言いました。)

(3) 가: 어제 강연 어땠어요?
　　(昨日の講演はどうでしたか。)

　　나: 강연을 (　　　　　) 일이 생기는 바람에 못 들었어요.
　　(講演を<u>聞こうとしたんですが</u>、用事が出来て聞けませんでした。)

練習3 「-(으)려다가」を使って短文を作ってみましょう。

14-2　-(으)ㄴ 채(로) ～(し)たまま〈状態の継続〉

「선 채로(立ったまま)」のように動詞や存在詞の語幹に「-(으)ㄴ 채로」をつけると「～（し）たまま」という意味になります。この表現は、先行節の状態のまま、後続節の事が行われるということを表します。「로」を省略した「-(으)ㄴ 채」もよく使われます。また、「-아／어 놓은 채」の形でもよく使われます。(例②)

> ＊動詞の過去連体形「(으)ㄴ」に「채로」をつければいいですね。

例 ① 가스를 켠 채로 나왔나 봐요.
　　ガスをつけたまま出てきたようです。

　② 가스를 켜 놓은 채로 나왔나 봐요.
　　ガスをつけ（ておい）たまま出てきたようです。

　③ 옷을 입은 채 잠이 들었어요.
　　服を着たまま寝ました。

"꽃도 사람처럼 선 채로 살아간다"
『花も人のように立ったまま生きていく』
(채광석 시집)

켜다 → 켠 채로
つける　　つけたまま

듣다 → 들은 채로
聞く　　聞いたまま

입다 → 입은 채로
着る　　着たまま

들다 → 든 채로
持つ　　持ったまま

▷「-(으)ㄴ 채(로)」の活用

基本形	-(으)ㄴ 채(로)　～したまま
안기다 (抱かれる)	안긴 채로 (抱かれたまま)
닫히다 (閉まる)	닫힌 채로 (閉まったまま)
놓다 (置く)	놓은 채로 (置いたまま)
싣다 (載せる) ㄷ不規則	실은 채로 (載せたまま)
들다 (持つ) ㄹ不規則	든 채로 (持ったまま)
짓다 (建てる) ㅅ不規則	지은 채로 (建てたまま)
눕다 (横になる) ㅂ不規則	누운 채로 (横になったまま)

練習1 例のように「-(으)ㄴ 채(로)」文にしましょう。

解答 P.242

例 일어서다 (立ち上がる)	일어선 채로 (立ち上がったまま)
(1) 바뀌다 (変わる)	
(2) 실내화를 신다 (上履きを履く)	
(3) 등에 업히다 (背に背負われる)	
(4) 봉투에 넣다 (封筒に入れる)	
(5) 책상 위에 놓이다 (机の上に置かれる)	

練習2 例から選んで下線部を「-(으)ㄴ 채(로)」の文にしましょう。

例 앉다.　신다.　쓰다.

(1) 가: 갈아신을 슬리퍼가 안 보이네요.
　　　(履き替えるスリッパが見えませんね。)

　　나: 신발을 (　　　　　　) 들어오세요.
　　　(靴を履いたままお入りください。)

(2) 가: 선글라스를 (　　　　　　) 터널로 진입해서 큰일 날 뻔했어요.
　　　(サングラスをかけたままトンネルに入って大変なことになるところでした。)

　　나: 아무 일 없어서 다행이에요.
　　　(何事もなくて幸いです。)

(3) 가: 늘 바쁘신데 아이들이 식사준비라도 좀 돕나요?
　　　(いつも忙しいのに、子どもたちが食事の準備でも手伝ってくれますか。)

　　나: 돕다니요. (　　　　　　) 먹기만 하는 걸요.
　　　(手伝うなんて。座ったまま食べてばかりいるんですよ。)

練習3 「-(으)ㄴ 채(로)」を使って短文を作ってみましょう。

_____

14-3 -았더라면 / 었더라면 ～たならば〈過去の仮定〉

「앉았더라면(座っていたなら)」のように、動詞や形容詞の語幹に「았더라면 / 었더라면」を、名詞には「이었더라면 / 였더라면」をつけると「～（し）たならば／～だったならば」という意味になります。後ろにはよく「좋았을 텐데 (良かっただろうに)」のように「았을 텐데 / 었을 텐데 (～ただろうに)」や「-(으)ㄹ 뻔했다 (～るところだった)」などが続き、すでに起こった事に対する後悔や残念な気持ちなどを表すときによく使います。

例 ① 좀 일찍 갔더라면 만났을 텐데.
　　もう少し早く行っていたなら会っただろうに。

② 밥을 먹었더라면 늦을 뻔 했어요.
　　ご飯を食べていたなら遅れるところでした。

받다 → **받았더라면**　　　　**좋다** → **좋았더라면**
もらう　　もらったなら　　　　よい　　　　よかったなら

형이다 → **형이었더라면**　　**누나다** → **누나였더라면**
兄だ　　　兄だったなら　　　　姉だ　　　姉だったなら

▷「-았더라면 / 었더라면」の活用

基本形	-았더라면 / 었더라면 ～たならば
끝내다 (終える)	끝냈더라면 (終えたならば)
읽다 (読む)	읽었더라면 (読んだならば)
듣다 (聞く) ㄷ不規則	들었더라면 (聞いたならば)
돕다 (手伝う) ㅂ不規則	도왔더라면 (手伝ったならば)
길다 (長い) ㄹ語幹	길었더라면 (長かったなら)
학생이다 (学生だ) 名詞	학생이었더라면 (学生だったならば)
선수다 (選手だ) 名詞	선수였더라면 (選手だったならば)

解答 P.242

練習 1 例のように下線部を「-았더라면 / 었더라면」文にしましょう。

例 그 영화를 <u>보다</u> (その映画を見る)	그 영화를 봤더라면 (その映画を見ていたなら)
(1) 따뜻하게 <u>입다</u> (暖かく着る)	
(2) 보수를 많이 <u>받다</u> (報酬をたくさんもらう)	
(3) 소식을 <u>듣다</u> (消息を聞く)	
(4) 좀 더 <u>돕다</u> (もう少し手伝う)	
(5) 친절하게 <u>대하다</u> (親切に接する)	

練習 2 例から選んで下線部を「-았더라면 / 었더라면」の文にしましょう。

例 읽다.　늦다.　가다.

(1) 가: 지난 번 모임은 좋았다고요?
(前回の集まりは良かったんですって。)

　나: 네, 정말 좋았어요. 지연 씨도 같이 (　　　　　　) 좋았을 텐데요.
(はい、本当に良かったです。チヨンさんも一緒に<u>行けたら</u>良かったですが。)

(2) 가: 무사히 탑승했죠?
(無事に搭乗したでしょう？)

　나: 네, 조금만 (　　　　　　) 비행기를 놓칠 뻔했어요.
(はい、もう少し<u>遅かったら</u>飛行機に乗り遅れるところでした。)

(3) 가: 시험은 어땠어요?
(試験はどうでしたか。)

　나: 좀 어렵더군요. 책을 좀 더 (　　　　　　) 좋을 뻔했어요.
(ちょっと難しかったんですよ。本をもうちょっと<u>読んでいたら</u>よかったと思います。)

練習 3 「-았더라면 / 었더라면」を使って短文を作ってみましょう。

-았으면 / 었으면 좋겠다
～(し)てほしい、～(し)たらいいな〈願望〉

「앉았으면 좋겠네요. (座れたらいいですね。)」のように動詞や形容詞の語幹に「았으면 / 었으면」をつけ、その後ろには「좋겠다」や「하다」などが用いられます。

「았으면 / 었으면 하다」は、「～（する）ことができればと思う、～してほしいと思う」のような意味として使われます。

例 ① 합격 통지서를 <u>받았으면</u> 좋겠어요. ＜─ ＊合格してほしいですね。^^
합격通知書をもらったらいいなあと思います。

② 몸이 안 좋아서 내일은 좀 <u>쉬었으면</u> 해요. ＜─ ＊休みたいんですね。^^
体の調子が悪くて明日はちょっと<u>休むことができればと思います</u>。

가다 → 갔으면 좋겠다 / 갔으면 하다
行く　　　行ってほしい　　　／行ってほしいと思う

작다 → 작았으면 좋겠다 / 작았으면 하다
小さい　　小さければいいな　　／小さければいいなと思う

▷「-았으면 / 었으면」の活用

基本形	-았으면 / 었으면 좋겠다 / 하다 ～してほしい
배우다 (学ぶ)	배웠으면 좋겠다 / 하다 (学んでほしい)
크다 (大きい)	컸으면 좋겠다 / 하다 (大きければいい)
읽다 (読む) 으不規則	읽었으면 좋겠다 / 하다 (読んでほしい)
걷다 (歩く) ㄷ不規則	걸었으면 좋겠다 / 하다 (歩いてほしい)
살다 (住む) ㄹ語幹	살았으면 좋겠다 / 하다 (住んでほしい)
굽다 (焼く) ㅂ不規則	구웠으면 좋겠다 / 하다 (焼いてほしい)
조용하다 (静かだ)	조용했으면 좋겠다 / 하다 (静かであればいい)

練習 1 例のように「-았으면 / 었으면 좋겠어요」文にしましょう。 解答 P.243

例 여행 가다 (旅行に行く)	여행 갔으면 좋겠어요. (旅行に行きたいです。)
(1) 서울에서 살다 (ソウルに住む)	
(2) 요리가 맛있다 (料理が美味しい)	
(3) 집을 짓다 (家を建てる)	
(4) 문제가 안 어렵다 (問題が難しくない)	
(5) 음악을 듣다 (音楽を聴く)	

練習 2 例から選んで下線部を「았으면 / 었으면 좋겠어요 / 해요」の文にしましょう。

例 오다.   마시다.   말하다.

(1) 가: 일이 안 끝나네요. 피곤하지 않으세요?
　　　(仕事が終わらないですね。疲れていませんか。)

　　나: 피곤하네요. 커피 좀 (　　　　　　　　　.)
　　　(疲れてますね。ちょっとコーヒーを飲みたいです。)

(2) 가: 한국어로만 말할까요?
　　　(韓国語だけで話しましょうか。)

　　나: 네, 지금부터 한국어로만 (　　　　　　　　.)
　　　(はい、今から韓国語だけで話したいと思います。)

(3) 가: 요즘 비도 안 오고 너무 건조하네요.
　　　(最近、雨も降らずとても乾燥していますね。)

　　나: 그쵸? 비가 좀 (　　　　　　　　　.)
　　　(そうですよね、雨が降ったらいいです。)

練習 3 「았으면 / 었으면 좋겠어요 / 해요」を使って短文を作ってみましょう。

배려석은 비워 두세요.

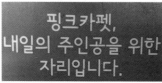

'임산부 배려석'은 2009년 서울 시내버스에, 그리고 2013년 서울 지하철에 도입된 이후부터 전국에 확산되었다. 지하철 내 임산부 배려석은, 열차 내부 양쪽 끝에 자리하고 있는 기존의 교통약자 지정석과는 별도로 각 차량 중간 좌석의 양 끝 좌석으로, 열차 한 칸 당 두 좌석씩 배치되어 있다.

'임산부 배려석'은 사회적 교통약자인 임산부의 대중교통 이용의 편의를 도모한 것이다. 또한 장기간 지속되고 있는 저출생 문제와 관련해서도 임산부가 지하철 이용 시 먼저 배려 받을 수 있는 사회적 분위기를 확산시키고자 하는 데서 출발했다.

한편 비어 있는 임산부 배려석에 앉아도 되는지에 따른 견해들이 분분하다. '사회적 배려'에서 시작한 임산부 배려석의 유지와 이용에 있어서 '지정' 또는 '효율' 등 사회적 합의를 위한 우리 모두의 고민이다.

"피곤한데, 비어 있는 임산부 배려석, 앉아도 될까?" 한번쯤 고민해 본 적이 있을 것이다. 반대로 임산부 입장에서는 "임산부가 아닌 것 같은 분이 앉아 있는데…… 비워 달라고 말할까? 못하겠다…" 등 내적 갈등도 있다고 한다.

'교통약자 배려석'에 이어 '임산부 배려석'도 우리 모두를, 우리 사회를 건강하게 해 줄 수 있다는 사회적 인식과 공감대가 없었더라면 생겨나지 않았을 것이다. '미래'의 자리가 미래의 주인공들로 채워졌으면 좋겠다.

'미래'의 자리

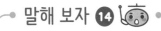 말해 보자 14

(1) 배려석이란 무엇인가?

(2) 배려석은 늘 비워 두어야 하는가?

> **配慮席は空けておいてください。**

　「妊婦配慮席」は2009年にソウル市内バスに、そして2013年にソウル地下鉄に導入されてから全国に広がった。地下鉄内の妊婦配慮席は、列車内部の両端に位置している従来の交通弱者指定席とは別に、各車両の中間の座席の両端の座席で、列車1車両当たり2席ずつ配置されている。

　「妊婦配慮席」は、社会的交通弱者である妊婦の公共交通利用の便宜を図ったのだ。また、長期間続いている少子化問題と関連しても、妊婦が地下鉄利用の時、先に配慮してもらえる社会的雰囲気を拡散させようとするところから始まった。

　一方、空いている妊婦配慮席に座ってもいいかどうかにおける見解がまちまちだ。「社会的配慮」から始まった「妊婦配慮席」の維持と利用において「指定」または「効率」等、社会的合意のための私たち皆の悩みだ。

　疲れているのだから「空いている妊婦配慮席、座ってもいいかな?」一度は悩んでみたことがあるだろう。逆に妊婦の立場では、「妊婦さんではないような方が座っているけど…。空けてくれと言おうか。できないな…」などのジレンマもあるという。

　「交通弱者配慮席」に続き「妊婦配慮席」も私たち皆を、私たちの社会を、元気にしてくれるという社会的認識と共感がなかったら生まれなかっただろう。「未来」の席が未来の主人公たちで満たされてほしい。

한국어 마당 ⑭ 궁금한 말 (気になることば)

배려석 [配慮席]	優先席, 버스나 지하철에 노인, 장애인, 어린이, 임산부 등 사회적 약자를 위하여 만든 좌석.
장애인 [障礙人]	障がい者, 신체의 일부에 장애가 있거나 정신 능력이 원활하지 못해 일상생활이나 사회생활에서 어려움이 있는 사람.
비장애인 [非障礙人]	健常者, 신체나 정신에 장애나 결함이 없는 사람을 장애인에 상대하여 이르는 말.
반려동물 [伴侶動物]	ペット, 사람이 정서적으로 의지하고자 가까이 두고 기르는 동물. 개, 고양이, 새 따위가 있다.
가성비 [価性比]	コスパ. '가격 대비 성능의 비율'의 줄인 말. 어떤 품목 등에 대하여 정해진 가격에서 기대할 수 있는 성능이나 효율의 정도.
가심비 [価心比]	'가성비'에서 파생된 말로, 싼 가격에도 마음의 만족감을 채울 수 있는 정도.
대박 [大当たり]	すごい! '대박났다'처럼 어떤 일이 크게 이루어지거나 생각하지도 않은 커다란 이익을 얻었을 때 비유적으로 이르는 말.
먹방 [먹放]	'食べ(ている)放送', '먹는 방송'의 줄인 말로, 출연자들이 음식을 먹는 모습을 주로 보여 주는 방송 프로그램.
짝퉁	偽物, 가짜나 모조품을 속되게 이르는 말. 가품(假品)

1. 次の文を日本語に訳してみましょう。

(1) 도서관에 가려다가 영화관에 갔어요.

→ _____

(2) 일을 쉽게 하려다가 오히려 더 복잡해졌어요.

→ _____

(3) 무거운 짐을 든 채로 서 있었어요.

→ _____

(4) 조금만 늦었더라면 못 만났을 거예요.

→ _____

(5) 팬미팅 추첨에서 당첨되었으면 좋겠어요.

→ _____

2. 次の文を韓国語に訳してみましょう。(下線部に注意)

(1) 勉強をしようとしたが、ドラマを見ました。(「-(으)려다가」を使って)

→ _____

(2) 早く起きようとしていて、アラームを切ったせいで寝坊しました。
(「-(으)려다가」を使って)

→ _____

(3) 窓を開けたまま眠りました。(眠る：잠이 들다)(「-(으)ㄴ 채(로)」を使って)

→ _____

(4) その知らせをもう少し早く聞いていたらよかったのに。
(「-았더라면 / 었더라면」を使って)

→ _____

(5) もう、雨が止んだらいいですね。(「-았으면 / 었으면 좋겠다」を使って)

→ _____

3. 次の質問に韓国語で答えましょう。

(1) 무엇인가를 하려다가 말거나 다른 것을 한 적이 있어요? (「-(으)려다가」で)

→ 네, _____

(2) 무엇인가를 하려다가 다른 결과가 된 적이 있어요? (「-(으)려다가」を使って)

→ _____

(3) 무엇인가를 '하는 채로' 또는 '한 채로' 다음 동작 등이 이어진 적이 있어요? (「-(으)ㄴ 채(로)」を使って)

→ _____

(4) 지난 일 중에서 후회되는 일 등이 있어요? (「-았더라면 / 었더라면」を使って)

→ 네, _____

(5) 무엇인가 했으면 하는 것이나 그렇게 되기를 바라는 것이 있어요? (「-았으면 / 었으면 좋겠다」を使って)

→ _____

解答　第14課　まとめ練習問題

1. (1) 図書館に<u>行こうと思いました</u>が、映画館に行きました。
　　(2) 仕事を簡単に<u>しようと思いました</u>が、かえってもっと複雑になりました。
　　(3) 重い荷物を<u>持ったまま</u>立っていました。
　　(4) もう少し<u>遅れていたら</u>会えなかったでしょう。
　　(5) ファンミーティングの<u>抽選に当たったらと思います</u>。

2. (1) 공부를 <u>하려다가</u> 드라마를 보았어요.
　　(2) <u>일찍 일어나려다가</u> 알람을 끄는 바람에 늦잠을 잤어요.
　　(3) 창문을 <u>연 채로</u> 잠이 들었어요.
　　(4) 그 소식을 좀 더 <u>일찍 들었더라면</u> 좋았을 텐데요.
　　(5) 이제, <u>비가 그만 왔으면 좋겠어요</u>. / 비가 그쳤으면 좋겠어요.

3. (1) 저는 한국어를 <u>혼자 공부하려디기</u> 한국어 교실에 다니게 되었어요.
　　(2) 밥을 <u>빨리 먹으려다가</u> 체한 적이 있어요.
　　(3) 길에서 <u>선 채로</u> 1시간이나 이야기를 한 적이 있어요.
　　(4) 학교 다닐 때 공부를 더 <u>열심히 했더라면</u> 좋았을 텐데…하고 후회하기도 해요.
　　(5) 한국말을 술술 <u>잘했으면 좋겠어요</u>.

수원화성에도 가는 모양이에요.

水原華城にも行くようです。〈文化遺産〉

🎵 043

❶ 지연: 일정을 보니까 오늘은 수원화성에도 가는 모양이에요.

❷ 유타: 마침 잘됐네요. 가이드북에서 보니까 멋있길래 한번 가 보고 싶었거든요.

❸ 지연: 수원 갈비도 먹는다는데 꽤 맛있고 양도 많은 모양이에요.

❹ 유타: 좋네요. 유네스코 세계유산 중 하나인 수원화성을 보는 데다가 수원 갈비까지 먹을 수 있으니 그야말로 '일석이조'네요

❺ 지연: 내용이 충실해 보이길래 산 가이드북인데 역시 안내가 잘 되어 있군요. 공부도 되고 '일석삼조'네요.

❻ 유타: 네, 지금도 열심히 공부하는 중이에요.

🎵 044

SNS

지연: 오늘은 수원화성에 가는 모양이야.

チヨン : 今日は水原華城に行くらしいよ。

유타: 잘됐다! 가이드북에서 보니까 멋있길래 가 보고 싶었거든. ㅎㅎㅎ

ユウタ : よかった！ガイドブックで見たらかっこよかったから行ってみたかったんだ。ㅎㅎㅎ

지연: 수원 갈비도 먹는다는데?

チヨン : 水原カルビも食べるんだって。

유타: 그야말로 '일석이조'네!

ユウタ : まさに「一石二鳥」だね！

지연: 그치? 수원화성을 보는 데다가 수원 갈비까지 먹으니… ㅊㄱ!

チヨン : そうだね。水原華城を見る上に水原カルビまで食べるから…最高！

- 일정 [일쩡]
- 멋있길래
  [머싣낄래/
  머시낄래]
- 싶었거든요
  [시펃꺼든뇨/
  시퍼꺼든뇨]
- 일석이조
  [일써기조]

語彙・表現

❶ **일정**：日程

　수원화성 [水原華城]：韓国水原にあるお城

❷ **마침**：ちょうど　**가이드북**：ガイドブック

　-길래：～ので　**멋있길래**：素敵だったので

❸ **꽤**：かなり　**-모양이다**：～のようだ

❹ **유네스코 세계유산**：ユネスコ世界遺産

　-데다가：～上に　**그야말로**：まさに、それこそ

　일석이조：一石二鳥

❺ **충실하다**：充実だ　**일석삼조**：一石三鳥

❻ **열심히**：一生懸命に

수원화성

日本語訳

❶ チヨン：日程を見ると今日は水原華城にも行くようです。

❷ ユウタ：ちょうどよかったですね。ガイドブックで見たら素敵だったので一度行ってみたかったんです。

❸ チヨン：水原カルビも食べるそうですが、かなり美味しくて量も多いようです。

❹ ユウタ：いいですね。ユネスコ世界遺産の一つである水原華城を見る上に、水原カルビまで食べられるので、まさに「一石二鳥」ですね。

❺ チヨン：内容が充実して見えたので買ったガイドブックですが、やはり案内がよくできていますね。勉強にもなるし、「一石三鳥」ですね。

❻ ユウタ：はい、今も一生懸命勉強中です。

動詞や存在詞、形容詞のいずれの場合も連体形＋「모양이다」ですね。

15-1 -는 모양이다、-(으)ㄹ 모양이다
〜ようだ、〜みたいだ〈様態・推量〉

「**가는 모양이에요.**(行くようです)」のように動詞や存在詞「**있다, 없다**」などの語幹に「는 모양이다」をつけると「〜（する）ようだ」という現在の様態の推量表現になります。未来推量の場合は「-(으)ㄹ 모양이다(〜しそうだ)」、形容詞の場合は「**많은 모양이에요**(多いみたいです)」のように語幹に「-(으)ㄴ 모양이다」をつけます。この表現は、見たり聞いたりしたことを根拠に推量するので、先行節には「- **보니까, 들으니까**」などがよく用いられます。

例 ① 드라마에서 보니까 한국 사람들은 김치를 많이 <u>먹는 모양이에요</u>.
ドラマで見ると韓国人はキムチをたくさん<u>食べるようです</u>。

② 설문 조사 **내용을 보니까** 다음 모임 때는 한정식을 <u>먹을 모양이에요</u>.
アンケートの**内容を見ると**、次の集まりでは韓定食を<u>食べるようです</u>。

③ 주말에도 **일하는 걸 보니까** 무척 <u>바쁜 모양이네요</u>.
週末にも**仕事をしているのを見ると**とても<u>忙しいようですね</u>。

가다 → 가는 모양이다 / 갈 모양이다
行く　　　行くようだ　　　　　行くようだ

좋다 → 좋은 모양이다　　　　**나쁘다 → 나쁜 모양이다**
いい　　　いいようだ　　　　　　悪い　　　　悪いようだ

▷「-(으)ㄹ 모양이다」の活用

動詞	-는/-(으)ㄹ 모양이다 〜ようだ
듣다 (聞く) ㄷ不規則	듣는 / 들을 모양이다 (聞いている / 聞くようだ)
살다 (住む) ㄹ語幹	사는 / 살 모양이다 (住んでいる / 住むようだ)
짓다 (建てる) ㅅ不規則	짓는 / 지을 모양이다 (建てている / 建つようだ)
形容詞	-(으)ㄴ 모양이다 〜ようだ
길다 (長い) ㄹ語幹	긴 모양이다 (長いようだ)
덥다 (暑い) ㅂ不規則	더운 모양이다 (暑いようだ)

練習1 次を「(動詞)(으)ㄹ 모양이다/(形容詞)(으)ㄴ모양이다」文にしましょう。

解答 P.243

例 지금 서울은 춥다 (今、ソウルは寒い)	지금 서울은 추운 모양이다. (今、ソウルは寒いようです。)
(1) 차에서 내려서 걷다 (車から降りて歩く)	
(2) 새 건물을 짓다 (新しい建物を建てる)	
(3) 내일은 잡채를 만들다 　(明日はチャプチェを作る)	
(4) 강의실이 넓다 (講義室が広い)	
(5) 짐이 무겁다 (荷物が重たい)	

練習2 例 から選んで下線部を「-(으)ㄹ/-는 모양이다、(으)ㄴ 모양이다」の文にしましょう。

例 덥다.　듣다.　오다.

(1) 가: 하늘을 보니 곧 비가 (　　　　　　　　.)
　　(空を見ると今にも雨が降りそうです。)

　　나: 그러네요. 먹구름이 잔뜩 낀 게, 곧 쏟아지겠네요.
　　(そうですね。雨雲がいっぱい立ち込めたのが、今にも降り出しそうですね。)

(2) 가: 가사도 다 외우고 있는 걸 보니 한국 노래를 자주 (　　　　.)
　　(歌詞も全部覚えているのを見ると韓国の歌をよく聞いているようですね。)

　　나: 자주 듣는다기보다 가사가 좋아서요.
　　(よく聞くというより歌詞がいいからです。)

(3) 가: 내일은 좀 시원했으면 좋겠는데요.
　　(明日はちょっと涼しかったらいいのですが。)

　　나: 일기예보에서 보니까 내일도 (　　　　　　　　.)
　　(天気予報で見たら明日も暑いようです。)

練習3 「-는 모양이다、-(으)ㄴ 모양이다」を使って短文を作ってみましょう。

15-2 　-길래 ～なので、～だから〈理由〉

　「멋있길래（素敵なので）」のように動詞や存在詞、形容詞の語幹に「길래」をつけると「～なので、～だから」といった理由を表す表現になります。その理由の「-길래」は第三者や物事などによるものです。また、理由を表す「-아서/어서（～で、～て）」に置き換えることが可能ですが、後続節に勧誘・命令・禁止の表現は用いられません。疑問に思った事を相手に尋ねるときに使われる場合は、よく「뭘, 무슨, 얼마나, 어떻게, 어디에」のような疑問詞や名詞と共に使われます。また、第3者から聞いたことを引用して言うときは、間接話法を使い「ㄴ(는) 다길래/ 다길래」のように言います。

＊参照：間接話法（3-1、付録）

例 ① 갑자기 비가 오길래 편의점에서 우산을 샀어요.
　　　急に雨が<u>降ってきたので</u>コンビニで傘を買いました。

　　② 이집 요리가 맛있다길래 미리 예약했어요.
　　　この店の料理が<u>美味しいと言うので</u>事前に予約しました。

　　③ 한국 드라마가 얼마나 재미있길래 그렇게 매일 봐요?
　　　韓国ドラマが<u>どれだけ面白くて</u>そんなに毎日見ているんですか。

① 마시다 → 마시길래　　　　맛있다 → 맛있길래
　　飲む　　　飲むので　　　　　美味しい　美味しいので

② 마시다 → 마신다길래　　　맛있다 → 맛있다길래
　　飲む　　　飲むと言うので　　美味しい　美味しいと言っているので

▷「-길래」の活用

基本形	-길래 ～（ている）ので / ㄴ(는) 다길래 ～（する）と言うので
보다（見る）	보길래 / 본다길래（見ているので / 見ると言うので）
먹다（食べる）	먹길래 / 먹는다길래（食べているので / 食べると言うので）
좋다（いい）	좋길래 / 좋다길래（いいので / いいと言うので）
집에 있다 （家にいる）	집에 있길래 / 집에 있다길래 （家にいるので・家にいると言うので）

練習1 例のように下線部を「-길래」文にしましょう。

解答 P.243

例 드라마를 보다 (ドラマを見る)	드라마를 보길래 (ドラマを見ているので)
(1) 맛있게 먹다 (美味しく食べる)	
(2) 떡볶이를 만들다 (トッポッキを作る)	
(3) 주소를 묻다 (住所を聞く)	
(4) 옷이 멋있다 (洋服が素敵だ)	
(5) 운동을 안 하다 (運動をしない)	

練習2 例から選んで下線部を「-길래」の文にしましょう。

例 팔다. 춥다. 받다.

(1) 가: 어쩐 일이에요? 이 밤중에…
　　(どうしたんですか。この夜中に…)

　　나: 아무리 전화를 해도 (　　　　　　　　　　) 걱정돼서 왔어요.
　　(いくら電話をしても出ないので心配で来ました。)

(2) 가: 웬 사과가 이렇게 많아요?
　　(どうしてリンゴがこんなに多いんですか。)

　　나: 요 앞에서 싸게 (　　　　　　　　　　) 잼을 만들려고 샀어요.
　　(この前で安く売っているのでジャムを作ろうと買いました。)

(3) 가: 좀 덥지 않아요? 에어컨 켤까요?
　　(少し暑くないですか。エアコン、つけましょうか。)

　　나: 아! 네, 아이가 (　　　　　　　　　　) 조금 전에 껐어요.
　　(あ！はい、子どもが寒いと言ってたのでさっき消しました。)

練習3 「-길래」を使って短文を作ってみましょう。

15-3　-는 데다가 ～（する）上に〈追加〉

　「보는 데다가（見る上に）、맛있는 데다가（美味しい上に）」のように動詞や存在詞の語幹に「-는 데다가」を、過去の動作や形容詞の場合は、「(으)ㄴ 데다가」を、名詞には「-인데다가」をつけると「～上に」という「追加」の意味になります。「- 데다가」は、先行節がプラスイメージの場合は後続節もプラスイメージ、マイナスイメージの場合は後ろもマイナスイメージの内容が来ます。

例　① 상을 받는 데다가 선물까지 받다.　　賞を<u>もらう上に</u>贈り物までもらう。

　　② 상을 받은 데다가 선물까지 받았다.
　　　　賞を<u>もらった上に</u>贈り物までもらった。

　　③ 품질이 좋은 데다가 값도 싸다.　　品質が<u>よい上に</u>値段も安い。

　　④ 값이 비싼 데다가 품질도 안 좋다.　　値段が<u>高い上に</u>品質も悪い。

먹다 → 먹는 데다가
食べる　　食べる上に

먹다 → 먹은 데다가
食べる　　食べた上に

나쁘다 → 나쁜 데다가
悪い　　　悪い上に

좋다 → 좋은 데다가
良い　　　良い上に

▷「-는 데다가」の活用

動詞	-는 데다가 ～（する）上に
배우다 (学ぶ)	배우는 데다가 (学ぶ上に)
묻다 (問う)	묻는 데다가 (問う上に)
돕다 (手伝う)	돕는 데다가 (手伝う上に)
알다 (わかる) ㄹ語幹	아는 데다가 (わかる上に)
맛있다 (美味しい) 存在詞	맛있는 데다가 (美味しい上に)
맛없다 (美味しくない)	맛없는 데다가 (美味しくない上に)
形容詞	-(으)ㄴ 데다가 ～上に
바쁘다 (忙しい)	바쁜 데다가 (忙しい上に)
넓다 (広い)	넓은 데다가 (広い上に)
무겁다 (重たい) ㅂ不規則	무거운 데다가 (重たい上に)

練習1 例 のように下線部を「-는 데다가/-(으)ㄴ 데다가」文にしましょう。 解答 P.244

例 많이 <u>먹었다</u> (たくさん食べた)	많이 먹은 데다가 (たくさん食べた上に)
(1) 번호가 <u>바뀌었다</u> (番号が変わった)	
(2) 흰옷을 <u>입었다</u> (白い服を着た)	
(3) 짐을 손에 <u>들다</u> (荷物を手に持つ)	
(4) 날씨가 <u>덥다</u> (天気が暑い)	
(5) 배가 <u>고프다</u> (お腹がすく)	

練習2 例 から選んで下線部を「-는 데다가/-(으)ㄴ 데다가」の 文にしましょう。

例 가깝다. 쓰다. 불다.

(1) 가: 강한 바람이 (   ) 비까지 내려서 택시를 타고 왔어요.
(強い風が<u>吹く上に</u>雨まで降ってタクシーに乗って来ました。)

나: 그래도 아무 일 없어서 다행이에요.
(それでも何事もなくて良かったです。)

(2) 가: 상대방 사람을 금방 알아 봤어요?
(相手の人にすぐに気づきましたか。)

나: 모자를 (   ) 선글라스랑 마스크도 쓰고 있어서 처음엔 몰랐어요.
(帽子を<u>かぶってるうえに</u>サングラスとマスクもつけているので最初はわかりませんでした。)

(3) 가: 새로 이사한 집은 어때요? (新しく引っ越した家はどうですか。)

나: 역에서 (   ) 주변이 깨끗해서 좋아요.
(駅から<u>近い上に</u>周辺がきれいでいいです。)

練習3 「-는 데다가/-(으)ㄴ 데다가」を使って短文を作ってみましょう。

15-4　-는 중이다 ～ (し) ているところだ〈進行〉

「**휴대전화를** 충전하는 중이에요 (携帯電話を充電しているところです)」のように、動詞の語幹に「는 중이다」をつけると「～ (し) ているところだ」という「進行」の意味になります。また、「**충전하다, 운동하다**」のような「2字漢語＋**하다** (する)」動詞の場合、「**- 하다**」の前の「**충전, 운동**」などの名詞に「**중이다**」をつけて、「**충전 중이다, 운동 중이다**」のようにも使います。

例　① 지금은 친구하고 영화를 보는 중이에요.
　　　今は友達と映画を見ているところです。

　　② 지금 잡채를 만드는 중이니까 와서 같이 먹어요!
　　　今チャプチェを作っているところだから来て一緒に食べましょう！

　　③ 지금 휴대전화 충전 중이에요.　　今、携帯の充電中です。

보다 → 보는 중이다　　　　　**먹다** → 먹는 중이다
見る　　　　見ているところだ　　　食べる　　　食べているところだ

만들다 → 만드는 중이다　　　　**먹다** → 먹는 중이었다
作る　　　　作っているところだ　　食べる　　　食べているところだった

▷「- 는 중이다」 の活用

基本形	-는 중이다 ～ (し) ているところだ
배우다 (習う)	배우는 중이다 (習ってるところだ)
읽다 (読む)	읽는 중이다 (読んでいるところだ)
듣다 (聞く)	듣는 중이다 (聞いてるところだ)
돕다 (手伝う)	돕는 중이다 (手伝っているところだ)
만들다 (作る) ㄹ語幹	만드는 중이다 (作っているところだ)
공부하다 (勉強する)	공부하는 중이다 (勉強してるところだ)
공부 (勉強)	공부 중이다 (勉強中だ)

練習 1 例のように下線部を「-는 중이다」文にしましょう。 解答 P.244

例 집으로 <u>가다</u> (家に帰る)	집으로 가는 중이다. (家に帰るところだ。)
(1) 산책로를 <u>걷다</u> (遊歩道を歩く)	
(2) 생선을 <u>굽다</u> (魚を焼く)	
(3) 전화를 <u>걸다</u> (電話をかける)	
(4) <u>관람하다</u> (観覧する)	
(5) <u>공연하다</u> (公演する)	

練習 2 例から選んで下線部を「-는 중이다」の文にしましょう。

例 고르다.　읽다.　착륙.

(1) 가: 지난 번에 빌린 책 다 읽었어요?
(この前借りた本全部読みましたか。)

나: 아직이에요. 뒷부분을 (　　　　　　　　　.)
(まだです。後ろの部分を<u>読んでいるところです</u>。)

(2) 가: 엄마, 안전벨트 풀어도 돼요?
(ママ、シートベルト外してもいいですか。)

나: 조금만 기다려. 지금 (　　　　　　　　　.)
(ちょっと待っててね。 今、<u>着陸中だよ</u>。)

(3) 가: 뮤지컬 예약은 마쳤지요?
(ミュージカルの予約は済ませましたよね。)

나: 아직이요. 지금 작품을 (　　　　　　　　　.)
(まだです。今、作品を<u>選んでいるところです</u>。)

練習 3 「-는 중이다」を使って短文を作ってみましょう。

수원화성에 가 보자!

'수원화성(華城)'은 드라마 '이산(イサン)'으로 알려진 조선 22 대 왕 정조(正祖)가 왕권 강화책과, 아버지 장헌세자 (사도세자)와 어머니 혜경궁 홍씨를 위한 효심에서 축성한 행궁이다.

'화성(華城)'은 1794 년부터 2 년 9 개월에 걸쳐 축성되었는데 거주지로서의 읍성과 방어용 산성을 합한 계획 도시로서, 전통적인 축성기법과 과학적 기술을 활용한 데다가 주변 지형에 맞춰 조성되어, 자연과 어우러지는 아름다운 성이다.

건설 과정 전반이 "화성성역의궤(華城城役儀軌)"에 글과 그림으로 자세히 기록되어 있는데 정조는 노동력에 임금을 지불하여 백성들의 사회 참여를 유도하였고, 건설 현장에서 결근하는 사람이 있으면 이유를 묻고 몸이 아픈 사람에게는 약을 지어 보내기도 했다고 한다.

한편 조선시대에는 백성이 억울한 일이 있으면 징을 울려 왕에게 직접 호소하는 합법적 소원제도인 '격쟁(擊錚)'이 있었다. 정조는 서울과 수원의 행차 길에 징이 울리면 가마를 멈추고 백성의 억울함을 듣고 해결해 준 것이 3 천 건이 넘는다고 한다. 지금도 매년 10 월이면 '정조대왕 능행차' 행렬을 하는데 서울 창덕궁에서 화성 융릉까지 8 일간의 행차를 한다. 이 '정조대왕 능행차'를 백성들이 행복하게 여긴다 하여 행복한 행차 '행행(行幸)'이라 하였다.

정조 이산의 할아버지 영조(英祖)와 정조(正祖) 대를 흔히 영정조시대라 하여 '조선의 르네상스' 시대라고 한다. 수원화성에 가게 되면 '조선 르네상스' 유적뿐만이 아니라, 정조의 효심과 백성을 사랑했던 '임금의 마음'도 느낄 수 있으면 좋을 것 같다.

가 보자, 수원화성에!

말해 보자 15

⑴ 이산은 누구인가?

⑵ '격쟁'이란 무엇인가?

수원화성

水原華城に行ってみよう！

　水原華城は、ドラマ「イサン」で知られ朝鮮第22代王の正祖が王権強化策と父の張憲世子（サドセジャ）と母の恵慶宮洪氏のための孝心から築城した行宮である。

　「華城」は1794年から2年9ヶ月にわたって築城されたが、居住地としての邑城と防御用の山城を合わせた計画都市であり、伝統的な築城技法と科学的技術を活用したうえに周辺の地形に合わせて造成され、自然と調和する美しい城だ。

　建設過程全般が「華城聖域儀軌」に文と絵で詳しく記録されているが、正祖は労働力に賃金を支払って民の社会参加を誘導し、建設現場で欠勤している人がいれば理由を尋ね、病気の人には薬を作って送ったりもしたという。

　一方、朝鮮時代には民が無念なことがあれば銅鑼を鳴らして王に直接訴える合法的な直訴制度である「撃争」があった。正祖はソウルと水原の御出座しの途中、銅鑼が鳴ると輿を止めて民の無念を聞き解決してくれたことが3千件を超えるという。今も毎年10月になると正祖大王陵行次をするが、ソウルの昌徳宮から華城の隆陵までの8日間のお出ましをする。この「正祖大王陵 行次」を民が幸せに感じるとして幸せな行次「行幸」と言った。

　正祖イサンの祖父英祖と正祖の代をよく英正祖時代といって「朝鮮のルネサンス」時代だと言う。水原華城に行けるなら「朝鮮ルネサンス」遺跡だけでなく、正祖の孝心と民を愛した「王の心」も感じられると良いだろう。

　行ってみよう。水原華城に！

한국어 마당 ⑮ 한국의 세계문화유산 （韓国の世界文化遺産）

세계유산 世界遺産	창덕궁(昌德宮), 조선왕릉(朝鮮王陵), 종묘(宗廟), 서원(書院) 하회(河回)·양동마을, 해인사장경판전(藏経板殿) 경주(慶州)역사유적지구, 백제(百済)역사유적지구, 고인돌유적(遺跡), 수원화성(水原華城), 남한산성(南漢山城), 한국의 갯벌(潮干潟)
기록유산 記録遺産	훈민정음해례본(訓民正音解例本), 유교책판(儒教冊版) 조선왕조실록(朝鮮王朝実録), 승정원일기(承政院日記), 난중(乱中)일기 조선통신사(朝鮮通信使)기록：17〜19世紀日韓平和構築と文化交流歴史
무형문화유산 無形文化遺産	종묘제례(宗廟祭礼) 및 종묘제례악(宗廟祭礼楽) 김장, 한국의 김치를 담그고 나누는 문화(キムジャン、韓国のキムチを漬けて分かち合う文化), 제주해녀(海女)문화 농악(農楽), 연등회(燃燈会), 강릉단오제(端午祭), 아리랑, 판소리, 택견(テッキョン)

1. 次の文を日本語に訳してみましょう。

(1) 드라마에서 보니까 한국 사람들은 김치를 많이 먹는 모양이에요.

　　→ _____

(2) 주말에도 출근하는 걸 보니까 꽤 바쁜 모양이네요.

　　→ _____

(3) 친구들이 서울에 간다길래 같이 가려고요.

　　→ _____

(4) 비가 오는 데다가 바람까지 불어서 더 춥네요.

　　→ _____

(5) 아직 이야기하는 중이에요.

　　→ _____

2. 次の文を韓国語に訳してみましょう。（下線部に注意）

(1) 建物を新しく<u>建てるようです</u>。（「-는 모양이다」を使って）

　　→ _____

(2) 明日もかなり<u>暑そうです</u>。（「-(으)ㄹ 모양이다」を使って）

　　→ _____

(3) ちょうどセールを<u>しているので</u>もう一つ買いました。（「-길래」を使って）

　　→ _____

(4) 運動が<u>上手なうえに</u>性格もいいです。（「-는데다가」を使って）

　　→ _____

(5) 今トッポッキを<u>作っているところです</u>。（「-는 중이다」を使って）

　　→ _____

3. 次の質問に韓国語で答えましょう。

(1) 친구는 주로 어디에서 공부를 해요? (「-는 모양이다」を使って)

→ _____

(2) 이번 콘서트는 예약하기 쉬워요? (「-(으)ㄴ 모양이다」を使って)

→ _____

(3) 요즘 보는 드라마는 어떻게 보게 됐어요? (「-는다길래」を使って)

→ _____

(4) 친구나 가족에 대해 이야기해 주세요. (「-는데다가」を使って)

→ _____

(5) 요즘 하고 있는 것에 대해 이야기해 주세요. (「-는 중이다」を使って)

→ _____

解答 第15課 まとめ練習問題

1. (1) ドラマで見ると韓国人はキムチをたくさん<u>食べるようです</u>。
(2) 週末にも出勤するのを見ると<u>かなり忙しいようですね</u>。
(3) 友達が<u>ソウルに行くと言うので</u>一緒に行こうと思います。
(4) <u>雨が降る上に</u>風まで吹いて更に寒いですね。
(5) まだ<u>話しているところです</u>。

2. (1) 건물을 새로 <u>짓는 모양이에요</u>.   (2) 내일도 꽤 <u>더울 모양이에요</u>.
(3) 마침 세일을 <u>하길래</u> 하나 더 샀어요.
(4) 운동을 <u>잘하는 데다가</u> 성격도 좋아요.   (5) 지금 떡볶이를 <u>만드는 중이에요</u>.

3. (1) 친구는 주로 집에서 <u>공부하는 모양이에요</u>.
(2) 이번 콘서트도 예약하기 <u>어려운 모양이에요</u>.
(3) 재미있고 한국어에 <u>도움이 된다길래</u> 보게 됐어요.
(4) 제 친구는 <u>친절한 데다가</u> 공부까지 잘해요.
(5) 저는 환경 문제에 대해 <u>공부하는 중이에요</u>.

1課 **1-1**

解答 練習1

(1) 많이 먹어야겠어요.   (2) 매일 걸어야겠어요.

(3) 내일은 빵을 구워야겠어요.   (4) 창문을 열어야겠어요.

(5) 회의실이 좀 넓어야겠어요.

解答 練習2

(1) 많아야겠어요   (2) 많이 먹어야겠어요   (3) 일찍 일어나야겠어요

解答例 練習3

앞으로 더욱더 열심히 공부해야겠어요. (これからもっと勉強しないといけません。)

1課 **1-2**

解答 練習1

(1) 질도 좋고 값도 싸야지.   (2) 꼭 살을 빼야지.   (3) 문제가 쉬워야지.

(4) 방문을 닫아야지.   (5) 먼저 사과해야지.

解答 練習2

(1) 푹 쉬어야지   (2) 꼭 끊어야지   (3) 봐야지

解答例 練習3

책임을 지지 못 할 거면 하지 말아야지요.
(責任を取れないものならやってはいけないでしょう。)

1課 **1-3**

解答 練習1

(1) 아이들은 선물을 받고 싶어 해요.   (2) 후배들은 커피를 마시고 싶어 해요.

(3) 친구는 떡볶이를 만들고 싶어 해요.   (4) 언니는 음악을 듣고 싶어 해요.

(5) 동생은 공부를 잘하고 싶어 해요.

解答 練習2

(1) 부르고 싶어 해요   (2) 받고 싶어 해요   (3) 읽고 싶어 해요

解答例 練習3

저도 예전에는 한국에 유학하고 싶어 했어요. (私も以前は韓国に留学したがっていました。)

解答 練習 1

(1) 시험이 어렵던데요.　　(2) 아이는 밖에서 놀던데요.

(3) 방이 깨끗하던데요.　　(4) 어젯밤에 달이 무척 밝던데요.

(5) 그 집 음식 꽤 맛있던데요.

解答 練習 2

(1) 도서관에서 공부하던데요　　(2) 점심을 먹던데요　　(3) 아직 젊던데요

解答例 練習 3

어젯밤에 영화관에 갔었는데 사람들이 아주 많던데요.
(昨夜、映画館に行きましたが、人がとても多かったんですよ。)

2課 2-1

解答 練習 1

(1) 영화를 보느라고　　(2) 음악을 듣느라고　　(3) 빵을 굽느라고

(4) 떡볶이를 만드느라고　　(5) 집안 청소를 하느라고

解答 練習 2

(1) 일하느라고　　(2) 드라마를 보느라고　　(3) 노느라고

解答例 練習 3

숙제를 하느라고 녹화한 방송을 볼 시간이 없어요.
(宿題をするために録画した番組を見る時間がありません。)

2課 2-2

解答 練習 1

(1) 살을 뺀다고요?　　(2) 먼저 사과한다고요?　　(3) 문을 닫는다고요?

(4) 값이 싸다고요?　　(5) 문제가 쉽다고요?

解答 練習 2

(1) 비가 온다고요　　(2) 안 좋다고 해요　　(3) 불리하다고

解答例 練習 3

서울에 산이 많다고요? 좋겠네요. (ソウルに山が多いんですって？　いいですね。)

解答　練習1

⑴ 그냥 오기만 해요.　　⑵ 늘 받기만 해요.　　⑶ 그냥 앉아 있기만 해요.

⑷ 아이가 울기만 해요.　　⑸ 이야기를 듣기만 해요.

解答　練習2

⑴ 그냥 오기만 하세요　　⑵ 받기만 해서　　⑶ 듣기만 해요

解答例　練習3

남편은 도와 주지는 않고 먹기만 해요. (夫は手伝わないで、食べてばかりです。)

解答　練習1

⑴ 돈은 쓰기에 따라서　　⑵ 조언은 듣기에 따라서

⑶ 건물은 짓기에 따라서　　⑷ 회사에 따라서　　⑸ 요일에 따라서

解答　練習2

⑴ 손질하기에 따라　　⑵ 듣기에 따라서는　　⑶ 좌석에 따라서

解答例　練習3

송료는 무게와 부피에 따라서 달라요. (送料は重さと体積によって異なります。)

解答　練習1

⑴ 한국어를 배운답니다.　　⑵ 김치를 매일 먹는답니다.

⑶ 내일은 춥답니다.　　⑷ 잡채를 자주 만든답니다.

⑸ 어제 연락했답니다.

解答　練習2

⑴ 바쁘답니다　　⑵ 판답니다　　⑶ 있답니다

解答例　練習3

친구는 한국 드라마 보는 것이 취미랍니다. (友達は、韓国ドラマを見るのが趣味だそうです。)

解答 （練習 1）

(1) 운동을 한다면서   (2) 감기가 낫는다면서   (3) 갈비를 만든다면서

(4) 배가 아프다면서   (5) 시간이 없다면서

解答 （練習 2）

(1) 밥을 먹었다면서요   (2) 아프다면서요   (3) 만든다면서

解答例 （練習 3）

돈이 없다면서 매일 인터넷 쇼핑을 한다.
（お金がないと言いながら、毎日インターネットショッピングをする。）

3課 3-3

解答 （練習 1）

(1) 교통비가 싸다지요?   (2) 김치를 잘 먹는다지요?

(3) 문제가 어렵다지요?   (4) 가게 문을 연다지요?

(5) 후배가 연락했다지요?

解答 （練習 2）

(1) 놓는다지요   (2) 분다지요   (3) 있다지요

解答例 （練習 3）

유타 씨는 한국어를 잘한다지요? （ユウタさんは韓国語が上手だそうですね。）

3課 3-4

解答 （練習 1）

(1) 집에서 쉰다니까   (2) 노래를 듣는다니까   (3) 전화를 건다니까

(4) 시험이 어렵다니까   (5) 아직 군인이라니까

解答 （練習 2）

(1) 쉰다니까   (2) 춥다니까   (3) 맛있다니까

解答例 （練習 3）

면접시험이 까다롭다니까 준비 잘 해야겠어요.
（面接試験が厳しいそうだから、しっかり準備しなければなりません。）

4課　4-1

解答　練習1

(1) 모두 벌써 와 있어요.　(2) 동생은 엄마 옆에 앉아 있어요.
(3) 열쇠는 책상 위에 놓여 있어요.　(4) 창문이 열려 있어요.
(5) 가게가 닫혀 있어요.

解答　練習2

(1) 꺼져 있었어요　(2) 쌓여 있네요　(3) 닫혀 있네요, 걸려 있어요

解答例　練習3

몸이 안 좋아서 일주일째 입원해 있어요. (体の具合が悪くて一週間入院しています。)

4課　4-2

解答　練習1

(1) 화분이 놓이다.　(2) 문이 닫히다.　(3) 전화가 걸리다.
(4) 소리가 들리다.　(5) 아기가 안기다.

解答　練習2

(1) 보이네요　(2) 팔려요　(3) 닫힌 것 같아요

解答例　練習3

다리를 다쳐서 친구 등에 업혀서 왔어요. (足をけがして友達の背中におんぶされて来ました。)

4課　4-3

解答　練習1

(1) 라디오가 꺼지다.　(2) 물이 쏟아지다.　(3) 떡볶이가 만들어졌다.
(4) 종이가 찢어지다.　(5) 규칙이 정해졌다.

解答　練習2

(1) 써져요　(2) 쏟아졌어요　(3) 찢어졌어요

解答例　練習3

지워지는 펜은 마찰열로 지워져요. (消せるペンは摩擦熱で消せます。)

解答 練習1

(1) 알바생이 주인에게 해고당했다.　(2) 접수가 마감되었다.

(3) 우리는 선배의 초대를 받았다.　(4) 출입이 금지된다.

(5) 그는 모두에게 존경받았다.

解答 練習2

(1) 안내받고　(2) 해고되었어요 / 해고당했어요　(3) 부상당했어요

解答例 練習3

이번 대선에서 제1 야당 후보가 당선되었습니다.
(今回の大統領選挙で野党第一党の候補が当選されました。)

5課 5-1

解答 練習1

(1) 시를 읽곤 해요.　(2) 노래를 듣곤 해요.　(3) 빵을 굽곤 해요.

(4) 한국 음식을 만들곤 했어요.　(5) 이야기를 하곤 했어요.

解答 練習2

(1) 쓰곤 해요　(2) 붓곤 해요　(3) 걷곤 해요

解答例 練習3

휴일에는 아침 늦게까지 자곤 했어요. (休日には朝遅くまで寝たりしました。)

5課 5-2

解答 練習1

(1) 언제 쉬나요?　(2) 자주 걷나요?　(3) 문제가 쉬웠나요?

(4) 어디에 사나요?　(5) 음식은 맛있나요?

解答 練習2

(1) 피곤하지 않나요　(2) 먹었나요　(3) 푹 쉬었나요

解答例 練習3

지난 번에 보여 준 것과 같나요? (この前見せてくれたものと同じですか)

解答 練習1

(1) 일찍 일어나는데도 지각을 해요.　(2) 조금 먹는데도 살이 쪄요.
(3) 몸이 아픈데도 학교에 갔어요.　(4) 커피를 마셨는데도 잘 자(네)요.
(5) 휴일인데도 일했어요.

解答 練習2

(1) 내리는데도　(2) 생일인데도　(3) 켰는데도

解答例 練習3

계속 연락을 하는데도 연결이 안 돼요. (ずっと連絡をしているのにも繋がりません。)

解答 練習1

(1) CD도 듣고 해서　(2) 학교가 멀고 해서　(3) 집이 좁고 해서
(4) 소문도 있고 해서　(5) 혼자이고 해서

解答 練習2

(1) 먹고 해서　(2) 바쁘고 해서　(3) 초보이고 해서

解答例 練習3

어제는 피곤하고 해서 일찍 잤어요. (昨日は疲れていて早く寝ました。)

解答 練習1

(1) 어떻게 먹는지 몰라요.　(2) 몇 개 있는지 알아요?
(3) 어디에 사는지 몰라요.　(4) 무엇을 좋아하는지 알아요.
(5) 며칠 걸리는지 알아요?

解答 練習2

(1) 받았는지, 받았는지 모르겠네요　(2) 맛있는지　(3) 바쁜지

解答例 練習3

무엇부터 시작하면 좋은지 상의해 보세요. (何から始めればいいのか相談してみてください。)

解答 練習1

(1) 비가 내리다가 그쳤어요. (2) 자다가 깼어요. (3) 늘다가 줄었어요.
(4) 놀다가 다쳤어요. (5) 말하다가 말았어요.

解答 練習2

(1) 걸어오다가 (2) 지내다가 (3) 사귀다가

解答例 練習3

길을 가다가 우연히 선생님을 만났어요. (道を歩いていて、偶然先生に会いました。)

解答 練習1

(1) 선물을 받는다면 (2) 음료수를 마신다면 (3) 잡채를 만든다면
(4) 음악을 듣는다면 (5) 시간이 있다면

解答 練習2

(1) 받는다면, 받는다면 (2) 갈 수 있다면, 갈 수 있다면 (3) 산다면, 산다면

解答例 練習3

복권에 당첨된다면 우주 여행을 하고 싶어요. (宝くじに当たったら宇宙旅行がしたいです。)

解答 練習1

(1) 조금 먹더라도 (2) 놀더라도 (3) 피곤하더라도
(4) 날씨가 춥더라도 (5) 요리가 맛있더라도

解答 練習2

(1) 바쁘더라도 (2) 후회하더라도 (3) 맵더라도

解答例 練習3

오래 기다리더라도 만날 수 있다면 괜찮아요. (長く待ったとしても会えるなら大丈夫です)

解答　練習1

(1) 그 집 음식은 먹을 만해요(?).　(2) 이 책 읽을 만해요(?).
(3) 그 레시피로 만들 만해요(?).　(4) 이 곡 들을 만해요(?).
(5) 새 직장은 일할 만해요(?).

解答　練習2

(1) 받을 만하죠　(2) 볼 만해요　(3) 걸을 만해요

解答例　練習3

잡채를 처음 만들어 봤는데 만들 만하네요.
(チャプチェを初めて作ってみましたが、作るに値しますね。/ 作れますね。)

解答　練習1

(1) 비싸게 빌리느니　(2) 잔소리를 듣느니　(3) 힘들게 만드느니
(4) 해고당하느니　(5) 고생하느니

解答　練習2

(1) 체하느니　(2) 만드느니　(3) 빌리느니

解答例　練習3

부당하게 해고를 당하느니 차라리 사직을 하겠습니다.
(不当に解雇されるくらいならいっそ辞職します。)

解答　練習1

(1) 늦게까지 자다가는　(2) 술을 많이 마시다가는　(3) 매일 놀다가는
(4) 안 걷다가는　(5) 낭비하다가는

解答　練習2

(1) 잘하다가도　(2) 마시다가는　(3) 놀다가는, 놀다가도

解答例　練習3

그렇게 낭비하다가는 통장이 바닥날 거예요.
(そのように浪費していたら、通帳が底をつくでしょう。)

解答 （練習 1）

(1) 만나서 먹을 듯하다.　　(2) 신나게 놀 듯하다.

(3) 깨끗하고 조용할 듯하다.　　(4) 내일은 추울 듯하다.

(5) 이 옷이 멋있을 듯하다.

解答 （練習 2）

(1) 바쁠 듯해요　　(2) 후회할 듯해요　　(3) 비가 올 듯해서

解答例 （練習 3）

이것도 유행이 곧 끝날 듯해요. (これも流行がすぐ終わりそうです。)

解答 （練習 1）

(1) 아이가 김치를 잘 먹더라고요.　　(2) 아이들이 놀이터에서 놀더라고요.

(3) 어제 간 카페가 조용하더라고요.　　(4) 밤이 되니까 춥더라고요.

(5) 요리가 다 맛있더라고요.

解答 （練習 2）

(1) 바쁘더라고요　　(2) 후회하더라고요　　(3) 맵더라고요

解答例 （練習 3）

어제 작가 사인회에 갔었는데 사람이 무척 많더라고요.
(昨日、作家サイン会に行ったんですが、人がとても多かったんですよ。)

解答 （練習 1）

(1) 영향을 받다 보니까　　(2) 차를 자주 마시다 보니까

(3) 김치가 맵다 보니까　　(4) 음악을 듣다 보니까　　(5) 시간이 없다 보니까

解答 （練習 2）

(1) 바쁘다 보니까　　(2) 못 가다 보니까　　(3) 살다 보니까

解答例 （練習 3）

조금씩이라도 매일 걷다 보니까 건강이 좋아지는 것 같아요.
(少しずつでも毎日歩いていたら健康がよくなる気がします。)

解答 （練習1）

(1) 칭찬을 받다 보면　　(2) 술을 마시다 보면　　(3) 같이 살다 보면

(4) 강좌를 듣다 보면　　(5) 시간이 없다 보면

解答 （練習2）

(1) 칭찬을 받다 보면　　(2) 다니다 보면　　(3) 살다 보면

解答例 （練習3）

이야기하다 보면 시간이 빨리 지나갈 거예요. (話していると時間が早く過ぎると思います。)

解答 （練習1）

(1) 물건이 좋으면 잘 팔리는 법이다.　　(2) 소문은 도는 법이다.

(3) 하다 보면 익숙해지는 법이다.　　(4) 누구나 실수는 있는 법이다.

(5) 기대가 크면 실망도 큰 법이다.

解答 （練習2）

(1) 밀리는 법인데　　(2) 독이 되는 법인데　　(3) 돌고 도는 법

解答例 （練習3）

값이 싸고 품질이 좋으면 저절로 팔리는 법이다.
(安くて品質が良ければ自然に売れるものだ。)

解答 （練習1）

(1) 막 나가려던 참이다.　　(2) 쓰레기를 주우려던 참이다.

(3) 전화를 걸려던 참이다.　　(4) 문을 닫으려던 참이다.

(5) 마침 말하려던 참이다.

解答 （練習2）

(1) 가려던 참이에요　　(2) 하려던 참이었어요　　(3) 나가려던 참이었는데

解答例 （練習3）

저도 마침 연락하려던 참이었어요. (私もちょうど連絡しようとしていたところでした。)

解答 **練習1**

⑴ 술술 말할 수 있으면 좋겠다. ⑵ 만나서 놀면 좋겠다.

⑶ 같이 걸으면 좋겠다. ⑷ 조금이라도 도우면 좋겠다.

⑸ 요리가 맛있으면 좋겠다.

解答 **練習2**

⑴ 만나면 / 만날 수 있으면 ⑵ 받을 수 있으면 ⑶ 덜 매우면

解答例 **練習3**

한국어로 자연스럽게 말할 수 있으면 좋겠어요.
(韓国語で自然に話すことができたらいいですね。)

解答 **練習1**

⑴ 상을 받으려면 ⑵ 누군가를 도우려면 ⑶ 같이 살려면

⑷ 음악을 들으려면 ⑸ 다이어트를 하려면

解答 **練習2**

⑴ 만들려면, 만들려면 ⑵ 걸으려면 ⑶ 늦지 않으려면

解答例 **練習3**

한국에서 살려면 먼저 한국어를 배우면 좋겠죠?
(韓国で暮らすためにはまず、韓国語を習えばいいでしょ。)

解答 **練習1**

⑴ 밥을 먹이다. ⑵ 옷을 입히다. ⑶ 실컷 놀리다.

⑷ 손을 씻기다. ⑸ 잠을 깨우다. ⑹ 시간을 늦추다.

解答 **練習2**

⑴ 깨우지 마세요 ⑵ 울리는 ⑶ 눕히세요

解答例 **練習3**

배가 불러서 음식을 좀 남겼어요. (お腹がいっぱいで食べ物を少し残しました。)

10 課 10-1

解答 練習1

(1) 모르고 다 먹을 뻔했어요.　(2) 졸다가 못 내릴 뻔했어요

(3) 있는데 또 살 뻔했어요.　(4) 하마터면 웃을 뻔했어요.

(5) 비밀을 말할 뻔했어요.

解答 練習2

(1) 놓고 내릴 뻔했지만요　(2) 지각할 뻔했어요　(3) 들킬 뻔했어요

解答例 練習3

친구들과 수다를 떨다가 막차를 놓칠 뻔했어요.
(友達とおしゃべりをしていて終電に乗り遅れるところでした。)

10 課 10-2

解答 練習1

(1) 친구도 만날 겸　(2) 이야기도 들을 겸　(3) 잡채도 만들 겸

(4) 머리도 식힐 겸　(5) 다이어트도 할 겸

解答 練習2

(1) 들을 겸　(2) 바람도 쐴 겸　(3) 만날 겸 해서

解答例 練習3

친구도 만나고 여행도 할 겸 해서 서울에 다녀오려고 해요.
(友達にも会って旅行も兼ねてソウルに行って来ようと思います。)

10 課 10-3

解答 練習1

(1) 그걸 모를 리가 없어요.　(2) 술을 마실 리가 없어요.

(3) 사고일 리가 없어요.　(4) 벌써 소문을 들을 리가 없어요.

(5) 돈이 없을 리가 없어요.

解答 練習2

(1) 당첨될 리가 없어요　(2) 들을 리가 있겠어요　(3) 싫어할 리가 있겠요

解答例 練習3

산 지 얼마 안 되는 차를 헐값에 팔 리가 있겠어요? / 없어요.
(買ったばかりの車を安値で売るはずがないでしょう。/ ありません。)

解答　練習1

(1) 못 먹을까 봐 도시락을 사 왔어요.　(2) 늦을까 봐 뛰었어요.

(3) 졸까 봐 커피를 마셨어요.　(4) 추울까 봐 코트를 입고 나왔어요.

(5) 아무도 없을까 봐 안 갔어요.

解答　練習2

(1) 잃을까 봐　(2) 걱정하실까 봐요.　(3) 매울까 봐

解答例　練習3

입사 시험에 떨어질까 봐 걱정돼요. (入社試験に落ちるのではないかと心配です。)

解答　練習1

(1) 같이 먹더군요. / 먹었더군요.　(2) 차에서 내리더군요. / 내렸더군요.

(3) 많이 사더군요. / 샀더군요.　(4) 잘 웃더군요. / 웃었더군요.

(5) 침착하더군요. / 침착했더군요.

解答　練習2

(1) 팔더군요　(2) 합격했더군요　(3) 춥더군요

解答例　練習3

서둘러 갔는데 아쉽게도 세미나가 끝났더군요.
(急いで行ったのですが、残念ながらセミナーが終わっていました。)

解答　練習1

(1) 이따금 만나기는 해요　　(2) 가끔 노래를 듣기는 해요
(3) 맛있지만 좀 맵기는 해요　　(4) 서투르지만 만들기는 해요
(5) 다이어트를 하기는 해요

解答　練習2

(1) 멀기는 하지만 / 한데　　(2) 힘들기는 하지만 / 한데
(3) 요리를 하기는 하지만 / 하는데

解答例　練習3

한국어 공부가 어렵기는 해도 재미있어요. (韓国語の勉強が難しいのは難しいですが面白いです。)

解答　練習1

(1) 나만 모르다니요.　　(2) 술을 안 마시다니요.　　(3) 이제야 듣다니요.
(4) 사고라니요.　　(5) 돈이 없다니요.

解答　練習2

(1) 당첨되다니요　　(2) 지나가다니　　(3) 싫어하다니요

解答例　練習3

같은 실수를 또 하다니 한심하네요. (同じミスをまたするなんて情けないですね。)

解答　練習1

(1) 안 마신다기보다는 못 마셔요.　　(2) 잘 안다기보다는 검색을 잘해요.
(3) 사랑한다기보다는 좋아해요.　　(4) 늦었다기보다는 이른 편이에요.
(5) 바쁘다기보다는 여유가 없어요.

解答　練習2

(1) 천재라기보다는　　(2) 잘생겼다기보다는　　(3) 맛있다기보다는

解答例　練習3

꼭 필요하다기보다는 있으면 좋을 것 같아서 샀어요.
(必ず必要だというよりはあればいいと思って買いました。)

解答 **練習 1**

(1) 같이 먹는 바람에 조금밖에 못 먹었어요.

(2) 엘리베이터를 타는 바람에 전화가 끊어졌어요.

(3) 많이 사는 바람에 돈을 다 썼어요.　　(4) 노는 바람에 숙제를 못 했어요.

(5) 전화하는 바람에 드라마를 못 봤어요.

解答 **練習 2**

(1) 오는 바람에　　(2) 넘어지는 바람에　　(3) 쏟는 바람에

解答例 **練習 3**

모임 날이 변경되는 바람에 못 가게 됐어요.
(集まりの日が変更になったせいで行けなくなりました。)

解答 **練習 1**

(1) 아이들은 모를 수밖에 없어요.　　(2) 슬픔은 잊을 수밖에 없어요.

(3) 항상 바쁠 수밖에 없어요.　　(4) 자주 들을 수밖에 없어요.

(5) 돈이 없을 수밖에 없어요.

解答 **練習 2**

(1) 열심히 할 수밖에 없어요　　(2) 매울 수밖에요 / 매울 수밖에 없네요

(3) 참을 수밖에 없네요

解答例 **練習 3**

같은 실수를 또 하다니 야단맞을 수밖에요.
(同じミスをまたするなんて叱られるのは当然ですね。)

解答　練習 1

(1) 옷을 사는 대로 바로 입어요.　(2) 용돈을 받는 대로 다 썼어요.

(3) 고기를 굽는 대로 먹어요.　(4) 만드는 대로 다 팔려요.

(5) 안내하는 대로 따라가요.

解答　練習 2

(1) 그치는 대로　(2) 도착하는 대로　(3) 배운 대로

解答例　練習 3

확인되는 대로 연락드리겠습니다. (確認でき次第ご連絡いたします。)

解答　練習 1

(1) 명절 때는 과식하기 마련이다.　(2) 분위기로 과음하기 마련이다.

(3) 많이 먹으면 졸리기 마련이다.　(4) 지나치면 안 좋기 마련이다.

(5) 연말은 누구나 바쁘기 마련이다.

解答　練習 2

(1) 맛있기 마련이니까요　(2) 예뻐지기 마련이라고　(3) 고생하기 마련이라고

解答例　練習 3

누구나 비밀이 있기 마련이에요. (誰でも秘密があるものです。)

解答　練習 1

(1) 한 입 먹어 보니까 맛있었다.　(2) 지하철을 타 보니까 무척 쾌적하더군요.

(3) 들어 보니까 역시 좋네요.　(4) 만나 보면 마음에 들 거예요.

(5) 전화해 보면 알 수 있어요.

解答　練習 2

(1) 해 보니까　(2) 타 보면　(3) 마셔 보니까

解答例　練習 3

한국어 공부를 해 보니까 한국 문화도 알 수 있고 재미있더라고요.
(韓国語の勉強をしてみたら韓国の文化も分かって楽しかったです。)

13 課　13-2

解答　練習 1

(1) 소설을 읽나 봐요.　　(2) 부산에 사나 봐요.　　(3) 요즘도 바쁜가 봐요.

(4) 집이 넓은가 봐요.　　(5) 돈이 없었나 봐요.

解答　練習 2

(1) 있나 봐요　　(2) 매운가 봐요　　(3) 요리를 하나 봐요

解答例　練習 3

계속 웃는 걸 보니 좋은 일이 있나 봐요.
(ずっと笑っているのを見ると良いことがあるようです。)

13 課　13-3

解答　練習 1

(1) 기모노를 자주 입는 듯해요.　　(2) 보수를 많이 받는 듯해요.

(3) 고기를 구워서 먹는 듯해요.　　(4) 친구집이 잘사는 듯해요.

(5) 친절하게 대하는 듯해요.

解答　練習 2

(1) 좋아하는 듯하던데요　　(2) 모르는 듯해요　　(3) 있는 듯해요

解答例　練習 3

밖에서 무슨 소리가 들리는 듯해요. (外から何か音が聞こえるようです。)

13 課　13-4

解答　練習 1

(1) 맛있어서 과식한 듯하다.　　(2) 목이 부은 듯하다.

(3) 너무 많이 만든 듯하다.　　(4) 문제가 좀 어려운 듯하다.

(5) 모두 바쁜 듯하다.

解答　練習 2

(1) 본 듯한데　　(2) 걸린 듯해요　　(3) 먼 듯하네요

解答例　練習 3

그 기사를 며칠 전에 신문에서 읽은 듯해요. (あの記事を数日前に新聞で読んだ気がします。)

解答 (練習1)

(1) 다 먹으려다가 조금 남겼다.　　　(2) 버스를 타려다가 택시를 탔다.
(3) 회사까지 걸으려다가 자전거로 갔다.
(4) 건물을 지으려다가 다음으로 미루었다.　　(5) 빨리 가려다가 넘어졌다.

解答 (練習2)

(1) 먹으려다가　(2) 만나려다가　(3) 들으려다가

解答例 (練習3)

택시로 오려다가 길이 막히는 것 같아서 지하철로 왔어요.
(タクシーで来ようとしましたが道が混んでいるようなので地下鉄で来ました。)

解答 (練習1)

(1) 바뀐 채로　　　(2) 실내화를 신은 채로　　(3) 등에 업힌 채로
(4) 봉투에 넣은 채로　　(5) 책상 위에 놓인 채로

解答 (練習2)

(1) 신은 채로　(2) 쓴 채로　(3) 앉은 채로

解答例 (練習3)

텔레비전을 켜 놓은 채로 잠이 들고 말았어요. (テレビをつけたまま眠ってしまいました。)

解答 (練習1)

(1) 따뜻하게 입었더라면　　(2) 보수를 많이 받았더라면
(3) 소식을 들었더라면　　(4) 좀 더 도왔더라면　　(5) 친절하게 대했더라면

解答 (練習2)

(1) 갔더라면　(2) 늦었더라면　(3) 읽었더라면

解答例 (練習3)

좀 더 일찍 일어났더라면 지각을 안 했을 텐데.
(もう少し早く起きていたら遅刻をしなかっただろうに。)

解答　**練習1**

(1) 서울에서 살았으면 좋겠어요.　(2) 요리가 맛있었으면 좋겠어요.
(3) 집을 지었으면 좋겠어요.　(4) 문제가 안 어려웠으면 좋겠어요.
(5) 음악을 들었으면 좋겠어요.

解答　**練習2**

(1) 마셨으면 좋겠어요　(2) 말했으면 해요　(3) 왔으면 좋겠어요

解答例　**練習3**

아이가 커서도 자신이 하고 싶은 걸 했으면 좋겠어요.
(子どもが大きくなっても自分がやりたいことをやってほしいです。)

解答　**練習1**

(1) 차에서 내려서 걸을 모양이다.　(2) 새 건물을 지을 모양이다.
(3) 내일은 잡채를 만들 모양이다.　(4) 강의실이 넓은 모양이다.
(5) 짐이 무거운 모양이다.

解答　**練習2**

(1) 올 모양이에요　(2) 자주 듣는 모양이네요　(3) 더운 모양이에요

解答例　**練習3**

약을 먹는 걸 보니까 어디 아픈 모양이에요.
(薬を飲んでいるのを見るとどこか具合が悪いようです。)

解答　**練習1**

(1) 맛있게 먹길래　(2) 떡볶이를 만들길래　(3) 주소를 묻길래
(4) 옷이 멋있길래　(5) 운동을 안 하길래

解答　**練習2**

(1) 안 받길래　(2) 팔길래　(3) 춥다(고 하)길래

解答例　**練習3**

서울은 눈이 많이 온다길래 이번에는 겨울에 가 보려고요.
(ソウルは雪がたくさん降るそうなので、今度は冬に行ってみようと思います。)

解答 練習1

(1) 번호가 바뀐 데다가 (2) 흰 옷을 입은 데다가 (3) 짐을 손에 든 데다가

(4) 날씨가 더운 데다가 (5) 배가 고픈 데다가

解答 練習2

(1) 부는 데다가 (2) 쓴 데다가 (3) 가까운 데다가

解答例 練習3

추운 데다가 비까지 내려서 감기에 걸린 모양이에요.
(寒い上に雨まで降って風邪を引いたようです。)

解答 練習1

(1) 산책로를 걷는 중이다. (2) 생선을 굽는 중이다. (3) 전화를 거는 중이다.

(4) 관람하는 중이다. (5) 공연하는 중이다.

解答 練習2

(1) 읽는 중이에요 (2) 착륙 중이야 (3) 고르는 중이에요

解答例 練習3

지금 저녁 식사 준비 중이니까 어서들 들어와 먹자!
(今、夕食準備中だから早く入ってきて食べよう！)

付 録

助詞	はたらき		母音終わり	子音終わり
は	**는/은** 主題		**는** 친구는 （友達は）	**은** 형은 （兄は）
が	主格 **가 이 께서**	事物	**가** 노트가 （ノートが）	**이** 책이 （本が）
		人・動物	**가** 친구가 （友達が）	**이** 형이 （兄が）
		人（尊敬）	**께서** 할머니께서 （お祖母さんが） 선생님**께서** 책을 주셨어요 （先生が本をくださいました）	
を	**를/을** 目的格		**를** 노트를 사다 （ノートをう）	**을** 책을 사다 （本を買う）
	慣用表現	～に乗る	**를** 택시를 타요 （タクシーに乗ります）	**을** 지하철을 타요 （地下鉄に乗ります）
		～に会う	**를** 친구를 만나요 （友だちに会う）	**을** 동생을 만나요 （弟・妹に会う）
		～に行く	**를** 성묘를 가다 （墓参りに行く）	**을** 여행을 가다 （旅行に行く） 출장을 가다 （出張に行く） 등산을 가다 （登山に行く）
		～に似ている	**를** 엄마를 닮았다 （母に似ている）	**을** 형을 닮았다 （兄に似ている）
		～に接する	**를** 문화를 접하다 （文化に接する）	**을** 한글을 접하다 （ハングルに接する）
		～が好きだ	**를** 커피를 좋아하다 （コーヒーが好きだ）	**을** 빵을 좋아하다 （パンが好きだ）
		～に気づく	**를** 나를 알아차리다 （私に気づく）	**을** 비밀을 알아차리다 （秘密に気づく）
		～に付く、 ～に従う	**를** 친구를 따라서 가다 （友達に付いて行く）	**을** 선생님을 따라서 읽다 （先生について読む）
		～に向かう	**를** 목표를 향해서 가다 （目標に向かって行く）	**을** 정상을 향해서 올라가다 （頂上に向かって登る）

助詞	はたらき		母音終わり	子音終わり
と	**와/과** **하고**＊ **랑** **/이랑**＊	列挙	**와** 노트**와** 책 （ノートと本）	**과** 책**과** 노트 （本とノート）
			노트**하고** （ノートと）　　책**하고** （本と） ＊会話でよく使います。	
			너**랑** 나**랑** （あなたと私と）	나**랑** 동생**이랑** （私と弟・妹と）
の	**의** 属格・所有		노트**의** （ノートの）　　책**의** （本の）	
	인 指定（である）		배우**인** 딸과 경찰관**인** 아들이 있다 （俳優の娘と警察官の息子がいる）	
も	**도** 追加・許容		노트**도** （ノートも）　　책**도** （本も）	
	나/이나 多すぎると思う時の 「も」		세 개**나** （3個も）	세 병**이나** （3本も）
			빵을 세 개**나** 먹었다 （パンを三つも食べた） 소주를 세 병**이나** 마셨다 （焼酎を三本も飲んだ） 多すぎると思う時に、数詞と一緒使われる。	
に	**에**	事物	노트**에** （ノートに） / 책**에** 있어요 （本に） あります	
		場所	학교**에** 가요 （学校に行きます） 서울**에** 살아요 （ソウルに住んでいます）	
		時間	오전**에** 가요 （午前に行きます）	
		慣用的	감기**에** 걸렸어요 （風邪を引きました）	
	에게 **한테**＊	人・動物	**에게** 친구**에게** 편지를 보냈다 （友達に手紙を送った） 고양이**에게** 물을 주었다 （猫に水をやった）	
			한테 친구**한테** （友達に）　　고양이**한테** （猫に）	
	께 人（尊敬）		선생님**께** 인사해요 （先生に挨拶します）	
	가/이		교사**가** 돼요 （教師になります） 회사원**이** 돼요 （会社員になります）	
へ	**로/으로** 方向		**로** 도쿄**로** 가요 （東京へ行きます）	**으로** 부산**으로** 가요 （釜山へ行きます） **로** 〈ㄹパッチム〉 서울**로** 가요 （ソウルへ行きます）

助詞	はたらき		母音終わり	子音終わり
で	**로/으로** 手段・道具		**로** 종이**로** 싸요 （紙で包みます）	**으로** 볼펜**으로** 써요 （ボールペで書きます）
				신칸센**으로** 가요! （新幹線で行きましょう）
				로 〈ㄹパッチム〉 연필**로** 써요 （鉛筆で書きます）
			로 택시**로** 가요! （タクシーで行きましょう）	지하철**로** 가요! （地下鉄で行きましょう）
	에서 場所		학교**에서** 공부해요 （学校で勉強します） 공원**에서** 운동해요 （公園で運動します） 서울**에서** 살아요 （ソウルで暮らしています）	
から	**에서(부터)** 起点		도쿄**에서**(부터) 오사카까지 （東京から大阪まで）	
	부터 時間・順序		아침**부터** 저녁까지 （朝から夕方まで） 1 번**부터** 10 번까지 （一番から10番まで）	
	에게서 人・動物		친구**에게서** 편지가 왔다 （友達から手紙が来た） 고양이**에게서** 좋은 냄새가 난다 （猫から良いにおいがする）	
	한테서＊		친구**한테서** 편지가 왔다 （友達から手紙が来た） 고양이**한테서** 좋은 냄새가 난다 （猫から良いにおいがする）	
	로부터 人		친구**로부터** 편지가 왔다 （友達から手紙が来た）	
まで	**까지** 限定	空間	도쿄에서(부터) 오사카**까지** （東京から大阪まで）	
		時間	아침부터 저녁**까지** （朝から夕方まで）	
		範囲	1 번부터 10 번**까지** （一番から10番まで）	
だけ	**만** 限定		인사**만** （挨拶だけ）　　마음**만** （心だけ） 인사**만** 하고 갈게요 （挨拶だけして行きます） 마음**만** 감사히 받을게요 （心だけありがたく頂きます）	

助詞	はたらき		母音終わり	子音終わり
しか	**밖에**	限定	하나**밖에** 없어요 (一個しかありません) 조금**밖에** 없어요 (少ししかありません)	
より	**보다**	比較	어제**보다** (昨日より)　　오늘**보다** (今日より) 어제**보다** 오늘, 오늘**보다** 내일 (昨日より今日、今日より明日)	
でも	**라도/이라도**	次善	**라도** 차**라도** 마셔요 (お茶でも飲みましょう)	**이라도** 빵**이라도** 먹어요 (パンでも食べましょう)
	나/이나	次次善	차**나** 마셔요 (お茶でも飲みましょう)	빵**이나** 먹어요 (パンでも食べましょう)

＊印は、会話でよく使われる。

Ⅱ. 発音の変化

1 有声音化

1) 有声音の母音に挟まれる平音の有声音化

例 구구 [クク→クグ [kugu]]（九九）

부부 [ププ→ブブ [pubu]]（夫婦）

2) 鼻音、流音のパッチムの後に来る平音の有声音化

例 불고기 [プルコキ→プルゴギ]（焼き肉）

パッチム (鼻音・流音)	＋初声 →有声音化	例			
ㄴ ㄹ ㅁ ㅇ	ㄱ [k → g]	만개 (満開) ^{マン ゲ}	얼굴 (顔) ^{オルグル}	남국 (南国) ^{ナムグク}	공구 (工具) ^{コン グ}
	ㄷ [t → d]	반대 (反対) ^{パン デ}	멀다 (遠い) ^{モル ダ}	감독 (監督) ^{カムドク}	상대 (相手) ^{サン デ}
	ㅂ [p → b]	준비 (準備) ^{チュン ビ}	갈비 (カルビ) ^{カル ビ}	담보 (担保) ^{タム ボ}	장부 (帳簿) ^{チャン ブ}
	ㅈ [tʃ → dʒ]	안주 (おつまみ) ^{アンジュ}	줄자 (巻き尺) ^{チュルジャ}	잠자리 (トンボ) ^{チャムジャ リ}	공주 (姫) ^{コンジュ}

2 連音化 パッチムは次に来る母音につないで読む

例 음악 [으막]（音楽）^{ウ マク} 서울에 [서우레]（ソウルに）^{ソ ウ レ} 집을 [지블]（家を）^{チ ブル}

3 濃音化

1) 平音の濃音化：平音のパッチム〔ㄱ，ㄷ，ㅂ〕の次に来る平音の初声は濃音になる

例 잡지 [잡지→잡찌]（雑誌）^{チャプ チ}

パッチム	＋初声→濃音化	例
[ㄱ] (ㄱ, ㄲ, ㅋ)	ㄱ [→ㄲ]	탁구 [탁꾸]（卓球）^{タック} 복도 [복또]（廊下）^{ポク ト} 국밥 [국빱]（クッパ）^{ククバプ}
[ㄷ] (ㄷ, ㅌ, ㅅ, ㅆ, ㅈ, ㅊ)	ㄷ [→ㄸ] ㅂ [→ㅃ] ㅅ [→ㅆ]	걷다 [걷따]（歩く）^{コッ タ} 숫자 [숟자→숟짜]（数字）^{スッチャ} 찾다 [찯다→찯따]（探す）^{チャッ タ}
[ㅂ] (ㅂ, ㅍ)	ㅈ [→ㅉ]	잡지 [잡찌]（雑誌）^{チャプ チ} 입다 [입따]（着る）^{イプ タ} 앞집 [압집→압찝]（前の家）^{アプチプ}

250

2) -(으)ㄹの後の平音の濃音化

未来連体形「-(으)ㄹ」の後に来る平音「ㄱ, ㄷ, ㅂ, ㅅ, ㅈ」は**濃音化**される。

例

① 마실 것 [마실껃] (飲み物) _{マ シ ルッコッ}
② 먹을 것 [머글껃] (食べ物) _{モ グ ルッコッ}

③ 살게요 [살께요] (買います) _{サ ルッケ ヨ}
④ 갈게요 [갈께요] (行きます) _{カ ルッケ ヨ}

⑤ 할 거예요 [할꺼예요] (するつもりです・するでしょう) _{ハ ルッ コ イ ェ ヨ}

3) パッチムの音［ㄴ、ㅁ］の後の平音の濃音化

パッチムの音が［ㄴ、ㅁ］で終わる動詞・形容詞の後に来る平音［ㄱ, ㄷ, ㅈ］は濃音化され
[ㄲ, ㄸ, ㅉ] で発音される。

例 참다 [참따] (耐える)　앉다 [안따] (座る)

パッチム	＋初声→濃音化	例
[ㄴ] （ㄴ, ㄵ）	ㄱ [→ㄲ] ㄷ [→ㄸ] ㅂ [→ㅃ] ㅅ [→ㅆ] ㅈ [→ㅉ]	신고 [신꼬] (履いて) 신다 [신따] (履く) 신지만 [신찌만] (履くが) 앉다 [안따] (座る) 앉고 [안꼬] (座って) 앉지만 [안찌만] (座るが)
[ㅁ] （ㅁ, ㄻ）		참다 [참따] (耐える) 참고 [참꼬] (耐えて) 참지만 [참찌만] (耐えるが) 젊다 [점따] (若い) 젊고 [점꼬] (若くて) 젊지만 [점찌만] (若いが)

4 鼻音化

1) 平音の鼻音化

平音のパッチムの音（終声）[ㄱ]、[ㄷ]、[ㅂ] の後に、鼻音の「ㄴ・ㅁ」が続くと、平音は**鼻音化**され、[ㄱ] は [ㅇ]、[ㄷ] は [ㄴ]、[ㅂ] は [ㅁ] と発音されます。

例 **입니다** [임니다] (~です)
イム ニ ダ

パッチム	＋初声	パッチムの鼻音化	例
[ㄱ] (ㄱ, ㄲ, ㅋ)	ㄴ ㅁ	[ㄱ→ㅇ]	국민 [궁민] (国民) クンミン 작년 [장년] (昨年) チャンニョン
[ㄷ] (ㄷ, ㅌ, ㅅ, ㅆ, ㅈ, ㅊ)		[ㄷ→ㄴ]	옛날 [옏날→ 옌 날] (昔) イェンナル 꽃말 [꼳말→꼰말] (花言葉) コンマル
[ㅂ] (ㅂ, ㅍ)		[ㅂ→ㅁ]	입문 [임문] (入門) イムムン 앞날 [암날] (将来) アムナル

2) 流音の鼻音化

パッチム「ㄱ, ㅁ, ㅇ」などの後ろに来る初声「ㄹ」は**鼻音化**され、[ㄴ] で発音することができる。（パッチム「ㄴ, ㄹ」の後ろに来る初声「ㄹ」では例外）

例 **송료** [송뇨] (送料)
ソンニョ

パッチム	＋初声ㄹの鼻音化	例
ㄱ	ㄹ→ [ㄴ]	심리 [심니] (心理) シム ニ 송료 [송뇨] (送料) ソンニョ 종로 [종노] (鐘路) チョン ノ 대통령 [대통녕] (大統領) テ トンニョン
ㅁ		
ㅇ		

5 口蓋音化

パッチム「ㄷ」・「ㅌ」の後に母音「이」が続くと、それぞれの**口蓋音**の［지］・［치］と発音されます。これを**口蓋音**化といいます。

例 굳이 [구지]（クジ）（あえて）　같이 [가치]（カチ）（いっしょに）

パッチム	＋接続：口蓋音化	例
ㄷ	이 [디→지]	맏이 [마지]（マジ）（長男・長女） 해돋이 [해도지]（ヘドジ）（日の出）
ㅌ	이 [티→치]	같이 [가치]（カチ）（いっしょに） 붙이다 [부치다]（ブチダ）（貼る）

6 激音化

平音のパッチムの音（終声）［ㄱ］、［ㄷ］、［ㅂ］の次に「ㅎ」が続くと「ㅎ」と合体し、それぞれの**激音**［ㅋ］、［ㅌ］、［ㅍ］、［ㅊ］と発音されます。同じく、パッチム「ㅎ」の次に来る平音「ㄱ」、「ㄷ」、「ㅂ」、「ㅈ」もそれぞれの激音 ［ㅋ］、［ㅌ］、［ㅍ］、［ㅊ］と発音されます。これを**激音化**と言います。

例 육회 [유쾨]（ユッケ）　좋다 [조타]（チョタ）（よい）

パッチム	＋接続	激音化	例
［ㄱ］ （ㄱ, ㄲ, ㅋ）	ㅎ	→ㅋ	축하 [추카]（チュカ）（祝賀） 노력하다 [노려카다]（ノリョカダ）（努力する）
［ㄷ］ （ㄷ, ㅌ, ㅅ, ㅆ, ㅈ, ㅊ）	ㅎ	→ㅌ	개끗하다 [개끋하다→깨끄타다]（ッケクタダ） （きれいだ）
［ㅂ］ （ㅂ, ㅍ）	ㅎ	→ㅍ	입학 [이팍]（イパク）（入学） 집합 [지팝]（チパブ）（集合）
ㅎ	ㄱ	→ㅋ	좋고 [조코]（チョコ）（よく）
	ㄷ	→ㅌ	좋다 [조타]（チョタ）（いい）
	ㅈ	→ㅊ	좋지만 [조치만]（チョチマン）（いいが）

7 「ㅎ」の無音化と弱音化

「좋아요、넣어요、많아요」などのようにパッチム「ㅎ」の後に母音が続くと「ㅎ」はほとんど発音せずに、[조아요、너어요、마나요] などのように発音します。また、「은행, 결혼」などのようにパッチム「ㄴ, ㄹ, ㅁ, ㅇ」の後に「ㅎ」が続くと、「ㅎ」の音は弱まり [으냉, 겨론] と発音されます。

例 **좋아요** [조아요] (いいです)　**은행** [은행/으냉] (銀行)

パッチム	＋接続	無音化	例
ㅎ	母音	ㅎ→無音	**좋아요** [조아요] (いいです)
			놓아요 [노아요] (置きます)
			넣어요 [너어요] (入れます)
			괜찮아요 [괜차나요] (大丈夫です)

パッチム	＋接続	弱音化	例
ㄴ, ㄹ, ㅁ, ㅇ	ㅎ	ㅎ→ㅎ	**신호** [신호/시노] (信号)
			말해요 [말해요/마래요] (話します)
			김해 [김해/기매] (金海)

8 「ㄴ」添加

「명동역、서울역」などのように合成語において、前の単語に「ㄴ, ㅁ, ㄹ, ㅇ」などのパッチムがあり、後ろの語の語頭に「야, 여, 요, 유, 이」が続くと、母音の「ㅇ」のところに「ㄴ」が添加され、それぞれ [냐, 녀, 뇨, 뉴, 니] と発音されます。

例 **명동역** [명동녁] (明洞駅)

パッチム	＋接続：ㄴの添加	例
ㄴ ㄹ ㅁ ㅇ	야 [→냐] 여 [→녀] 요 [→뇨] 유 [→뉴] 이 [→니]	**무슨** (何) ＋ **약** (薬) → [무슨냑] **시청** (市庁) ＋ **역** (駅) → [시청녁] **무슨** (何) ＋ **요일** (曜日) → [무슨뇨일]

9 **流音化**

パッチムとその後の子音が「ㄴ＋ㄹ」、「ㄹ＋ㄴ」の場合、[ㄹ＋ㄹ（/l+r/）] で発音されます。
ただし、外来語はこの規則が適用されず（온라인 オンライン [온라인]、원룸 ワンルーム [원룸]
と発音します。）

例 편리 [펼리]（便利）　　실내 [실래]（室内）

〈流音化〉

パッチム（ㄴ，ㄹ）＋ㄴ，ㄹ→流音化	例
ㄴ＋ㄹ → ㄹ＋ㄹ	원리 [월리]　（原理） 인류 [일류]　（人類）
ㄹ＋ㄴ → ㄹ＋ㄹ	물냉면 [물랭면]　（水冷麺） 실내 [실래]　（室内）

Ⅲ. 不規則活用一覧

1 「ㄹ語幹」活用

語幹末のパッチム「ㄹ」の後に「(으)ㅅ,(스)ㅂ,(으)오,(으)ㄹ,(으)ㄴ」がくるとパッチム「ㄹ」は脱落します。(パッチム「ㄹ」の次に^sㅅ^pㅂ^o오^rㄹⁿㄴが続くと「ㄹ」は**すぽ～ん**と抜けるね！)

	後続の文字	動詞 살다（住む、暮らす）	形容詞 길다（長い～）
ㄹ脱落	**(으)ㅅ** -(으)세요	살＋세요→사세요 (お住みです)	길＋세요→기세요 (お長いです)
	(ㅅ)ㅂ -습/ㅂ니다	살＋ㅂ니다→삽니다 (住んでいます)	길＋ㅂ니다→깁니다 (長いです)
	-(으)오	살＋오→사오 (住みます)	길＋오→기오 (長いです)
	-(으)ㄹ	살＋ㄹ까요→살까요? (住むでしょうか)	길＋ㄹ까요→길까요? (長いでしょうか)
	-(으)ㄴ	살＋ㄴ→산 (住んでいた～)	길＋ㄴ→긴 (長い～)
		살＋는→사는 (住む～)	—
	-(으)니까	살＋니까→사니까 (住むから)	길＋니까→기니까 (長いから)
ㄹ残る	**-고**	살＋고→살고 (住んで)	길＋고→길고 (長くて)
	-던	살＋던→살던 (住んでいた～)	길＋던→길던 (長かった～)
	-(으)려고	살＋려고→살려고 (住もうと)	—
	-(으)면	살＋면→살면 (住めば)	길＋면→길면 (長ければ)
	-(으)므로	살＋므로→살므로 (住むので)	길＋므로→길므로 (長いので)
	-아/-어	살＋아요→살아요 (住んでいます)	길＋어요→길어요 (長いです)
	-지만	살＋지만→살지만 (住んでいるが)	길＋지만→길지만 (長いけど)

256

2 「ㅂ」不規則活用

	接続	ㅂ+아/어→워		ㅂ+으→우	
	基本形	連用形 -아/어 ～て	丁寧形 -아요/어요 ～です、～ます	仮定形 -(으)면 ～たら、～ば	連体形 -(으)ㄴ 形容詞：～い～ 動詞：～た～
ㅂ不規則	맵다 (辛い)	매워 (辛くて)	매워요 (辛いです)	매우면 (辛ければ)	매운 (辛い～)
	가깝다 (近い)	가까워	가까워요	가까우면	가까운
	춥다 (寒い)	추워	추워요	추우면	추운
	굽다 (焼く)	구워	구워요	구우면	구운
		(ㅂ→와)			
	곱다 (綺麗だ)	고와	고와요	고우면	고운
	돕다 (手伝う)	도와	도와요	도우면	도운

〈「ㅂ」規則活用〉

	接続	ㅂ+아/어		ㅂ+으	
	基本形	連用形 -아/어 ～て	丁寧形 -아요/어요 ～です、～ます	仮定形 -(으)면 ～たら、～ば	連体形 -(으)ㄴ 形容詞：～い～ 動詞：～た～
ㅂ規則	좁다 (狭い)	좁아 (狭くて)	좁아요 (狭いです)	좁으면 (狭かったら)	좁은 (狭い～)
	입다 (着る)	입어	입어요	입으면	입은
	その他	굽다 (曲がる)　뽑다 (抜く)　업다 (おんぶする) 잡다 (つかむ、取る)　접다 (折る)			

3 「ㄷ」不規則活用：動詞のみ

	接続	ㄷ+아/어 (ㄷ→ㄹ)		ㄷ+으 (ㄷ→ㄹ)	
	基本形	連用形 -아/어 ～て	丁寧形 -아요/어요 ～ます	尊敬形 -(으)세요 お～になります	仮定形 -(으)면 ～れば
ㄷ不規則	걷다 (歩く)	걸어 (歩いて)	걸어요 (歩きます)	걸으세요 (お歩きになります)	걸으면 (歩けば)
	깨닫다 (悟る)	깨달아	깨달아요	깨달으세요	깨달으면
	듣다 (聴く)	들어	들어요	들으세요	들으면
	묻다 (尋ねる)	물어	물어요	물으세요	물으면
	싣다 (載せる)	실어	실어요	실으세요	실으면

〈「ㄷ」規則活用〉

接続		ㄷ+아/어		ㄷ+으	
	基本形	連用形 -아/어 〜て	丁寧形 -아요/어요 〜ます	尊敬形 -(으)세요 お〜になります	仮定形 -(으)면 〜れば
ㄷ規則	닫다 (閉める)	닫아	닫아요	닫으세요	닫으면
	묻다 (埋める)	묻어	묻어요	묻으세요	묻으면
	믿다 (信じる)	믿어	믿어요	믿으세요	믿으면
	받다 (もらう)	받아	받아요	받으세요	받으면
	얻다 (得る)	얻어	얻어요	얻으세요	얻으면

〈ㄷ不規則・規則用言〉

ㄷ不規則	動詞	걷다 (歩く)，깨닫다 (悟る)，듣다 (聞く)，묻다 (尋ねる)，싣다 (載せる)
	形容詞	なし
ㄷ規則	動詞	닫다 (閉める)，묻다 (埋める)，믿다 (信じる)，받다 (もらう)，얻다 (得る)，걷다 (まくる、取り立てる)
	形容詞	굳다 (硬い) など**全ての形容詞**

4 「르」不規則活用

基本形	連用形 -아/어 〜て	丁寧形 -아요/어요 〜です、〜ます
陽母音	르+아→ㄹ라	
빠르다 (速い)	빨라 (速くて)	빨라요 (速いです)
다르다 (違う)	달라 (違って)	달라요 (違います)
모르다 (分からない)	몰라 (分からなくて)	몰라요 (分からないです)
자르다 (切る)	잘라 (切って)	잘라요 (切ります)
陰母音	르+어→ㄹ러	
부르다 (呼ぶ)	불러 (呼んで)	불러요 (呼びます)
서두르다 (急ぐ)	서둘러 (急いで)	서둘러요 (急ぎます)
흐르다 (流れる)	흘러 (流れて)	흘러요 (流れます)

（左端縦書き：ㄷ規則、르不規則）

5 「으」不規則活用

〈「으」不規則活用〉

語幹の音節	「ー」前の母音	基本形	「ー」+아/어→ㅏ/ㅓ	
			丁寧形 -아요/어요 ～です、～ます	過去形 -았어요/었어요 ～でした、～ました
1音節	無	끄다 (消す)	꺼요 (消します)	껐어요 (消しました)
		쓰다 (書く、使う)	써요	썼어요
		쓰다 (苦い)	써요	썼어요
		크다 (大きい)	커요	컸어요
2音節	陽母音	고프다 ((腹が) すく)	고파요	고팠어요
		나쁘다 (悪い)	나빠요	나빴어요
		모으다 (集める)	모아요	모았어요
		바쁘다 (忙しい)	바빠요	바빴어요
		아프다 (痛い)	아파요	아팠어요
	陰母音	기쁘다 (うれしい)	기뻐요	기뻤어요
		슬프다 (悲しい)	슬퍼요	슬펐어요
		예쁘다 (かわいい)	예뻐요	예뻤어요

〈「으」不規則用言〉

으 不規則	動詞	고프다 (お腹が空く), 끄다 (火を消す), 담그다 (漬ける), 뜨다 (浮かぶ), 모으다 (集める), 쓰다 (書く)
	形容詞	기쁘다 (うれしい), 바쁘다 (忙しい), 슬프다 (悲しい), 쓰다 (苦い), 아프다 (痛い), 크다 (大きい)

6 「ㅎ」不規則活用：形容詞のみ

語幹末のパッチムが「ㅎ」の形容詞は、母音「으」が続くと「좋다（良い）」を除いて、すべてが不規則活用します。

〈「ㅎ」不規則〉

	接続	ㅎ+으→脱落		ㅎ+아/어→ㅐ	
	基本形	仮定形 -(으)면 ～たら、～ば	連体形 -(으)ㄴ ～い～	連用形 -아/어 ～て	丁寧形 -아요/어요 ～です
ㅎ不規則	까맣다 (黒い)	까마면	까만	까매	까매요
	빨갛다 (赤い)	빨가면	빨간	빨개	빨개요
	파랗다 (青い)	파라면	파란	파래	파래요
	동그랗다 (丸い)	동그라면	동그란	동그래	동그래요
	그렇다 (そうだ)	그러면	그런	그래	그래요
	어떻다 (どうだ)	―	어떤	어때	어때요?
		ㅎ+아/어→ㅐ			
	하얗다 (白い)	하야면	하얀	하얘	하얘요

〈規則〉 좋다（良い）、動詞

	接続	ㅎ+으		ㅎ+아/어	
	基本形	仮定形 -(으)면 ～たら、～ば	連体形 -(으)ㄴ 形容詞 ～い～ 動詞 ～た～	連用形 -아/어 ～て	丁寧形 -아요/어요 ～ます
ㅎ規則	좋다 (よい)	좋으면 (よければ)	좋은 (よい～)	좋아 (よくて)	좋아요 (よいです)
	넣다 (入れる)	넣으면 (入れれば)	넣은 (入れた～)	넣어 (入れて)	넣어요 (入れます)

〈「ㅎ」不規則・規則用言〉

ㅎ不規則 (形容詞)	그렇다 (そうだ)、 까맣다 (黒い)、 노랗다 (黄色い)、 동그랗다 (丸い)、 빨갛다 (赤い)、 어떻다 (どうだ)、 이렇다 (こうだ)、 저렇다 (ああだ)、 파랗다 (青い)、 하얗다 (白い)。
ㅎ規則 (動詞)	낳다 生む・넣다 入れる・놓다 置くなど全ての動詞。 形容詞 좋다 (よい)。

Ⅳ. 連体形一覧

連体形は、「よく**行く**店、昨日**行った**店、明日**行く**店」のように**体言**（名詞、代名詞、形式名詞等）に**連**なって後ろの**体言**を修飾する動詞・形容詞・存在詞の**形**のことです。時制（現在・過去・未来）によって・パッチムの有無によって形が異なります。

〈動詞連体形〉

基本形	現在 -는 〜（す）る〜 〜（し）ている〜	過去 -ㄴ/은 〜（し）た〜 〜（し）ていた〜	未來 -ㄹ/을 〜（する）つもりの〜
가다 (行く)	가는 (行く)	간 (行った)	갈 (行く)
보다 (見る)	보는 (見る)	본 (見た)	볼 (見る)
먹다 (食べる)	먹는 (食べる)	먹은 (食べた)	먹을 (食べる)
닫다 (閉める)	닫는 (閉める)	닫은 (閉めた)	닫을 (閉める)
듣다 (聞く) ㄷ変則	듣는 (聞く)	들은 (聞いた)	들을 (聞く)
살다 (住む、暮す) ㄹ語幹	사는 (住む)	산 (住んだ、住んでいた)	살 (住む)
입다 (着る)	입는 (着る)	입은 (着た)	입을 (着る)
돕다 (手伝う) ㅂ変則	돕는 (手伝う)	도운 (手伝った)	도울 (手伝う)
하다 (する)	하는 (する)	한 (した)	할 (する)

＊例：지금 **보는** (今、**見ている**) / 어제 **본** (昨日**見た**) / 내일 **볼** (明日**見る**) 영화 映画
＊応用：지금 **보는** 것 같다. (今、**見ている**ようだ。)
　　　　어제 **본** 것 같다. (昨日**見た**ようだ。) / 내일 **볼** 것 같다. (明日**見る**ようだ。)

〈形容詞現在連体形〉

基本形	パチム無 -ㄴ 〜い〜	パチム有 -은 〜い〜	応用：-ㄹ/을 것 같다 〜そうだ、〜と思う
바쁘다 (忙しい)	바쁜 날 (忙しい日)	-	바쁠 것 같다 (忙しそうだ)
딱딱하다 (堅い)	딱딱한 (堅いパン) 빵	-	딱딱할 것 같다 (堅そうだ)
좋다 (良い)	-	좋은 시간 (良い時間)	좋을 것 같다 (良さそうだ)
넓다 (広い)	-	넓은 방 (広い部屋)	넓을 것 같다 (広そうだ)
춥다 (寒い)	-	추운 나라 (寒い国)	추운 것 같다 (寒そうだ)
가볍다 (軽い)	-	가벼운 신 (軽い靴)	가벼울 것 같다 (軽そうだ)
달다 (甘い)	-	단 것 (甘いもの)	달 것 같다 (甘そうだ)

※存在詞「있다, 없다」の連体形は、「여기에 **있는** 사람, 맛있는 음식, 재미없는 이야기」などのように「**-는**」をつけます。

V. 한다体（である体）

「한다体」とは日本語の「である体」にあたり、新聞・小説・論文や日記など、書きことばとしてよく用いられます。また、話しことばでは、大人が子どもに対して、先輩が後輩に対して、そして友だち同士でよく使います。

〈「-한다体」の活用一覧〉

区分		文型・意味 基本形	-한다 ～する 語幹＋ㄴ다/는다	-았다/었다 ～した 語幹＋았다/었다
動詞	母音語幹	가다 (行く)	간다 (行く)	갔다 (行った)
		배우다 (学ぶ)	배운다 (学ぶ)	배웠다 (学んだ)
		하다 (する)	한다 (する)	했다 (した)
	子音語幹	읽다 (読む)	읽는다 (読む)	읽었다 (読んだ)
		걷다 (歩く) ㄷ不規則	걷는다 (歩く)	걸었다 (歩いた)
		돕다 (手伝う) ㅂ不規則	돕는다 (手伝う)	도왔다 (手伝った)
		만들다 (作る) ㄹ語幹	만든다 (作る)	만들었다 (作った)
	하다	공부하다 (勉強する)	공부한다 (勉強する)	공부했다 (勉強した)
	＊尊敬	일을 하시다 (仕事をされる)	일을 하신다 (仕事をされる)	일을 하셨다 (仕事をされた)
形容詞	母音語幹	基本形	語幹＋다	語幹＋았다/었다
		바쁘다 (忙しい)	바쁘다 (忙しい)	바빴다 (忙しかった)
		아니다 (～ではない)	아니다 (～ではない)	아니었다 (～ではなかった)
	子音語幹	좋다 (良い)	좋다 (良い)	좋았다 (良かった)
		달다 (甘い) ㄹ語幹	달다 (甘い)	달았다 (甘かった)
	하다	조용하다 (静かだ)	조용하다 (静かだ)	조용했다 (静かだった)
	＊尊敬	친절하시다 (お親切だ)	친절하시다 (お親切だ)	친절하셨다 (お親切だった)
名詞	パッチム無＋(이)다	名詞	名詞＋이다	名詞＋이었다
		의사 (医師)	의사이다/의사다 (医師だ)	의사이었다/의사였다 (医師だった)
	パッチム有＋이다	학생 (学生)	학생이다 (学生だ)	학생이었다 (学生だった)
	＊尊敬	공무원이시다 (公務員でいらっしゃる)	공무원이시다 (公務員でいらっしゃる)	공무원이셨다 (公務員でいらっしゃった)

Ⅵ. 受身（被動）形一覧

「受身」を韓国では「被動」と言います。日本語の受身形は、ほとんどの動詞に「(ら)れる」をつけますが、韓国語の被動形は一部の他動詞に被動接辞「이/히/리/기」をつけます。

動詞語幹＋「이/히/리/기」

이	히	리	기
깎다 - 깎이다 (削られる)	닫다 - 닫히다 (閉まる)	가르다 - 갈리다 (分かれる)	감다 - 감기다 (巻かれる)
꺾다 - 꺾이다 (折られる)	막다 - 막히다 (塞がれる)	걸다 - 걸리다 (かかる)	끊다 - 끊기다 (切られる)
놓다 - 놓이다 (置かれる)	먹다 - 먹히다 (食べられる)	누르다 - 눌리다 (押される)	담다 - 담기다 (盛られる)
묶다 - 묶이다 (縛られる)	묻다 - 묻히다 (埋まる)	듣다 - 들리다 (聞こえる)	잠그다 - 잠기다 (閉ざされる)
보다 - 보이다 (見える)	박다 - 박히다 (打たれる)	물다 - 물리다 (噛まれる)	안다 - 안기다 (抱かれる)
섞다 - 섞이다 (混じる、混ざる)	밟다 - 밟히다 (踏まれる)	밀다 - 밀리다 (押される)	빼앗다 - 빼앗기다 (奪われる)
쌓다 - 쌓이다 (積る、積まれる)	얹다 - 얹히다 (載せられる)	열다 - 열리다 (開かれる)	씻다 - 씻기다 (洗われる)
쓰다 - 쓰이다 (書かれる)	업다 - 업히다 (負われる)	팔다 - 팔리다 (売られる)	쫓다 - 쫓기다 (追われる)
차다 - 차이다 (蹴られる)	잡다 - 잡히다 (取られる)	풀다 - 풀리다 (解ける)	찢다 - 찢기다 (裂かれる)
파다 - 파이다 (掘られる)	접다 - 접히다 (折られる)	흔들다 - 흔들리다 (揺られる)	

〈語彙的受身（被動）表現〉

一部の〈하다動詞〉の場合、「하다」の代わりに「받다（受ける）、되다（なる）、당하다（される）」をつけると受身（被動）表現となります。

-받다, -되다, -당하다

① 「받다」：「受ける」という意味合いのとき用いられますが否定的な意味にも使えます。

② 「되다」：「成り行きでそうなる」という意味で、自動詞になるものもあります。

② 「당하다」：「해고당하다解雇される」のように否定的な意味合いのとき用いられます。

-하다（例）	-받다	-되다	-당하다
소개하다 紹介する	소개받다 紹介される	소개되다 紹介される	
거절하다 拒絶する		거절되다 拒絶される	거절당하다 拒絶される

인정하다 認める	인정받다 認られる	인정되다 認られる	
금지하다 禁止する		금지되다 禁止される	금지당하다 禁止される
대접하다 もてなす	대접받다 もてなされる		
게재하다 掲載する		게재되다 掲載される	
무시하다 無視する	무시받다 無視される	무시되다 無視される	무시당하다 無視される
주목하다 注目する	주목받다 注目される	주목되다 注目される	주목당하다 注目される
간섭하다 干渉する	간섭받다 干渉される		간섭당하다 干渉される
발견하다 発見する		발견되다 発見される	
의심하다 疑う	의심받다 疑われる	의심되다 疑われる	의심당하다 疑われる
존경하다 尊敬する	존경받다 尊敬される		
형성하다 形成する		형성되다 形成される	
해고하다 解雇する		해고되다 解雇される	해고당하다 解雇される
확산하다 拡散する		확산되다 拡散される	
공격하다 攻撃する	공격받다 攻撃される		공격당하다 攻撃される
부상을 입다 負傷する			부상당하다 負傷される
사랑하다 愛する	사랑받다 愛される		

> 「받다」、「되다」、「당하다」が全部使える場合もあります。

〈被動表現〉「-아지다/어지다」の活用

他動詞に「-아지다/어지다」をつけると受身（被動）表現になります。

一部の動詞につく被動接辞「이/히/리/기」表現より広く用いられます。

基本形	해요体	-아지다/-어지다
켜다 (点ける)	켜요	켜지다 (点けられる・点く)
깨다 (割る)	깨요	깨지다 (割れる)
떨다 (落とす)	떨어요	떨어지다 (落とされる・落ちる)
쓰다 (書く)	써요	써지다 (書かれる・書ける)
지우다 (消す)	지워요	지워지다 (消される・消える)
짓다 (建てる)	지어요	지어지다 (建てられる)
만들다 (作る)	만들어요	만들어지다 (作られる)
정하다 (決める)	정해요	정해지다 (決められる・決まる)

> 「해요」体の「요」の代りに
> 「지다」を付ければいいですね。

Ⅶ. 使役形一覧

使役表現は、語幹と語尾「다」の間に使役接辞の「**이/히/리/기/우/구/추**」をつけます。どの接辞が付くかは動詞や形容詞の語幹末によってほぼ決まっています。

〈使役〉動詞語幹＋「이/히/리/기/우/구/추」

이	히	리	기
먹다 - 먹이다 (食べさせる)	읽다 - 읽히다 (読ませる)	울다 - 울리다 (泣かせる)	굶다 - 굶기다 (飢えさせる)
보다 - 보이다 (見せる)	앉다 - 앉히다 (座らせる)	살다 - 살리다 (生かす)	남다 - 남기다 (残す)
붙다 - 붙이다 (付ける)	입다 - 입히다 (着させる)	놀다 - 놀리다 (遊ばせる)	벗다 - 벗기다 (脱がす)
끓다 - 끓이다 (沸かす)	좁다 - 좁히다 (狭める)	돌다 - 돌리다 (回す)	씻다 - 씻기다 (洗わせる)

우		구	추
깨다 - 깨우다 (起こす)	타다 - 태우다 (乗せる)	돋다 - 돋구다 (高める)	낮다 - 낮추다 (低める)
자다 - 재우다 (寝かせる)	서다 - 세우다 (立てる)	맞다 - 맞추다 (合わせる)	늦다 - 늦추다 (遅らせる)

※ 使役表現その他

1. 「-게 하다」

用言の語幹に「-게 하다」をつけると「〜**ようにする**」との意味になり、使役の表現として用いられる場合もあります。

① '온돌방은 아무것도 부럽지 않게 해 준다!'
（オンドル部屋は何も羨ましくないようにしてくれる。）
② 아이들이 운동을 많이 하게 한다. （子どもたちに運動をたくさんさせる。）

2. 「-시키다」

用言の語幹に「-시키다」をつけると「〜**させる**」との意味で、使役の表現として用いられる場合もあります。

① '고생시키지 않으려면…' （苦労させないためには…）
② 아이들에게 운동을 많이 시킨다. （子どもたちに運動をたくさんさせる。）

❧ 著者プロフィール

チョン・ソヒ（錢昭熹）

日本薬科大学客員教授（韓国薬学コース）
国際韓国語応用言語学会情報理事
韓国語教室  コリアgo 代表
目白大学大学院卒業（韓国言語文化修士）
上智大学大学院博士後期課程文学研究科国文学専攻研究生修了
駐日韓国大使館韓国文化院・東京韓国教育院韓国語講師
在日本大韓民国民団東京本部東京コリアンアカデミなどの韓国語講師
著書：『ひとりでゆっくり韓国語入門』〈共著、CUON〉
　　　『ステップアップのための韓国語基本文型トレーニング』〈共著、白水社〉
　　　『韓国語活用ガイドブック』〈共著、駿河台出版社〉
　　　『ひとりでできる韓国語初中級』〈共著、駿河台出版社〉

ひとりでできる韓国語　中上級
　―"気になる"韓国の社会と文化がわかる―

2024年7月20日　初版1刷発行

著　者　　　チョン・ソヒ

DTP・印刷・製本　株式会社フォレスト

発行　　　　駿河台出版社
　　　　　　〒101-0062　東京都千代田区神田駿河台3-7
　　　　　　TEL：03 3291 1676　FAX：03 3291-1675
　　　　　　www.e-surugadai.com

発行人　　　上野 名保子